纵横精华第二辑·历史的侧影

主编：刘未鸣

皇族沧桑

中国文史出版社

目 录

慈禧早年逸事

———

王文普

先父王继顺生于清同治十二年（1873 年），光绪时在内务府工部任带匠，正五品。由于为慈禧办万寿有"功"，先父两次受嘉奖。一次换成亮蓝顶子（正三品），一次又要换顶子，父亲当时说："老佛爷，您不用给我换顶子了，给我换个武补子吧。"这样，先父由文补子换成了武补子，即由飞禽换成了走兽。"带匠"是干什么的呢？因为宫内修理房屋的人不是太监，而是一般的工人，怕他们不懂宫内的规矩、礼节，如皇上来了怎么办？一般妃嫔来了又怎么办？这些全由带匠负责招呼。

我们王家到我祖父时有三支，一支住地安门外福祥寺胡同，一支在海淀，一支在南苑槐房村。我父本来是福祥寺这一支，是先祖父的幼子，大排行行六。后来，父亲过继到槐房村我祖父锡昌名下，因为这一支我祖父只生了两个女儿：一名淑芳，是我大姑，一名常桂，比我父小。因为她俩都没结婚，所以我们弟兄四人管大姑叫大爷，管二姑叫阿玛（满语，即父亲；也有的旗人叫姑爸）。因此，我父将原名桐声，改为继顺。

我们是正黄旗——汉军旗人，祖籍是辽宁省海城县、牛庄、童儿堡。清政府进关时随"龙"来京，先是在通州充当"网户"，但网户是什么意思，父亲没解释过，只是说我家的祖坟在通州，后来光绪年间我堂伯金声（即福祥寺一支的长门）做了内务府正堂，为正一品，为此还加封了上三代。这一支的祖茔在海淀区肖家河、王家庄。可惜我保存的一份家谱在"文革"时被毁掉了。

海淀一支我不详细，只在我五六岁时见过一位松山二爹（叔父），他是画山水画的。记得他因年老败了家，曾拿过一张颐和园的画图，画上的颜色有的还点错了地方，请我父亲帮助典卖，我父很为难地回绝了。还有一件有关慈禧的事情，给我留下了很深的印象，至今难以忘怀。

据先父说，我这松山二爹的姑母，被选进宫内，受封为"吉妃"，与那拉氏同时。咸丰帝有点点脚儿（即是个瘸子），我这姑祖与那拉氏一并被封为"御拐棍儿"。咸丰帝步行时总是扶着这两个爱妃，那时这两个人都是十六七岁，按现在的情况应当还是个在校的学生，免不了有淘气的时候。此后，吉妃与那拉氏先后怀孕，一次在御花园假山旁捉迷藏时，那拉氏却故意推了吉妃一把。吉妃当即倒地，并因此而小产，产后才发现是个男孩。因此先父说：西太后小时就这样狠毒！如不然，吉妃会成为西太后的。

这件事，可以查一查清代档案，特别是当时的敬事房档案和咸丰帝起居注，也许能查出些蛛丝马迹来，可以证实这一传说。

慈禧庆生辰　三鼎甲换人

———

李大鹏

　　民国建立以后，还凑集过一次"三鼎甲"题主的"盛会"，是为侨居上海的犹太富商哈同举行的丧礼。哈同死后，他的妻子"慈淑夫人"罗迦陵在静安寺路豪华的"爱俪园"内，也要附庸风雅地按封建礼仪为亡夫题主。先不惜重金请翰林沈淇泉书写了"神主"，又用一万银圆请状元刘春霖作"鸿题"，以每人五千银圆请榜眼夏寿田、探花郑沅作"襄题"。罗迦陵只知道按"三鼎甲"邀请，却忽视了科甲中的年资。他们三人并非一科，郑沅是光绪二十年甲年科的探花，夏寿田是光绪二十四年戊戌科的榜眼，刘春霖是光绪三十年甲辰的末科状元，属于郑、夏的"晚生"。在"老前辈"面前，理应恭让逊谢，不可分庭抗礼。刘春霖高踞首座，郑、夏深为不满，但看在罗迦陵优厚酬金的分上，也只可屈尊俯就了。

　　刘春霖虽以末科状元而享名，却是因偶然机会得以"独占鳌头"。甲辰年不是"会试"的年份，是为庆贺慈禧太后七十寿辰加开的"恩科"。当阅卷大臣将前十名试卷，送呈慈禧"钦定"名次时，第一份卷子是朱汝珍的，慈禧一看朱汝珍是广东人，特别反感。她平生憎恶广东人，太平天国的洪秀全、杨秀清，戊戌变法的康有为、梁启超，革命党的孙文、汪兆铭……这些"叛逆"，总是动摇"大清"江山。于是将朱的卷子放在一边。看到刘春霖的卷子，先对书写的秀丽圆润的"馆阁体"小楷产生好感，觉得名字也吉祥：春风化雨，普降甘霖，再看籍贯也好，直隶（河北省）肃宁人，肃静安宁象征太平景象。于是放在朱的上面。再看第三份是满族旗籍金梁的卷子。开头几句有"国事可为痛哭流涕者"的话，慈禧认为自己寿辰，他竟痛哭流涕，大为不祥。一怒之下，将卷子扔在地上。左右急忙另取一卷呈进，而将金梁放在前十名之外，所以他只中在二甲。发榜之后，状元刘春霖，榜眼朱汝珍，探花商衍鎏。后二人都是广东籍。

慈禧太后西逃路上

——一个贴身宫女的回忆

———

沈义羚

　　我认识老宫女是在 20 世纪 40 年代初期，那时我和王锡璠在北大文学院上学。同学刘耀昕住在景山东街，老宫女和他住一个院，是邻居。青年人都好奇，喜欢听她讲宫里的事。后来我与王锡璠结婚了，有了孩子，既要上班工作，又要料理家务，已经够忙的了。而锡璠患了重病，需动大手术，于是请老宫女来帮工看孩子。她欣然来到我们家，从此她与我们同吃同住同劳动，犹似一家人。我们敬她如长辈，唤她何大妈，让孩子叫她奶奶。她姓何，这显然不是她的本姓（按满族旗人汉姓的一般规律，姓何的原满族老姓多系赫舍里氏），宫内称呼她为荣儿，慈禧呼她"荣"。民国改元以后，旗下人有种心理，不愿谈及自己的身世，所以我们始终忌讳问她的家史。从闲谈中知道她原住过西城京畿道一带，这大概可以推测出她是属于哪一旗的了。父亲游手好闲，提笼架鸟，和一般旗下人一样。哥哥比她大十几岁，好票戏，唱黑头，花钱买脸，是个很有名气的票友。她 13 岁进宫，分在储秀宫里当差，伺候慈禧，专职是敬烟。18岁由慈禧指婚，赐给一个姓刘的太监，是李莲英的干儿子，专给光绪剃头，住家在北池子。结婚时是很风光的，老太后以主婚人的身份，陪送了八副抬儿做嫁妆，珍宝衣物，一应俱全。这样，就把她活生生地送到火坑里了。婚后不到一年，她因思念老太后，请求回宫当差，得到慈禧的特殊恩准。这在清宫里是件罕见的事。清宫惯例，宫女离宫后，不许再返回当差，何况已经出嫁了的，又回到老太后身边呢？不是太后特别喜爱，是绝对办不到的（据她说，在她以前只有东太后的侍女双喜，得到过东太后的恩典，二次进宫伺候过东太后，但时间很短）。其实是慈禧把她赐给太监，问心有愧，才给点小恩小惠罢了，而她却反自认为是特殊光荣，谈起来眉飞色舞。庚子跟西太后西奔，临出发前，亲眼看到珍妃惨死的一幕。辛丑回銮后，因年龄过大（清宫惯例，宫女在25岁前离宫择配），离宫回北池子居住。她随侍慈禧前后长达八年之久。刘太监是个鸦片鬼，狂吸滥赌，不久死去。"九一八"后，日本势力进入北平，日本浪人和地痞相勾结，硬把她赶出了家门。她不得不在后门东的东皇城根附近，赁房居住。"七七"事变后，警匪结合又演了一出"插刀盗宝"的惨剧。半夜三更，两个蒙面强人破门而入，用刀往枕头上一拍，她用性命和屈辱所换来的珍宝，眼睁睁地被抢走了。呼天不应，于是她只落得佣工度日。她在我们家待了两年多，把宫里的大大小小的事，她所知道的、亲眼看见的，凡她记得的，零零碎碎都说给我们听了。尤其锡璠在养病期间听得最多，也最细致。

老宫女说在宫里她享过福，侍奉西太后八年多；她也跟着老佛爷受过罪，那就是庚子西逃。下面就是光绪二十六年（1900年）她随太后离宫西行片段的回忆——

洋人枪击惊皇宫

提起庚子年七月的事，好像做场梦一样，既清清楚楚，又糊里糊涂。逃亡路上，谁坐在什么地方吃饭，谁怎样洗脸，一合眼仿佛在眼前，可是细想想，又模糊不清了。所以只能照我记住的说，当然是隔二跳三地不成系统了。

还是从宫里的情况说起吧，戊戌以前那几年，老太后主要是在园子（颐和园）里过，万寿节（慈禧寿辰）以后才回到宫里过个年。这时冬令季节，一来园子里没有什么可玩的，二来因为园子里冷，北京风多，园子里旷，更显得风大，所以才回到宫里住。戊戌以后，事情多，也就是半个月住在园子，半个月住在宫里了。

宫里的生活是单调的，除去了早朝"叫起儿"，回来，后妃们觐见，听听小戏等，其余就是老太后随意遛弯儿了。

夏天晚膳传过以后，太阳还有余晖，太后要饭后遛弯儿，这差不多是定例。遛弯儿的气派很大，可以说是陪侍的人全部出动。皇后、小主（指皇帝的后妃）、格格们都陪着，有时同治皇帝的瑜皇贵妃、珣皇贵妃也来陪侍。黑压压的一队人，不下四五十个。远远走在最前面的，是两个太监担着的铜茶炊，息肩在御花园钦安殿前的月台上，听候吩咐；紧跟在后边的是抬龙椅的人，要事先准备好老太后的座位，所以要先行一步。这时老太后安闲地走来了，走在甬路中间，左右是皇后、皇贵妃、格格们陪侍着，瑾妃小主只能尾随在后面。八个提炉的侍女在两旁护卫着，她们手提着香炉，像是提着灯笼似的，里边袅袅地飞出一缕藏香的清香味儿来。再后是我们贴身的丫头，有的捧着水烟袋，有的托着槟榔盒。老太后饭后爱含槟榔，说它消食化滞。接着是几个捧果盒的侍女，后面随着挑食盒的太监。果盒、食盒里是冰镇甜丸子和西瓜之类的东西。在队伍的行列里，还有说书的老太监。他上下衣着整洁，很儒雅地随着。最后是两个太监掮着二人掮的软舆，这是天黑以后怕老太后行走不便，特意预备的。老太后随意地溜达，或在御花园里的连理树下徘徊一会儿，或在千秋亭旁停一会儿。也常去看看猴子：一个老母猴带着它的眷属住在笼子里，见到老太后它们知道先合十，闭眼睛，后磕头，然后向老太后要吃的。老太后是舍得给它们东西吃的。有一次，老太后看完猴子，心情有些不自然了，和我们说："同治爷年轻的时候就喜欢玩猴子，经常到御花园来看它们，现在一到御花园来，就想起过去。"这是给瑜、珺二皇贵妃听的，也是母子感情的自然流露。由御花园出来，最远到浮碧亭，看看睡莲，逗逗金鱼。天色渐渐地朦胧下来后，就回到钦安殿歪在软榻上。老太后这时经常对后妃们说，你们歇着去吧，于是后妃们请安告退了。这时老太后就听老太监说上几段书，看着月亮爬在树梢上，嘴里吃着甜丸子，四围香烟缭绕（驱蚊子用），过她过不完的逍遥岁月。

这是宫里夏天晚膳后的平常生活。

到庚子年七月中旬以后，就没有这般悠闲了。下朝没有一定时间，甚至晚上还要"叫起儿"。可宫里头是十分严肃的，不许有一个人谈论外边情况。我们察言观色，也知道有大事情。李莲英跟往常不一样了，往常当老太后燕居的时候，他总围着老太后转，这两天不同了，像热锅上的蚂蚁一样，出来进去，片刻也不停留。二十日的下午，"叫起儿"回来，老太后铁青着面皮回到宫里，直着两眼沉思着。这是老太后的性格，遇到为难的事，自己独自思索，对谁也不说，当然更不用说商量了。牙咬得紧紧地，一句话也不吐。李莲英进来了，弓着身子禀告了什么，谁也不知道。宫里的规矩，内监回话，不许外人听。只要李莲英进来，他用眼一扫，我们自动地退出来。这天晚上老太后照例地洗脚、泡指甲。我们要想得到什么消息，只能从小太监的嘴里知道。可他们不出宫墙，也听不到什么信息，只知道在宫里的东一长街上，很多的太监往来巡逻；外宿的太监不许出宫；又说好多寿膳房的人当了义和拳的都逃走了。我们当然心惊胆战！

当晚正赶上我上夜（值夜班），到丑末寅初（凌晨3—4时）的时候，突然听到四外殿脊上，远远的像猫叫，尾声很长。我最初不在意，宫廷里野猫很多，夜里猫叫并不稀奇，只是没有这样长的尾声。夜深人静，仔细地听，似猫叫的声音在正东方，过一会儿，东南方也传来叫声，后来东北方又有叫的声音，宫里从来没有这么多的猫叫声。我悄悄地出来，知会外边守夜的人，因为我们心里害怕。俗话说，远怕水，近怕鬼，我们知道头天珍妃死在井里，以为她冤魂不散显灵来了。宫廷里特别害怕神鬼，吓得我们浑身起鸡皮疙瘩。等太后寅正（4时）醒来的时候，已经是天蒙蒙亮了，按说猫叫应该停止了，可恰恰相反，好像东南北三方有几十只猫在乱叫。老太后也仔细地听，打发人到外面去看，但也看不出什么。就在这时，李莲英惊慌失措地走进来了，也顾不得什么礼仪，什么避忌，说鬼子打进城来了！老太后说你仔细讲。李莲英说德国鬼子由朝阳门进来，日本鬼子由东直门进来，俄国鬼子由永定门进来，把天坛都围上了，全都冲着紫禁城开枪，枪子儿一溜一溜地在半天空飞。据说这是护军统领澜公爷特来禀告的。我们才知道所谓半夜猫叫原来是子弹在空中呼啸的声音。为了不惊圣驾，请老太后暂避一避。八国联军进北京，我们是在七月二十一早晨，第一次听到这个消息。当然我们在老太后身边才能听到一些信息，其他人根本不知道信儿，就连光绪皇上也在内。这时老太后铁青着面皮，一声没言语，半晌说出一句话来，吩咐李莲英就在这儿伺候着。我们屏着呼吸在一旁站立，大家都吓得不知如何是好。老太后不停地在寝宫里来回转。

正要准备传早膳，突然石破天惊，一粒流弹落在乐寿堂西偏殿的房上，听得很清楚是由房上滚下地来的声音，李莲英喊一句："老佛爷快起驾吧!"老太后这时才真的惊慌起来，吩咐人去请皇上，传谕皇后、小主、慈宁宫的太妃们，在宫里住的格格们，迅速到乐寿堂来。另外派太监告谕大阿哥换好行装，随时准备出走。

皇上来了，还是旧时装束，回禀了老太后几句话。我们也不知说了什么，皇上在老太后面前说话，向来是细声细语的。老太后有些发急，急谕李莲英，让在护军那里找几件衣服给皇上换上。李莲英自然吩咐别的太监去办。

李莲英不知从什么地方提一个红色包袱进来，里头包着汉民的裤褂鞋袜、青腿带，还有一绺黑色头绳，一应俱全。另外有我从来没看见过，也没听说过的"蚂蚁蛋纂"（当时汉族妇女把发绾在头上叫"纂"，有一种用马尾编织成腰子形，上面涂黑色涂料，中间留出空白能把发髻露出，四边又能把发扣住，俗称"蚂蚁蛋纂"）。还有一个别纂的针，像小勺子一样，叫"老瓜瓢"。另外还有一支横簪子。这些东西后来听说是李莲英早给准备的。李莲英有个姐姐在前门外鲜鱼口里、兴隆街一带住（我只听说，没去过，太后御配我的"丈夫"刘太监到那儿去过），这包袱是他姐姐给安排的，无怪鞋、袜子都很合脚。另外，在包里还有个小手帕，包有四五个头发网子，都是圆圆的，直径有两寸多点，有细网眼的，有粗网眼的。这是梳完头，怕头发散了，用网子把头发罩住。让人一看，就知道安排的人是非常细心的。这些事全是我亲自经手，所以记得非常清楚。我这里说几句闲话，伺候老太后务必要留下心眼儿，不管什么事，做完后要多记几遍，心里要默念三四回，记牢靠了，因为老太后不定什么时候问起，一定要有明确的回禀，任何事情也不许模糊。这使我养成了记事的习惯。

　　这回真的轮到李莲英给老太后梳头了。在我的眼里还是第一次。从外表看来，李莲英笨得像头熊，可做起活来却非常轻巧。他先把老太后的发散开，用热手巾在发上熨一熨后，拢在一起向后梳通，用左手把头发握住，用牙把发绳咬紧，一头用右手缠在发根扎紧辫绳，再以辫根为中心，把发分两股拧成麻花形，长辫子由左向右转，盘在辫根上。但辫根的黑绳务必露在外面，用一根横簪子顺辫根底下插过。压住盘好的发辫，辫根绳就起到梁的作用。这方法又简单又便当，不到片刻工夫，一个汉民老婆婆式的头就梳成了。最后在辫根黑头绳上插上老瓜瓢，让所有盘在辫根上的发不致松散下来。再用网子一兜，系紧，就完全成功了。李莲英说，不要用蚂蚁蛋纂，不方便，不如这种盘羊式的发舒服。老太后这时只有听摆布的份了。此时我站在旁边给李莲英当助手。

　　老太后忙着换衣裳了，深蓝色夏布的褂子，整大襟式，是下过水半新不旧的。老太后身体发胖，显得有些紧绷绷的，浅蓝的旧裤子，洗得有些褪色了。一对新的绑腿带，新白细市布袜子，新黑布蒙帮的鞋，袜子和鞋都很合脚。全收拾完了，老太后问娟子："照我的吩咐准备好了？"太后指的是带的东西。娟子回禀："一切都照老祖宗的口谕办的！"老太后说："娟子、荣子跟着我走。"我俩赶紧磕头。我与娟子都是太后的贴身丫头，太后让我俩跟她一起走，这真是天大的恩典，当时我认为这是无限的光荣，在这生死关头，能有老太后一句话，等于绝处逢生。我们俩全感激得满脸是泪。娟子和我爬两步抱住老太后的腿，嘴里喊着："老祖宗！"老太后愣了片刻，突然喊："荣子，拿剪子来！"老太后坐在寝宫的椅子上，把左手伸在桌子角边，背着脸颤声说："把我手上的指甲剪掉！"这等于剪掉老太后的心头肉！到现在，老太后才算真正下定决心出逃了。老太后几年精心养长的指甲，尤其是左手无名指与小指指甲足有两寸来长！这指甲是经我的手给剪掉的。

皇帝也换装了，深蓝色没领子的长衫，大概是夏布的，一条黑裤子很肥大，圆顶的小草帽，活像个做买卖跑外的小伙计。皇后、小主、三格格、四格格、元大奶奶，这都是被传谕换好衣服伴驾出走的人（大公主没有在宫里）。其余像瑨、瑜皇贵妃没有被传谕换衣服，当然是留在宫里了。在这大难临头的时候，鬼子进来，不知将落到什么结果，所以各人有各人的心事，各人有各人的委屈。但所有的人都如丧考妣，脸色青白，内心极度恐慌。这时有一个人由廊子里跪着爬进寝宫门，爬到老太后的脚下，用头叩着金砖地，说奴才老朽无能了，不能伺候老祖宗外巡，先给老祖宗磕几个响头，祝老祖宗万事如意。听说话的声音，才知道是太监张福。屋子里所有的人都随着张福的声音痛哭失声了。老太后环顾四周说："宫里的事听瑜、瑨二皇贵妃的，张福、陈全福守护着乐寿堂。张福听清楚，遇到多困难的事，不许心眼窄，等着我回来！"张福双手捧着脸答应了。这是对张福说的话，也是对大家说的话。庚子年老太后出逃前，在宫里这是她说的最后的几句话。就这样领着人，向后走，绕过颐和轩，路经珍妃井，直奔贞顺门。

狼狈逃离紫禁城

贞顺门黑压压一片人，是向老太后告别的，这都是后宫东路的太监、侍女，由瑜、瑨二皇贵妃为首跪着在两旁，她们只能送到贞顺门里，这是宫门最后一道，妃子是不许出宫门一步的。老太后刚迈出贞顺门，瑜、瑨二皇贵妃便抱头大哭。

后宫里一共有两个后门：出了御花园面对着神武门在中轴线上的叫顺贞门，再顺着宫墙往东走还有个后门，就是贞顺门。以这两个门为界限，门里属宫苑，门外才属护军范围。宫廷的规矩，妃嫔们是不许迈出宫门一步的，所以宫人们送老太后只能送到贞顺门的门槛里头——这几乎是生离死别的送行，如果鬼子进宫，各人的下场那就只有个人知道了。因此大家呜咽流涕，泣不成声，并不是光想着老太后的安危，而是担心着自身的末日，所以也借机会痛痛快快地哭两声。平日感情比较好的姐妹，都相抱抽咽，彼此相互嘱托后事，摘头花，捋手串，对赠遗物。我和小娟子也接到朝夕相处的姐妹们各有七八份饰物，都是她们偷偷地塞给我们的，好像我俩一定能活，她们必定会死一样。我这时心里感到特别酸楚，回想小时候离家，不知宫里什么样，只当串亲戚，所以也不知道离别味，这是我有生以来第一次尝到离别使人心酸的味道，就是现在回想起来也会让我流眼泪。这儿离珍妃死的井很近，抬眼就能看到，我又有些发颤。

我泪眼模糊地出了贞顺门。一抬眼皮就看到一溜儿摆着三辆车。两辆轿车，一辆铁网子的蒲笼车。其中一辆很整齐，像是宫里的车，但中腰帷子前面的帐子，都已经没有了（我不认识老太后的车），另两辆明眼人一看就知道，这是雇来的趟子车。所谓趟子车是指拉货拉人做买卖论趟数给钱的车，是由大车店里雇来的，当时各大宅门里都有自己特备的华贵的轿车，争奇斗富，皇宫里当然也有特用的轿车，平日夏天里，我们去颐和园常坐的车，叫大鞍车，非常讲究，一律是纱帷子，四外透风，更在帷子的外面中腰加上一圈燕飞（也许叫檐飞）。那是一尺多长的软绸子，犄角用短棍支起来，像女孩子留着刘海头发一样，围在车的三面，约一尺上下长，和出廊的房子似的。就是没风的天气，车走起来，四外短绸子飘动，也让车里坐的人感到有阵阵凉风。在马的上边更有一丈多长一块遮阳的帐子，跟车顶连接起来，和车顶平行，与车辕子同宽，用漆好的帐竿子支起来，把竿的两端卧在车辕上的铜臼里，车帘子四周镶纱，中间一块玻璃，座位上是温州草席编的软垫子。紫胶车配上栗子色的走骡，很是气派。车走起来，坐车的人像坐在穿堂门里一样，凉风一阵阵吹在身上，很是舒服。我们当侍女的平常都坐这样讲究的轿车。可今天老太后要出远门，偏偏要从大车店雇车。虽然是洋鬼子打进城来了，正值兵荒马乱的时节，但以老太后的尊严，发道口谕，让预备几辆轿车，还是不难办到的。这其中必然另有门道。这些想法，也不过是片刻的工夫，我不敢多想，天威难测，在生死关头，丝毫也大意不得。

眼前的轿车根本没有帐子，跨车辕的人就要整个挨日晒受雨淋了。车帷子、车帘子全是蓝布做的，谈不到通风的条件，里面坐车的人会憋得难受的。蒲笼车也一样，车尾用芦席缝起来，活像鸡婆婆的尾巴，在后面耷拉着。然而我们把生命完全寄托在这三辆车上了。

迈出贞顺门后，就自动地按次序排列起来，因为衣饰都变样了，要仔细看才能辨认出谁是谁来。皇后是缸烤（褐）色的竹布上衣，毛蓝色的裤子，脚上一双青布鞋，裤腿向前抿着，更显得人高马大。瑾妃小主一身浅灰色的裤褂，头上蒙一条蓝手巾，裤子的裆大些，向下嘟噜着，显得有些拙笨。三格格、四格格、元大奶奶都是一身蓝布装束，头上顶一条毛巾，由后看，分不出谁是谁来。最惹人注目的还是老太后手下的哼哈二将——李莲英和崔玉贵。

崔玉贵这两天很少见到他，主要是他成了内宫的护卫，带领着青年太监日夜巡逻后宫里的几条重要街道和门户。这是个极重要的差事，等于老太后的贴身侍卫，不是特殊信任得到恩宠的人，不会交给这样差事的，所以这时候的崔玉贵感到特别露脸。现在让他跟车出走，他也明知道是让他起着护卫的作用。他和李莲英不同，狗肚子盛不下二两油，由后面看他，只见他的后脖梗子来回地扭动，这是他内心得意的表现。他装扮成跟车的脚夫一样，短衣襟、小打扮，一身毛蓝裤褂，腰里结一根绳子，把汗手巾挎在腰上，辫子盘起来，用手巾由后往前一兜，脚底下一双登山倒十纳帮的掌子鞋。活脱脱的一个苦力，像真正挺胸拔肚 30 多岁的一条车轴汉子！别人都担惊受怕，和犯人去菜市口差不多，可他认为这是他卖命时机到了，比起李莲英来神气多了。

李莲英这些日子特别发蔫儿。义和拳失败了，他原来是同情义和拳的。他每天由外面急匆匆地来，向老太后禀告点消息，又匆匆地离去。老太后对别人报的消息不听，只听他的消息，这两天他的脸越来越长了，厚嘴唇也越噘越高，两只胡椒眼也不那么灵活了，肉眼泡子像肿了似的向下垂着。今天外逃，他有自知之明，九城里头谁不知道紫禁城内有个李莲英啊！他的长相全城的人都知道，所以他要好好地伪装一番。首先要把头藏起来，他戴起一顶老农民式的大草帽子，宽宽的圆边，把草帽的两边系上两条带子，往下巴底下一勒，让两边帽檐耷拉下来，遮住自己的脸；穿一身旧衣服，活生生的是跟车伺候人的老苍头。平常的三品顶戴也没用了。

摆在眼前的问题，很明显的是车少人多。

站在老太后东边的是皇上、大阿哥，还有一位年轻男子我不认识，后来才知道他是贝子溥伦。站在老太后下手的是皇后、小主、三格格、四格格、元大奶奶。我们丫头群里有娟子和我，两位格格各带一个侍女，皇后带一个侍女，加起来男的是三个，女的有十个，还不算太监。三辆车哪能坐这些人！两辆轿车最多只能坐六个，剩下就要挤在蒲笼车里了。现在好比船到江心，能有地方坐下去不死，也就很知足了。老太后开始发话了："今天出门，谁也不许多嘴，路上遇到什么事，只许由我说话。"她说话的时候用眼睛盯着大阿哥。大阿哥这个人是不懂得深浅的，年纪最小，仅 15 岁，所以老太后特别注意嘱咐他。大阿哥的爸爸是端王爷，军机处的领班。他的叔叔澜公爷，是当时的步军统领，都是捧义和拳的，烧西什库教堂子，打东交民巷全是他哥俩带头出的主意。大阿哥自出娘胎也没受过委屈。他是个浑小子，就怕老太后，老太后真用鞭子狠狠抽过他。如果遇到意外，他冒冒失失一嗓子，拍胸脯，充大爷，露了馅儿，大家跟他一起倒霉，这也是老太后最担心的事。最后老太后吩咐上车。皇帝一辆轿车，由溥伦跨辕；老太后一辆轿车，由小娟子陪着，外面溥儁（大阿哥）跨辕（把他放在老太后车上，也是因对他不放心的缘故）；皇后、格格们只能都挤在蒲笼车里了。黑压压的一车人，我没地方可坐，只好坐在车尾喂骡子用的料笸箩里。就这样大约在平日每天上朝的时间，老太后第一辆车，皇上第二辆车，蒲笼车第三辆，匆匆地出了神武门。

乔扮平民逃难车队

庚子年七月二十一日的早晨。这一年闰八月，节气都要靠后，热季雨季都还没过，天上是阴沉沉的，东边天上两块黑云。

车出了神武门就拿不定主意往哪个方向走了。往西过了景山，又顺景山西墙往北奔后门（地安门）。这我是认识的，但过了地安门就不知道东西南北了。突然，看见一个骑耗子皮色骡子的人到了老太后跟前，细看才知道是崔玉贵。大概是碰到军机处的人，他认识，请示老太后召见不？那个人大高个，膀大腰圆，下车请了个安。老太后大概让他前边远远地开路，所以大个子上车很快地就往前走了。听说是奔德胜门。正巧在鼓楼遇到了一辆轿车，崔玉贵认识，说是澜公爷的，于是让出来，给皇后小主坐。我们全是北京长大的，可谁也不知道北京城是什么样儿，现在又不走大街，专找僻静的胡同走，更糊涂了。我蜷伏在料笸箩上，弯腰屈背，那个罪是可想而知的了。不久，就沿着城墙根走。

到了德胜门，逃难的人群就非常多了，大篷车、小轿车、骡驮子、驴车，都是听到洋人进城往乡下逃的，大家嘈杂杂地拥挤在一起。照这个情况，傍晌也出不了城。后来，还是路上遇到的那个大高个子给疏通好了，让我们的车先过，我们才出了城。以后才知道，路上遇到的大个子是军机赵舒翘，也是支持义和拳的，后来被老太后杀了，是把脸蒙上窗户纸再喷上酒，闷死的，死得很惨。

出了德胜门情况就不同了。

我常听说德胜门是九门里最坚固最美好的城门。城楼上的箭楼、女墙、马道、藏兵洞，都是最拔尖的，过去征讨时出兵打仗都出德胜门，叫白了叫得胜门，为的是得胜。现在我们逃跑也出德胜门了。出了德胜门，就见到残兵败卒在到处找吃的，各商店全上着板，七八个人一堆，十几个人一伙，砸门翻柜子。另外，还有很多头上缠着红布，敞胸赤背的义和拳，依旧神气十足，他们还好，各不相顾。人们有往城外逃的，也有往城里挤的，乱哄哄的人群，把德胜门关厢弄得很嘈乱，再加上地下的泥水，掺杂着驴屎马尿味，太阳一出来，热气一蒸，让人很难忍受。我偷眼看看，皇后、格格们都闭紧嘴不言语。

四辆车在路旁停了一会儿，大概是老太后在想主意。由早晨到现在已经大半天了，所有的人全都滴水没入口，可谁也没凑近老太后跟前。远远的李莲英和崔玉贵在马路两旁的屋檐下一站，像两个逃难的行人一样，低眉用眼瞧着过往的人群。我们的车一点也不刺眼，活像牲口走累了在这儿歇歇脚一样。就这样平平安安地逃出城来了。

到这时候，我才真的明白老太后的心思了。

我坐在蒲笼车里仔细地想：在宫里改装成老百姓，为的是混出城去，是很容易让人明白的。雇这两辆车为的是丝毫不沾皇家的气息，这种设想就很不容易了。再弄一辆蒲笼车装成下等人拉货的样子，更是容易蒙混人的眼目。最难得的是，宫里的珍奇宝物有的是，老太后一星儿不带，只包了些散碎银子。一切都是怕露了皇家的身份。老太后心思细密，考虑周到，应变机敏，特别是舍弃珍宝的决心，实在是普通人做不到的。这时我又有一种想法涌上心头：老太后对这次出逃，究竟是有准备呢？还是没准备呢？我作为她形影不离的贴身丫头，丝毫也觉察不出来。我认为我舍生忘死地伺候她，可以算是她的近人了吧，但她的心事丝毫也没向我透露过。

我正这样胡思乱想，突然车动了，不是顺着大道往北走，而是下了大道往西，我看看太阳在东南角上，才辨认出方向来。这样长的时间，我们车上的人谁也不说话，这是上车前老太后的口谕——谁乱说话把谁扔下车去！老太后的话像打雷一样，谁也不敢不遵，只能默默地留心观察着四外情况。

车很快地没入庄稼地里。这时正是雨季，很少有人在地里干活。三格格请示皇后，大家挪动一下座位，松动一下身子，因大家的身体都坐僵了。地下有水有泥，车夫有时也要跨上车来，和皇后、格格们坐在一起，这真是天下出了奇的事儿。车慢慢地向西走，上了另一条大道。过了一段时间，看到了魏公村。这地方我认识，因为经常经过，我才知道是奔向颐和园。坐在车尾的料笸箩里，盘着腿，佝偻着腰，屁股硌得非常难忍，我咬着牙一声不敢吭。大道上，败兵更多了，一帮一群的往西走，有的拉着牲口，好在还没有问我们。我尝到了心惊胆战、度日如年的滋味。

车进颐和园的东大门，没有以前那些规矩了。这是我第一次由正门进来，是坐在大蒲笼车车尾料笸箩里进来的。车一直赶到仁寿殿的台阶前才停住。我们当侍女的要伺候主子，忙着跳下车来。但当脚沾地以后，因为腿麻站不住，皇后的侍女就卧在台阶下了，在平常是失仪，是大不敬，现在也顾不上这些了。从此，我就警惕着，每当下车以前，要先活动活动腿脚。

接驾的是内务府的当值大臣恩铭，这个人常见老太后，我认识。他忙着两只手一抖把马蹄袖甩下来，抢步向前叩头。至于说的什么，我们当侍女的是听不到的。太后领着后妃、格格们一起到乐寿堂。老太后进寝宫休息一会儿，我敬了两管水烟，她在卧榻上用水洗了洗脸，就闭上眼睛。我悄悄地退出来，赶紧找水喝，因为实在干渴了。太后始终没发话，谁也不敢散去，大家都在凉棚里休息，低着头默默地没有一个人言语。屋子里非常寂静。

匆匆传膳，大家不许分散，都在凉棚里站着吃。这时崔玉贵进来禀告，说端王爷来了。一会儿又禀告说庆王爷来了。老太后满脸怒容，说"知道了"，底下没说话。一会儿又来禀告说，肃王爷由德胜门骑马赶来了。老太后精神一振，说传他们进来。肃王府原在东交民巷（庚子后搬到东四北九条），义和拳打东交民巷时，传说洋人把他家毁得乱七八糟，连肃王祖宗的影像和朝服补褂都拿去点炮眼了。肃王到来一定会带来洋人的消息，所以要赶紧传见他们。在颐和园乐寿堂召见王公大臣还是第一次。

这也可以说是御前"叫起儿"吧，有太后也有皇上，只经过很短促的召见，说平常话，也就是喝碗热茶的时间。老太后很自信地说："看情况洋人还不知道我们出来。如果知道的话，他们一定会赶来的，我们要快走。"当然端王、庆王、肃王他们是愿意快走的。老太后这时断然说："不能这样走，必须保证万无一失，因为有皇上在！让崔玉贵带一个人走前站，李莲英随时探听消息，皇上、我们走第二批，端王等走第三批，另外颐和园这儿还有兵，让他们带兵断后，这样才万无一失。"老太后的话是金口玉言，这是怕大家一起走，太招风了，反而不安全。也顾虑到前面麻烦不大，只有后面追兵是最可怕的。

等到我们又上车的时候，归还了澜公爷的车，又多了两辆轿车，一是给皇后预备的，也不是什么贵族的豪华车，而是普通的二等轿车；另一辆是庆王给两个女儿三格格、四格格预备的。这样，皇后、小主一辆车，二位格格、元大奶奶一辆车，大蒲笼车就比较松动一些，我也不至于坐料笸箩上了。

温泉地玉米豇豆充"御膳"

车慢腾腾地向北，在青纱帐里钻着走。时间已值午未时分，太阳毒辣辣的，天空有几块黑云，有时把太阳遮住，有时又露出来，没有一点风，地上的热气蒸上来，真让人难受。俗话说"阴天的太阳晒死狗"，我们真真的和狗差不多了：人人的脸上都涨得红红的，浑身淌汗。也不知走了多长时间，才到了一个叫温泉的地方。我们说了多少好话，央求一个大户人家，请他们行行方便，允许我们到他家借借厕所，这事当然由我去说，好不容易才答应了。老北京也不知从什么年代兴的，说女人借厕所会给本家带来晦气，必须进门喝口凉水，压一压邪气；出门送一个红包，散一散晦气。我们没有红包，我亲手给了二两银子，算是报酬。女人出门，上厕所是最困难的事，不敢多吃也不敢多喝，更不敢吃凉东西，如果闹肚子那就更现眼了。可这里只有凉水，每人用瓢轮流着喝，已经算是很不错的了。"方便"完后，发现村东头有棵大槐树，我们坐在车上能凉快会儿，这真是救命的树荫儿了。

老太后真有狠劲，始终一个"苦"字不说。我把瓢涮了涮，给老太后舀一瓢凉水，老太后先漱了漱口，喝了半口凉水。这可能是老太后生平第一次喝凉水吧！是在温泉一家灰砖门楼的院里喝的。在普通人本不算什么，可在老太后这儿就算天大的事了。

旧社会，人死以后把这人的一生功勋荣誉写在纸上，用纸糊在牌子上张贴在大门口，叫贴殃榜。现在人死了不许写殃榜了。如果许可的话，可以给我写上，老太后西巡的路上，第一块银子是我替老太后花的，第一瓢凉水是我给老太后舀的。这也可以算是我最露脸的事儿了吧！

人千算万算也有算计不到的地方。老太后这次出走，什么都不带，只随身带了些散碎银子，以为沿途一定会有卖东西的。有钱能买鬼推磨，这种想法到现在完全落空了，由海淀奔温泉，由温泉北上到居庸关的古道，原来是南来北往的要道，做买卖的、开客栈的，尤其是驿站，都应该有人支应，可现在跑得一干二净。那些败卒残兵，有什么抢什么，一帮一帮的戴红头巾的义和拳也是有什么拿什么。殷实一点的人家都躲起来了，剩下不藏不躲的人也就穷得只剩一条命了，目前的光景是有势力没处用，有银子没处花，一两银子也换不出一口吃的来。我们可以说一步一步走向苦难。

太阳已经到西南角上了。庄稼地里的玉米叶子都晒蔫了，一丝风也没有，只能用手当扇子扇，汗湿透了衣衫，从来也没穿过这种粗布衣服，现在披在身上感到像牛皮一样，浑身到处刺痒，脖子底下，两腋周围有一种水泡似的小圆颗粒——长了痱子了，不搔就奇痒，一搔就疼。我们开始尝到了另一种痛苦。走到了一个镇甸，已经是人困马乏，车夫说不能走了，该喂牲口了，人也该吃点东西。可哪里能有吃的呢，而且人又这样多。幸亏车夫认识这里的一个熟人留守在大车店里，我们说尽了好话，请他给想办法。我们首先提出可以多给他点银子，以为好办事。但他说也没办法，现成的米面是绝对找不到的，地里有豇豆角，可以煮熟了吃，穷人在秋雨连绵、青黄不接的时候常吃这些东西。议妥之后，我们包他一片地的青稞，把豇豆和青老玉米混合摘采煮熟，我们每人分一个煮玉米、半碗豇豆粒。老太后和皇上、皇后等出逃后的第一次"御膳"，就是这样用的。老太后根本没吃。煮老玉米汤可成了宝贝了，你一碗我一碗的分抢着喝，皇上也喝了一碗，这是我亲眼看见的。

我们都是自幼进宫、五谷不分的人，什么是老玉米，什么是高粱，根本不认识，更说不出是怎么长的了。这是第一次吃这类东西。豇豆角有筷子那样长，一串串的粒包在外荚里，鼓胀胀的。已经不是饭来张口的时候了，我们四个丫头亲自动手把豇豆从割断的秧上摘下来，又把青老玉米的外皮剥去，扔在锅里煮上。正是雨水多的季节，没有干柴，当时用的是乌煤面子，用水和了往灶里填，我们什么都不懂，填上煤以后，不起火苗光冒黑烟，旁边有木头箱子说是风匣，我和小娟子轮流拉动风匣吹火。这是个动力气的活儿，拉二十几下就腰酸臂痛，浑身流汗了。小娟子和我把烧热的水舀出点儿来，奉敬给老太后，让老太后洗洗脸，老太后十分感叹："还是荣子和娟子能伺候我。"我们看着眼前的凄惨情景，又累得精疲力竭，不禁在老太后面前掉泪了。

我们哭着走回了伙房。进屋子一看，满屋子烟和水汽，风匣还不停地响着，仿佛看见一个人在一仰一合地拉着风匣，细看才看清楚是崔玉贵。在宫里我们同崔是不交谈的，但在这个场合下，我们是同生共死的患难之交了。崔玉贵很严肃地对我俩说："看情况目前的地方贡献不会有，买东西也实在难，大家免不了受困！咱们是老人家的近人，无论如何不能让老人家挨饿！"此时为避免走漏风声，我们把老太后都叫"老人家"。

小娟子哭出声来。

崔玉贵说："姑娘，要想办法。眼前咱们包人家半亩地的青稞，还剩下一点，多半都被兵抢光了。咱们应该把剩下的青玉米剥出来，把豇豆角捋下来，捆成捆带在车上，人和牲口都需要。俗话说，须将有日思无日，莫到无时羡有时。眼下咱们大家动手吧，免得将来饿死在半路上。"

　　崔玉贵的话提醒了我们，我和娟子及另两名侍女开始把割下来的豇豆角捋下来，盛在车夫的布袋里，把剩下来的青玉米堆在料笸箩里，把青玉米秸捆成两捆带在车尾。我亲眼看到饥民们什么都抢。我们剥好的青老玉米，生的，他们就用嘴啃着吃，白浆顺嘴角流下来。在大车店里不时有散兵进来，没有东西可拿，就用碗舀足一碗凉水，边走边喝，顺手把碗摔在大路上。什么是王法？这里已经没有这个名词了。这样的世界使我们心惊肉跳。我用眼看看崔玉贵，崔玉贵大声对我说："荣姑娘，不要怕，只当我们已经死了，现在活几天是赚的。要记住，事到临头须放胆，死全不怕，就没什么可怕的了。"这话是对我说的，也是对大家说的。听了他的话，我像吃了定心丸一样。我牢牢地记住"事到临头须放胆"，我一辈子也忘不掉这句话。

　　车又向前走了，路上的人渐渐稀疏起来。

　　小娟子非要和我换车坐不可，她的理由是咱俩各伺候老人家半天。我心里很感激，泪马上涌到了眼角。在大车店的厨房里，我们各自背着人藏起一个熟老玉米来，谁的心事谁全知道，无非是怕老人家挨饿。那时是老玉米不缺，可弄熟了难。哪里借锅去，哪里找水去，最重要的哪有煮的时间，还有我们最难的是任什么也不会干。我俩用手绢各包了个又嫩又匀的煮玉米，我想坐车上给老人家剥粒吃，因为我们看到老人家什么也没吃。这是件孝心讨好的事，小娟子跟我换车坐，就是想把好事让给我做。她把手绢包好的东西塞给我，说："这一个你孝敬给当家的。"为了沿途安全，我们管皇上叫"当家的"。我含着泪答应了。

　　车里头奇热，像蒸笼，歪脖太阳几乎把人晒干瘪了。喝的水变成了汗，汗出多了，用手往脸上一摸，变成了盐面，划一根取灯儿（当时管火柴叫"取灯儿"），几乎能把空气点燃了。下过雨的地经太阳一晒，热气反扑上来，夹杂着牲口的腥膻味儿，熏得人直想恶心，幸亏我在大车店捡了一把旧芭蕉叶扇子，我给老人家扇着。到下午天气更闷了。我摸摸，什么地方都是热的，车帷子、褥垫子，到处都烫手。好容易盼到太阳平西了，可这时候蠓虫子多起来，大概骡子身上有汗腥味，它们围着骡子转，一团团的，赶也赶不走，就在迎面随着车飞。有时能碰人的脸，一不小心碰到眼里，有一股辣辣的味道，眼马上红肿，流下泪来。更有一种像大麻苍蝇似的虻，最初，我叫不出它的名字，后来知道叫牛蝇，只要让它叮上，打死也不松嘴。牛蝇叮后立刻起大包，红肿一片，出奇的刺痒。我专注意保护老太后，可我脚腕子上被它叮了一口。这蝇子有毒，先由叮的孔内流黄水，以后就变成脓。

汗出多了，就出奇的渴，喉咙里像冒烟似的，我们开始嚼老玉米秸。老太后大概实在支撑不住了，也和我们一起嚼。路越走越陡了，骡子很吃力。李莲英由前面折回来，站在路旁禀告说，已经进入昌平境地了。

西贯市破箕秃炕算"寝宫"

太阳落山的时候，我们来到一个大的庄子，后来知道叫西贯市。

西贯市是个较大的村子，往街里一看，青砖房子不少。在这兵荒马乱的年景，谁家也不愿收留我们。再说这村里住的全是回民，风俗习惯全不一样，他们在生活上不愿和汉民掺杂。李莲英等商议的结果是，村头上有个旧的清真寺，年久失修，已经废了，变成了场院，还有几间房闲着，我们就住在这里。老太后也很愿意。已经累了一天，都愿找个地方歇一歇。

场院外面有一口井，喝水是可以解决了。井边放个瓦罐，瓦罐上系一条绳子，就用这个瓦罐来汲水。井没有栏杆，每次我们都是战战兢兢地提水。好在是夏天，井水很浅，提水还不困难。

场院是一片空荡荡的，没有院墙，有一小片光地，上面堆着一堆麦秸草，用半个席头盖着，雨后显得湿漉漉的。站在院子向四下观看，正北是三间正房，根本没门，窗户也没糊纸，往西边一看是一溜矮厦子，没有门、窗户，是堆乱草和农具的地方。进到屋里，三间正房还好，是有隔断的，形成一明两暗：中间堂屋里有一口破缸，能盛水，有一个灶，连着东间的炕，炕是光秃秃的，灶上有锅，也有个旧锅盖。进到东间一看，炕上扔着个破簸箕，簸箕前面的舌头全没有了。地下墙角有个三只脚的破凳子，另有几块碎砖。屋里空空的，地下除去几块砖以外，什么也没有。我愣愣地想：就要在这个地方过夜了。昨天是天堂，今天是地狱！这是谁能预料到的呢？老太后一进屋，除内眷侍女以外，一般人要离开一丈多远，不许靠近窗户，由两个太监巡逻。

我先把老太后安顿下来。炕上光秃秃的，没有办法，我和小娟子把轿车的垫子抬下来让老太后能有个坐处。老太后自从早晨坐上车以后，闭口不说话，既不冒火气，也不显娇气，处这种逆境，完全采取听其自然、处乱不惊的态度。也顾不得什么礼仪了，我看皇帝拴挈着手立在当地，像木头人一样，我拿一个口袋，叠起来，放在矮凳子上，请皇上坐下。皇上用眼看了一下老太后，老太后说了句"皇上也坐吧"，皇上才坐下了。这时李莲英、崔玉贵都上街里张罗饭食去了。

此时可苦了我和娟子了，要什么没什么：给老太后漱口，没有碗；洗手，没有盆。我俩反正不能用两手捧起水来请老太后用啊！最后想起大蒲笼车车厢底下，挂着个饮骡子的盆，我俩把它刷干净了，给老太后洗脸洗手。以后太监也拿这个盆同样给皇帝用。乱纷纷的一阵终于过去了。这个盆一直传到半夜，才算众人洗漱完。

最困难的事，也是最重要的事，该是吃饭问题了。此时我是个"大红人"，也是一个"大忙人"啦。我刚伺候完老太后洗过脸，老太后就语重心长地说："现在讲不了什么规矩了，她们几个（指娟子等几个侍女）接触外面的人少（指没结过婚），荣子你就多出头吧！"我恭敬地请跪安答应了。另外，我还有个"宝贝"，就是我的火镰包。早在颐和园吃早点的时候，我就留下心了，我想沿途一定需要用火，我就把火绒、火石、火纸多带了些。我的火纸可金贵了，半路上没卖东西的，很多人都要向我借纸，当大便纸用，以后我每个人只给一张，留下的给老太后用。我的火镰包不能让人借走，只有我亲自打火给旁人用，所以我忙得很，这边叫，那边也喊。

李莲英提着大茶壶，像个水罐子，托着几个粗蓝花水碗；崔玉贵抱着个盆，拿几双筷子，说是当地人给的，这两个紫禁城里说一不二的人现在也亲自下来干粗活了。那是一壶凉茶，茶水像酱汤子似的，深褐色，太后喝了两口，皇上喝了一口，就不喝了，说不如白水好喝。崔玉贵端的是一盆粥，不是一般人家熬的小豆粥，是当地人叫水饭的一种吃食，把小米和豆混合煮熟，用凉水过好多遍把它淘凉了，用勺舀在碗里吃。人饿，可以舀稠的，多吃米，顶干的用；不饿，可以舀稀的。这是当地人夏天的一种吃食。老太后和皇上、皇后等就吃这样的饭，一盆饭当然不够吃。最离奇的是，茶壶、茶碗等不必送还，原主不要了，因为回民不用汉民用过的东西，尤其是炊具和茶具。我和娟子顺便留下两个碗，以备后用。

不一会儿，一连串的轿车进院子来了，那是王爷、大臣们到了。他们掸了掸衣服，把袖子一甩，恭恭敬敬地要朝拜老太后。老太后隔着窗子——其实像当面一样，因为窗子根本没糊纸——说："你们在外面请安吧，皇上也在这儿，我们刚歇会儿。"他们请完安退下去了，还是各奔各车，因为他们都没歇脚的地方，只能到原车上休息。

天渐渐地黑下来了。不知由什么地方滚出来很多蚊子。说它滚出来，并不夸大。在窗户上头，屋檐底下，成团成团的蚊子像圆球似的滚在一起，乱吵乱叫，那声音真是吓人。都听过唱戏打小锣吧，把小锣连续不断地紧打，那叫打串锣，声音是又急又响，蚊子的声音就和打串锣一样，震耳欲聋。我赶紧跑进屋里把芭蕉扇递到老太后手里，去轰赶蚊子。这么多的蚊子，真会叮死人的。屋子里不能有亮光，有点亮光玉米蛾子就撞进来，它们不要命地乱扑乱撞，脸上、脖子上、手上到处都有。用手一拍，它们的肚子像烂杏一样，一摊黏水出来，使人起鸡皮疙瘩。三格格胆小，怕虫子，往墙角一缩，纹丝不敢动。更让人恶心的是上厕所，这哪是什么厕所，屎尿遍地，没法子下脚，要多脏有多脏，癞蛤蟆满地乱爬，蛆全长尾巴，又肥又长，使人看了直呕吐。娟子我俩架着老太后上了趟厕所，我俩手架着不能动，苍蝇顺着脸爬，黏黏的，赶都赶不散，一落身上就有十几个。

不知是谁告诉我一个方法：抓一小堆大麦秸，用火燃着，放在堂屋里，再盖上几张麻叶，让大麦秸火灭了，光冒浓烟，蚊子和虫子怕烟，就不往屋里飞了，甚至也能把蚊子从屋内赶出去。我说，老太后不是会被烟熏坏了吗？他们说不要紧，烟往高处冒，老太后坐得矮，现在不熏，夜里怎么睡觉呢？我禀报了老太后，开始用烟熏蚊子，果然好一些，起码檐上的蚊子全跑了。老太后也比较满意，可我弄得满头是灰，抹一脸黑黑的道子。

为了赶紧做点吃的，我们又重新忙碌起来。真是应了崔玉贵的话，只好又从中午剩的豇豆角、剩玉米身上打算盘。这种苦日子，我们从来没有经历过，但是不干又没吃的，肚子饿，逼着我们非干不可。此时我们疲倦极了，腿已经迈不动步，还要咬着牙去做，现在懂得什么是苦了。我找到崔玉贵说，人多了，动员车把式帮忙煮玉米吧。没有锅，就把堂屋的那个锅拔下来；没有灶，就在院子角上捡旧砖新码一个灶；没有柴，就把院里的麦秸垛拆了，找不湿的麦秸当柴烧。这样也不行，锅小人多，怎么办？有经验的车夫告诉我们：玉米可以烧熟了吃。于是把麦秸多取几堆，用火和灰把玉米埋里面，烧成糊的；等玉米煮熟后，用锅再煮豇豆粒。这样分几锅煮，才算把玉米煮成半生不熟的，对付着能吃了。我把烧好的玉米掰两个尖，用两个碗盛点豇豆粒，奉献给老太后和皇上。已是半夜时分了，老太后还倚墙没睡，我和娟子给老太后剥玉米粒，用簪子穿豇豆粒吃。皇上还坐在地下。我俩又端来两碗豇豆汤，敬给老太后和皇上。然后伺候老太后睡觉。我俩先把太后腿带解开，松一松再扎上，怕腿带上有虫子，再用手给老太后拢一拢头发。炕上不是原有个破簸箕吗，把它扣过来，垫上一块手巾作枕头，让老太后躺好；把捡来的芭蕉扇，给老太后盖在脸上，再用两块手绢把两只手给包上。浑身上下，没有露肉的地方，不怕虫子叮了，老太后虽忍受着闷热，但闭目养神也许能迷糊一小会儿。皇上已经坐在车垫子上，用帽子遮住脸，两脚伸直，在墙角上强忍着休息了。皇帝和太后在一起，母子同居一室，还是第一次呢。我俩轻轻地退出来，到窗外捡一顶破草帽给老太后把迎头的窗户堵上，免得有风。这才吃我们所谓的晚餐。

正房东屋老太后和皇上已经静悄悄没响动了，西屋的皇后、小主、三格格、四格格、元大奶奶也都没有声息了。各王公大臣们连同大阿哥和溥伦躲在轿车里去休息了，李莲英、崔玉贵等睡在蒲笼车里，车夫们都聚集在西面的矮厦子下。中间堂屋是我们四个侍女。听听各屋都没有动静，我们铺下口袋，就在地上囫囵着睡下了。夏天的天空灰沉沉的，下弦月已经落到西南角下。这个镇甸很安谧，因为都是回民，有专一的信仰，信奉其他道门的事是很少的，所以骚动也不大。从我们到来，这地方的男人、妇女、孩子看热闹的人极少，跟我们闲谈时，没有追根问底的人，可见这村子的人很懂规矩。侧耳听到鸡叫了，在宫里是听不到的。一天没有好好地洗脸和擦身上，安静下来后，才觉得浑身长满了痱子，用手一摸都是小粒粒。手放在肉上，好像不是自己的皮肤，痱子出尖怪扎手的。

合眼迷糊一小会儿，天就亮了。我赶紧爬起来伺候老太后，老太后病倒就麻烦了。还好，老太后和皇上全都很好，我们才放下心来。不料堵心的事又发生了：夜里不知什么人弄水把汲水的瓦罐子摔碎了。越忙越添差错，赶忙托人到街里用银子买了个旧的。这时天已经大亮了，不知是什么人把风声漏了出去，街里的大户人家知道这批住的人是太后和皇上，便送来了几屉刀切馒头，还有骰子似的小方块咸菜，两桶小米粥。这真是雪中送炭。他们不敢说是贡献给老太后和皇上，因为知道宫里头礼仪森严，只说是给下人们的。另外，知道要行山路，特意奉献三顶骡驮轿。

我无论如何也忘不掉这些新鲜事儿，这都是我没经历过和没见过的。所谓骡驮轿，就是骡子背上驮着的一种轿，不用人抬，是由两匹骡子一前一后，在两个骡子中间的背上搭成的一种轿。前面的骡子等于辕骡，是管掌握方向、选择道路的；后面的一个叫跟骡，紧跟辕骡后面，不许脱节，保持稳定的。这两个骡子都是老搭档，训练有素的，平常没有训练的骡子是不行的。这种驮轿，没有畜拉轿车那种颠簸之苦，又比人力抬轿走的速度快，能上坡下坡走窄路。最巧妙的是，当头骡拐弯的时候，轿下面有个圆转盘，能随着旋转，使驮轿保持平稳。骡驮轿在西北地方是大户人家的主要交通工具。西贯市街里的大户人家一气奉献给三乘骡轿，是很可观的了：这要有六匹骡子，三个脚夫，在这兵荒马乱的年景，算是很豪气的。

据说西贯市的这个大户姓李，是个开镖局子的，习武出身，在这一带很有名气。他派了个向导，姓杨，四十岁上下，极精明。我认识这姓杨的，因为后来他一直送我们到张家口北。据说镖车一到城镇时，要大声呼喊，叫亮字号，行话叫喊趟子，喊的人叫趟子手，姓杨的就是个趟子手。这些事都是沿途增长的新知识。

骡驮轿很高，在轿尾带有个脚踏凳，我们把脚踏凳拿下来，搀扶着老太后蹬着凳上了轿。老太后第一乘，皇上第二乘，皇后第三乘，就这样离开了西贯市。又重新雇了辆轿车，给我们侍女坐。从此告别了蒲笼车，因为它走得慢，赶不上轿车的速度，所以不要它了。

这是老太后第一件最宽心的事：自离开宫以后，居然有人给奉献东西了，怎能不让她老人家心慰呢！

我们当侍女的也总算熬过了苦难的第一夜。

骡驮轿作"龙车""凤辇"

七月二十二日的早晨，我们陪侍着老太后由西贯市出发奔向了古长城。那时，我们根本不知往哪儿去！

七月的早晨，地上的水气和天空的雾气混杂在一起，只觉得灰蒙蒙一片。按照老太后的口谕，崔玉贵仍打前站。今天崔玉贵显得美滋滋的，给他新添了个帮手，那个镖局子的姓杨的向导和他在一起。出发前，我和娟子侧着耳朵听他俩说私房话。两个人都好练武，提起北京有名的教师爷来，他们之间还有些渊源。姓杨的又是个地理鬼，甚至某一处某一家，姓什么叫什么，他都很知底，尤其是这一带练武的多，到了某一处，一报师门，马上就能得到帮助。这正对崔玉贵抢阳斗胜、好大喜功、又带些江湖味的脾气，因此，崔玉贵马上拍姓杨的肩膀，管人家叫"兄弟"，不管人家岁数大小。崔玉贵就是这样大马金刀的性格。小娟子并不待见他，看他们走后，指着崔的脊背说："没阳寿的，狗都摇头，满嘴里跑骆驼！就是他老子来了，他也会拍着肩膀叫兄弟。"我笑着说："你背后骂他干什么？"娟子也笑了，说："我就是看不惯他那轻浮得意的样儿，专会一套丑表功。"我说："咳！他无家一身轻，路死路埋，道死道埋，乐一天是一天，跳墙挂不住耳朵（北京的土话，没有一点牵挂的意思），也难怪他这样！"娟子有多机灵，听出我说话的气味来了，扬起脸来抢白我说："刚离开宫墙一天，你就满嘴死呀活呀地胡呲！两天没睡觉了，你先迷糊会儿。"

真的，难得有片刻的宁静！更难得我能和娟子在一起！

去年，就在太后把我指嫁给专为光绪皇帝理发的刘太监"结婚"时，娟子曾单独送了我一份厚礼。我明白，这是向我告别的表示，这种名义上的"婚姻"，无异于下地狱。相处七八年同甘共苦的姐妹，胜过同胞，心里说不出的难过。今天，我俩同坐一辆车，就是彼此不说话也感到心里头有无限的温暖，我恨不得抱住她痛痛快快地嚎几声，吐一吐我的酸苦。她那水晶般的心里，早就明白这些，眼睛并不看我，沉思一会儿，寒着脸说："你的心事我明白，现在还不到你哭的时候。照眼前看，咱俩的小命可能保住了，可留在宫里的姐妹是死是活还不知道。将来咱俩回宫，能给她们收收尸，铲几铲土，祭奠祭奠她们，也不枉姐妹一场……"她突然伸出两只手来，搂住我的脖子，浑身颤抖着大声地抽咽起来。这心直嘴快、热心肠的姑娘，无时无刻不在挂念着宫里的姐妹。

我抬头一看，前面三乘驮轿高高地、晃晃悠悠地在路上走着，我们是近侍，不能离太后远了，驮轿后面就是我们的车。驮轿是个新鲜玩意儿，所以我们对它仔细地观察。我想坐它并不会多舒服，因为它太高。轿车的辕子和马的肩膀平行，轱辘上的车轴也不过离地二尺高，但驮轿是用一个架子搭在前后的骡背上，架子呈井字形，比轿车高出二尺多。山路崎岖，骡一高一低地走着，轿也随着晃荡，人坐在里边也跟着一俯一仰地摇动，时间长了，老太后怎么经受得住？但是老太后始终隐忍着不言语。这是条上山的路，一步比一步高，远远地，但清清楚楚地看见两个人，那是崔玉贵和姓杨的。再看看老太后轿前和皇上轿前都是光秃秃的，没有一个侍卫，只有两个脚夫，使人不禁低头长叹！

平常日子，老太后去颐和园，大轿前面光銮仪卤簿就要排出一里路远。别的不提，就说大轿前的顶马吧，一排四骑，前后四排，不用夸有多威武了。一色的红里透黑的马，膘肥体壮，毛梢亮得出油，像缎子一样。马的额头上一律系着红缨子，嚼、环、鞍、鞯，配着锃亮的铜什件，左右丝缰齐拢在马鞍轿上，四匹一排，一律昂着头，头上的红缨子要在一条线上，看着就整齐威武。最美妙的是马迈的步子，马要和轿夫们走同样的速度。这就太难为它们了：当它们的蹄子似挨地不挨地的时候，把蹄子一蜷，又缩回来约一尺五，实际上，迈的虽是一大步，而走的却只有五寸，这样就和轿夫的步伐相等了，一点也不脱节。最奇特的是，马在往后蜷腿的时候腰随着一扭动，肥肥的屁股跟着一摆，上面骑马的人，也随着马的身子一齐扭，头上戴的红缨帽穗子一甩，蜷左腿往右摆，蜷右腿往左摆，煞是好看。这都是变仪卫费尽心力训练出来的。再听声音，马蹄子落地是"嗒嗒"的，轿夫抬着轿走路是"嚓嚓"的，"嗒嗒""嚓嚓"，非常和谐。长长的柳荫御路上，一点别的声音全没有，像军队演操似的整齐肃穆，这种声音一直由西华门到达颐和园。这种气派，不过是前几天的事，可眼前只剩下崔玉贵骑着个灰色的骡子给老太后轿前开路了。我正迷迷糊糊地想着，一睁眼面前是乱石荒山，前边的三乘驮轿悠悠地走着，头骡颈下系的铜铃"叮咚""叮咚"地响着，一声声催人入睡。

中间城痱子野麻瓢泼雨

路越走越陡了，东西两边的群山挤压过来，活像凶猛的野兽，从不同的两侧在奔逐着一个共同的猎物，终于头顶冲撞在一起了。这个冲撞的地方，就是入山的山口，历来知道叫南口。

夏天的上午，时间显得特别长，也不知道是什么时辰了，阴沉沉的天空，一丝风也没有，浓云低压在头上，窒息得喘不出气来。入了南口以后，更如同钻进了葫芦里，闷得人张着嘴出气，像干沟里的鱼一样向着天，嘴一张一合地喘着，四外的土发出潮湿热气，活似蒸笼，蒸烤得我们又渴又烦躁。小娟子这个急脾气的姑娘，简直要发疯了。她越急躁，身上的痱子越挠挣，憋得她满脸通红，头上津津地流下汗水。两天没有脱过的衣服，经汗水一沤，像膏药似的贴在身上。肉皮红肿一片，在痱子的尖上隐隐长出白泡泡来，这是化脓了。在宫里多年养成的干净勤洗的习惯，用脂粉培养的细嫩肉皮，现在反而遭罪了。火毒的太阳一晒，热气一蒸，汗渍的衣服再一沤，丝毫不透风，哪有不起痱子的道理。我只有用手掀起她的衣襟，来回簸动，透透风，减轻点她的痛苦。娟子含着泪对我说："早晨我给老太后洗脸时，看到老人家的发髻底下，脖子周围，也有一片片的小红粒儿，我问老太后，难过不？老太后眼看着旁处没理我！老太后是有什么条件说什么话的，条件不到向例不说话，现在说难过有什么用！"她喃喃地念叨着。

突然间，前边的驮铃不响了，抬头望去，老太后的轿停下了。我们赶紧下车跑到老太后的轿前。驮轿高，我们站着只能扬脸说话，这在宫里是不许可的。老太后低声对我俩口谕，说要解溲。我俩当时一怔，在这荒郊野外，前后没有村庄，怎么伺候老太后呢？老太后果断地说："就在野地里庄稼密的地方，人围起来！"这真是个最英明的决定。比在温泉苦口求人强多了，更比西贯市那个粪场子强百倍，起码让人不呕吐了。我们下人们赶快围成人墙，就这样，太后、皇后、小主、格格们轮流着"方便"。真是可怜可叹到了极点：没有便纸，只好用野麻的叶子权且代替了。

继续再走，回头往来的路上看时，和我们由宫里出来时的情况不同了。有二十几辆轿车，一长列排开，迤逦而来，在长城古道上亦很壮观。我悄悄地对娟子说："看来护驾的人多起来了。"娟子撇了撇嘴说："很难说，究竟是'护驾'还是'驾护'？是保护老太后来了，还是求老太后保护，只有他们自己心里明白。"我们是不许谈论国家大事的，只有在这旷野的车上才能够放肆地说几句。"他们的算盘才精呢！洋人进城了，所以才赶紧地跑出来，一来可以免掉砍脑袋，二来得一个护驾的好名声。就是死在路上也不会白死，还落一个忠臣的美名呢！扔掉家里的老婆孩子，更一点关系也没有，妻子如衣服，像脱衣服一样，脱掉了旧的还可以换上新的，去了穿红的还有穿绿的，只要保住自己的小命，以后什么都会有。我看他们紧随老太后，实在说，就是怕死，用保护老太后做样子罢了。"娟子嘟嘟囔囔地说个不停。我劝她说："不关你的事，何必多嘴呢？"她恨恨地说："将来下地狱，拔我的舌头，在阳世间，有话我也憋不住。你看，这两天的苦难有谁能够帮咱俩一点忙，不是都往后缩吗！光靠着狗摇尾巴，到时候总有揭盖的一天。平常日子，都吹有搬山填海的本领，到现在哪里去了？只有咱俩给老太后烧老玉米吃！重耳走国，在挨饿的时候，还有人给主子割大腿上的肉吃呢，这些人有谁肯？"这些话，平常日子可不敢说，诽谤大臣，要乱棒打死。今天只能在山野里撒撒气。我劝她说："你还是心平气和些好，免得多生痱子，何必自讨苦吃！"她梗着脖子不再言语了。

路越走越高，天越来越低，四外群山环抱，我们像蠕动在土井里，黑云如井盖一样沉沉地压在上面。忽然，天空响了一声闷雷，接着巴掌大的雨点掉下来。雨点很急，我们不顾一切，呼喊着跑到老太后的轿前，车夫用仅有的两块雨布，把轿顶子蒙上，其他的地方也就顾不得了。雨不停地往轿里灌，我俩靠紧轿帘子顶住，脊骨朝外，把老太后围起来，算是给老太后遮雨。老太后默默地用眼睛看着我俩，万般心腹事，俱在不言中。我们两也没有什么话对老人家说。我偷眼看，娟子抹一把泪，泪水和雨水混合在一起了。

雨越下越大，天上的沉雷东西南北各处乱响，闪电四处乱晃，像蛇一样，来回地窜动。山也跟着响，谷也跟着响，真是千山颤动，万谷齐鸣，实在是惊心动魄，我俩生死凭天了。天不是下雨，简直是泼水，根本没点，由天空里泼下来，白茫茫的一片，眼前几尺远就什么也分不清了。轿早停下了，马像钉在地下一样纹丝不动，低下头，弓着肩，两只耳朵侧垂下来，顺着两耳往下流水；轿夫用麻袋往头上一披，身子一蜷，坐在路旁的石头上；老太后还是默默地沉思着，雨打在轿帷子上，又溅到她身上，好像一点感觉也没有。足有一个时辰，雨才渐渐地停了。可小娟子和我却下不了轿：浑身的衣服全湿透了，整个儿地贴在身上，夏天的衣服穿得又少，我俩女孩子家怎么见人啊！幸好没有风，还不算冷。

一场使人心惊胆战的雷雨总算过去了。我不由得想起随身带的东西来：一个火镰包儿，一包烟和一卷纸。刚一爬上老太后驮轿的时候，我就留心把它们藏好，把两只鞋子一脱，烟纸和火镰包就塞在一双鞋槽子里，两只鞋槽子面对面地一扣，底朝外，顺手就塞在驮轿的褥垫子底下。我摸出来一看，幸好烟、火镰和纸没湿。阿弥陀佛，这是宫里带出来唯一可以孝敬老太后的东西了。不能让老太后吸野麻的叶子吧！

山道两旁，坡陡沟深，雨水很快就流下去了，但道路特别泥泞。这儿的土是黄土，一走一滑，特别的黏，粘在脚上厚厚的甩都甩不掉，更拔不出腿来。远远地见一个人来了，披一身黄油布衣服，到近处才看清是崔玉贵，他借了一身驻军的雨衣。毕竟是宫廷调理出来的人，先把黄油布雨衣脱下，再整理整理帽子，然后纽扣系好，卷的裤腿放下来，油布雨衣往地下一铺，恭恭敬敬地跪在轿前，奏称："奴才崔玉贵见驾，愿老太后万寿无疆！启禀老太后，往前再走一站，有当地驻军守护，他们已腾出房来，准备接驾！"我和娟子紧靠在轿帘子两旁，把正面闪出来，预备老太后发口谕，老太后只说了句："知道了！"崔玉贵"嗻"的一声，叩头起立，又匆匆地往前走了。果然大约走了半个时辰，到了驻军的兵营。驻军腾出三间房，一个院落。还是老太后和皇上在东屋，西屋是女眷。东屋有个套间，老太后在套间里洗脸休息，皇帝由两名太监伺候。这时李莲英匆匆地来了，禀告太后说驻军的什么官在外头给太后和皇上磕头，驻军的官说不知太后和皇上驾到，临时仓促，备点粗茶淡饭，臣该万死！老太后说："知道了，有什么就吃什么！"李莲英面目红肿，形容憔悴，老太后看出来他是病了，让他不拘常节，回去休息。李莲英跪在地下，连连地叩头。我入宫以来，第一次看到他掉眼泪了。他出来给皇上请安，皇上也和善地对他点了头。看来皇上对他并没有什么忌恨。这都是我的感觉，当然宫廷里的事，不是表面上能看得出来的。自从义和拳失败后，这位"佛见喜"李莲英显得有些发蔫了，本来就忧心忡忡，再加上风餐露宿，60开外的人了，病自然会找上门来的。我给老太后洗脸的时候，老太后不许我用凉水沾她身上起的痱子，说痱子一沾凉水容易成痱毒，那就成非常难治的一种疮了。现在忍着点吧，等环境好点，用沸开的水凉凉了，洗几次就能下去。老太后说，这是张福对她讲的。这时老太后提张福，思念宫里的心情是可想而知的了。中午的饭我不记得吃的什么了，只记得最后是一碗细粉丝黄瓜汤，老太后吃得很香。我们一身湿衣服，行动很不方便。皇后、小主、格格们也只到老太后的门外，请个安就回西屋去了，因有皇上在屋，湿衣服是没法子见驾的。崔玉贵没露面，据说往前边探路去了，好在这是个空院落，闲杂人等一律不许入内，这对我们还比较自由些。我们向驻军的头子要了一卷火纸。后来才知道，我们打尖的地方是关里的中间城。

居庸古道兵匪猖

吃过午饭又匆忙出发了。

雨后，路上的人多起来了，三五成群的散兵游勇，一簇簇的戴红头巾的义和拳，还有牵着秃背牲口的残兵，这显然是临时掳来的，但他们和当地的驻军却相安无事，好像是井水不犯河水，虽然摩肩接踵，但谁也不理谁。这些人见到我们的车，也是斜眼一看，慢悠悠地躲在路旁。我们当然也不敢惹他们。我们不禁提心吊胆，过去听说书的说过，多少年轻的女子被乱兵掳了去没有下落，现在如果有几个强人把我们的车硬给赶着走，我们哪有什么办法。我和娟子在车上起誓，俩人死也不分开。咳！两个不出宫门的女孩子，在这惊恐流离的路上，甚至用什么方法死都谈到了，这种心情不比在宫墙里头的女伴舒展多少。她们把首饰取下来送给我俩，把希望寄托给我们。可我们目前又把首饰寄托给谁呢？眼看着岭上的云像野马似的跑，只能捂脸对哭了。

驼铃不紧不慢地响着，终归来到了一座高高的岭前，万里长城蜿蜒地由两边垂下头来，形成一道关口。走到关前一看，好雄壮的一个城门洞，比神武门的城门洞还高还厚。城门洞两旁有两座营房。气氛十分森严，看着使人心里发怵。我们的轿和车都停下来，休息一会儿。城门洞的风又凉又硬，我们出宫后第一次感受到塞北风的强劲。后来听人告诉我们，这是中国最有名的关口，叫居庸关。由南口进来像走甬路一样，两边山夹着，非常闷塞；来到这关口，却迎面高山阻路，只有一个城门，两边营垒排列，让人心惊肉跳。这儿有口井，井水非常的凉，冰牙，并不苦涩。我舀了一碗，奉献给老太后，老太后也夸水好，说像玉泉山的水，难得这大雨的季节井水一点也不混浊。这时大约是申时了，天依然是阴沉沉的，虽然上午下过大雨，却一点也不凉爽。

听车夫说，出了关就属延庆州管辖了。

路面石头多，非常不好走，车子一倾一斜地来回乱晃。路旁的青纱帐和野草很厚很密。天是昏昏沉沉，人也是昏昏沉沉的。突然从东北面斜对着我们打来几枪，听得很清楚，枪沙落在青纱帐里，一片"沙沙"的响声（当时是用的火铳）。很明显这是对着我们的驮轿和轿车开的枪。但强人隐藏在青纱帐里，始终看不清是什么人。这突然的遭遇真把我们的魂都吓掉了，我们怔了片刻，才醒悟过来。救驾比逃命还要紧，我们赶紧跳下车奔向老太后的驮轿。娟子喊了一声："豁出去了！"李莲英、溥伦也赶忙往前跑去护驾。老太后不让任何人上轿，只让靠驮轿左边站着。在这关键时刻，看出李莲英是忠心于太后的，他用身子靠在驮轿前，站在老太后的右前方。溥伦也贴在皇帝的驮轿旁。我和娟子手脚都吓软了，地下又是泥又是石头，只能扶着驮轿站着，几乎瘫在地下。赶驮轿的轿夫很有经验，把驮轿停住（也许是老太后让停的），站在左前方，用牲口隐住了身体，手紧紧勒住丝缰，纹丝不动。土匪迎面打枪，车队当然不能迎着土匪前进。如果跑回关里，又势必把老太后落在后面。所以车轿只能停住不动。这时后边王公大臣的车队及时赶到，由颐和园起就跟随在后的护卫队也上来了。虽然是雨后送伞，但猫总是能捉鼠的。听到枪声，崔玉贵和姓杨的向导也急忙跑回来。人多势众，土匪没敢露面就走了。一场虚惊，大家非常害怕。据姓杨的说："这群人不像本地人，像是一群散兵。不过这条路民风强悍，练武的多，地皮又穷，保不住有三五成群的坏人；出关以后，更放肆了，就是官家的车走单了，照样抢劫。"经过这次风险，老太后谕令护卫领队姓马的头前带路。正好军机要传延庆州州官，老太后特命崔玉贵去，并谕能备一乘轿子最好！

阴天，天黑得比较早，已经是申未了，上午遇雨，下午又碰上劫路的，一天走的路程并不算多，轿车随着驮轿继续向前走。时间不长就看到一座城，巍巍地横在大路的中间。城外围却是石头路，我们坐在轿车里一顿一颠，真难受，猜想老太后坐驮轿也不会舒服的。

这个地方出居庸关五六里路，是向北唯一的通道，出此城后才有分道，所以叫岔道口。这儿有城，很雄伟也很坚固，垛口有炮台、有衙门，也有守兵，有买卖、有驿站、有公馆，也有戏楼，是南来北往的咽喉，也是北边朝圣的要路。我们由东门进的城，一进城就感到乱糟糟的。街上堆满沙子口袋。奇怪的是，不是守军在护城，代替的是义和拳。他们几十人成群，满街乱走，守军反而安闲地驻守在营房里，街上到处是焚香的气味。看样子商店已经几天不开板了，门前冷冷清清。大雨过后，街心成了泥塘。四外观看到处黑灯瞎火。按说七月的晚上，正是街头品茶乘凉，人们闲聊天的时候，可现在却紧闭门户，避祸藏在家里。

驮轿赶进一个大院里。院落里空空静静，显然是特意腾出来的，大概原来是个营房。这儿分前后院，后院北房三间，带廊子，东耳房两间，另有东西厢房，这是不对称格局的四合院。有角门进西跨院，是伙房。仍是老太后住上房东屋，皇上住西屋，皇后、小主、格格们住东耳房，紧挨着老太后。下人们住东西厢房。西院伙房里有热水，烧火用木头。我们可以给老太后洗洗脸，擦擦身上，洗洗脚。虽然没有可换的衣服，但总比在西贯市强多了。屋里靠南窗子底下有铺炕，炕上有条旧炕毡，一个歪歪斜斜的小炕桌，一个枕头，油腻腻的。老太后侧着身子歪在炕上，看得出来，是十分劳累了。她不发脾气，不说话，闭目沉思。我们却屏息伺候。隔壁皇后、小主、格格们，下车请过安后，静悄悄地回到屋里，院里静得像没有人一样。和皇宫里的规矩相同，不管有多少伺候的人，丝毫听不到说话走路的声音。

一会儿李莲英来了。老太后让他把皇上请过来，共同听今天城里洋人的信息和宫里的消息。李莲英虽然生病也得硬撑着，因为这是他分内非常重要的差事。他退下来的时候，秘密告诉我和娟子说，洋人还没进宫。我俩第一次听到宫里的消息，知道宫里的姐妹们还活着。老太后的面容也有些好转了，我上茶后，老太后跟平常一样慢慢地品尝着，说这儿水好，和玉泉山的水差不多，有甜丝丝的味儿！

晚饭后王公大臣们来请安的人黑压压一片，分品级站了一院子。过去我们根本见不到他们，现在在东厢房里，能隔着窗子看。老太后和皇上走出屋子，母子一前一后，站在廊子上，看他们跪拜完。老太后抬眼看了一下李莲英，李莲英就冲大臣们说了句："歇着吧。"他们就鱼贯地走散了。奇怪的是，老太后闭口不谈半路遇土匪的事，不但当时不谈，以后也没听老太后谈过，好像这事不怎么光彩似的。

王公大臣里除去最早跟着太后跑出来的端王、庆王、肃王以外，还新添了礼王爷、那王爷；除了澜公爷外，新添了泽公爷；除了溥伦贝子以外，新添了贝子；军机处的除了原来跟车出城的赵大人以外，又添了刚毅刚大人、英年英大人。其实，他们也是洋人一进城就跑出来了，比我们并不晚，也没什么新消息带出来。

夜间里，不知什么时候，崔玉贵回来了。听说用大车拉来一乘轿子，并带来几个轿夫。娟子说，又有他丑表功的材料了。早晨起来，伺候完老太后，我俩就到前院看新拉来的轿子。那是州官拜客坐的一顶，蓝呢子轿，俗名叫"四人抬"。仔细一看，不是呢子是蓝咔啦，这是西北织的一种东西，又硬又厚，只有两种颜色，一种大红，另一种藏蓝，经常用它做皮褥的面子，在宫里我们春秋也用咔啦做鞋帮子，因它挺拔。可夏天用它做轿帷子不合适，因为它厚不透风，人坐里头闷得发慌，现在只能将就，不能讲究了。轿是四个人抬的肩舆，又沉又笨。在城里拜客用，抬着各处转悠，很样式，如果长途奔波，以五里路换杠来算，就要两班倒或三班倒。前边四个人抬轿，后边八个人坐在大车上休息，预备轮换，这个举动就大了。不如此，盛暑之下，什么人也支持不住。在这困难期间，非同小可，不过老太后要这样做，也就只能这样做。

李莲英和我们是奉命来看轿的。夜间找来木匠已重新把轿内的坐椅修好，把矮茶几装饰起来，安牢靠了，草草收拾一番，就算完了。

陪同崔玉贵去延庆州的，自然是有向导姓杨的。据崔、杨说，延庆州是义和拳扎堆的地方，四门紧闭，都是义和拳的人守城。州衙门已经好久不能办公了。还是杨向导有办法，冒充东路催粮的人（义和拳缺粮），好不容易进了城，找到州官后才说出实话。州官和两位师爷一起见的他们。他们一无信件，二无凭证，州官哪里肯信。好在延庆州跟宫里常有交往，宫中用炭，是延庆州进贡的，这是一大批供应，一年要几十万斤。崔玉贵提到北京西四北红罗厂收炭的太监某某，这才相信了，恰好这二位师爷里就有一个和某太监曾经打过交道的，于是放心了，连夜找到衙役把轿子整理好，传唤了轿夫，州官带着官印，师爷跟随着来到岔道城。在这兵荒马乱的时候，印说丢就丢，印是脑袋，当官的把印丢了，脑袋也就危险了。带几个亲丁保护州官也是保护印，就这样，瑟瑟缩缩地跟着崔、杨走了多半夜。让州官办点供应，哪里能办得到？师爷说，我们知道这是天官赐福的事，捧着花献佛，谁也不傻。过去我们常孝敬宫里，不是榆木脑袋，一点弯也转不过来的人，可现在说话不算数，手底下任何东西也没有……延庆州的几个人还算聪明，不敢跟崔打官腔，说的全是粗话和大实话，很对崔的口味。听崔玉贵说话的口气，很同情延庆州的州官，由他回禀老太后，一定不会趁机踢他们一脚的。趁机说坏话，这是太监们回事时常使的手段，对太监千万得罪不得，尤其是崔玉贵，一言兴邦，一言丧邦，他舌头底下花样可多了。

州官大老爷并没有进来朝圣。天已经大亮了，仔细看这院子，不像有女眷住过，四角都是破破烂烂。我们的住房光有一铺炕，炕上一张旧席，任何陈设也没有。最重要的是只有男厕没有女厕。半夜时有人进院给缸里挑满水，灶里加些劈柴，但白天却见不到一个人。在这里住了一夜，总算还好，能给点吃的，不会挨饿了。只是老太后、皇上、皇后、小主、三位格格和我们，都是单衣单裤，又被雨淋湿了，夜里冷得打哆嗦。我和娟子只好到西跨院伙房里，给老太后烤衣服、袜子，我们也取取暖。两天时间，我们已经变成灶下的蓬头鬼了。皇上仍穿着旧青布长衫、护军的绿色裤子，一点倒换的衣服也没有，而王公大臣们却没有一个肯脱下自己的衣服替皇上换一换。我们当丫头的亲眼看着皇帝受苦。咳，食君之禄……此话大臣们只会讲给别人听。

早晨吃的是黑馒头冬瓜汤，只知道有人送来，不知道由什么地方送来的。

老太后要起驾了，轿子抬到院子中央，大臣们从各角落里钻出来，恭送老太后起程，依然出东门。冷冷落落的，没有一点仪銮的排场，蓝咔啦小轿是第一辆，皇上的驮轿是第二辆，皇后的驮轿是第三辆。李莲英病了，特赐让他坐驮轿，排第四，我们侍女的车紧跟驮轿后。其余顺序是大阿哥、小主、格格，就这样一溜长龙似的出发了。

出了东门，沿着岔道城墙走，绕道走上了京绥通路。这时路上的败兵游勇多起来了，三五成群接连不断，他们见到我们的车，并不愿意让路，同我们车队抢路，掺在一起走，我们也没办法。走了大约有一个时辰，据说快到怀来境界了。天忽然下起大雨来，比头一天的雨还大，铺天盖地洒下来；闪电一亮，雷就紧跟着劈下来，又响又脆，惊得骡子的耳朵都竖了起来；风卷着雨点把车帘子揭开，简直等于往身上泼水……车不能走了，娟子和我把车帘子握紧，略挡住一些雨。更可怕的是，有几个败兵，没处可躲，竟钻在我们车厢底下，天哪！他们乘这大雨的时候要起歹心，喊都喊不应，若上车糟蹋人该怎么办啊！九死一生，我们什么办法都想到了。想得最多的是老太后，她平日是万万人之上，可今天怕是连两个贴身的丫头都庇护不了。我们两个大气也不敢出，死死地按着车帘子，用耳朵细听车厢底下的声音，心都跳到嗓子眼里了，吓得浑身乱哆嗦。现在回想起来，这是我们逃亡路上最可怕、最悲惨的事儿了，我不说出来有谁能够知道呢？

雨由大变小，天虽然不开晴，雨点总算变成细丝了。轿车拖泥带水地向前走时，躲在车厢底下的败兵也走了。此时我俩只希望车快走，虽然不知道去往哪里，无论如何也比败兵蹲在车厢底下强得多。走了一段路，见路旁有两间屋子，窗子洞开着，像两个黑窟窿；门口外有一眼井，井台下有一个大草帽，雨后正随风掀动。车把式一阵心血来潮，打算捡起这个草帽。可是一掀，妈呀！赶紧放手往回跑！原来草帽盖着的是个死尸，是被人杀死的，埋在井旁边，只露着个头，满脸是血，蝇子乱爬，草帽系在颈子上。车夫往回跑的时候，摔得满身是泥。这更增加了我们的恐惧感。那个时候，小命说完就完。我俩只能屏息敛声，听候命运的安排。自从出了西贯市，沿途土井并不少，但我们渴死也不敢喝那里的水！一来雨大，水井的水往上涨，一伸胳臂就能够着水面，黄汤绿沫，看着就恶心；更重要的是井里头往往有死人，不是一个人头，就是一具死尸浮在上面。这是车夫告诉我们的，他们也不喝这里的水，甚至连牲口都不喝。

我们沿途的艰苦可想而知了。

榆林怀来"阴还阳"

我永远也忘不了庚子七月二十三日，巳末午初时刻，我们来到一个大镇上，那就是榆林堡。如果说两天前过的是"阴间"，到这里就算"还阳"了，娟子我俩管这里叫"阴阳界"。

第一是，这里有地方官前来接驾了。

第二是，有从北边来的军队前来护驾了。

我们当侍女的，没有说三道四的资格，只能用眼看，用耳听，一年到头，说不上几句话，每天必须把"是"挂在嘴上。但是我伺候人时间长了，养成察言观色的本领，现在一到榆林堡，地方官戴着朝珠穿补服，迎面跪着来接驾，老太后自然是眉开眼笑。一个养尊处优惯了的人，一个听人喊万寿无疆惯了的人，自从一出宫门，没有人理，没有人瞧，是多么难受啊，现在又有人跪在面前了，心里的舒服劲是可想而知的。我们三天来的紧张气氛也随着消失了。

榆林堡离怀来县有30里，是延庆和怀来交界的地方，县官亲迎30里来接驾。这位县太爷是很有章法的，向着第一乘轿子、第二乘驮轿报名跪接以外，向第三乘驮轿请了个跪安，对余下的轿子并不搭理，起身上马，头前引路，进入街里。可见这是暗中有人指点，才知道第一乘轿里是老太后，第二乘轿里是皇上，第三乘轿里是皇后，余下的就可以不闻不问了。

堡子的规模并不大，一条正街，路北有三家骡马店，这是给差夫驿卒预备的，足见当时差役的频繁，现在冷落了，各家的门都紧闭着，街上很多乱兵，骡马粪的气味刺鼻子，雨后满街流泥水。老太后被引到尽西头一家大的栈房里，北房三大间，一明两暗，别的记不清了，只记得台阶特别高，屋子中间有茶几、椅子、铺垫，堂屋东西两壁是木头隔扇，门上挂着竹帘子，墙上挂着字画。看得出来，这是一个没遭劫的屋子。

夏天中午，虽然没出太阳，但特别闷热，苍蝇又多，直叮脸；院子里的蜻蜓乱飞，使人心里发烦。我们出来进去舀洗脸水，打漱口水，要特别小心，一来地滑，二来台阶高，会绊个跟头。好在这个地方烧水用炭，用水很方便。据说这儿三个店原来都准备了三大锅绿豆小米粥，熬好了等候御用。可是都被乱兵饥民给抢光了，任凭怎么拦挡，也拦挡不住，只有这个院子里还剩下一点锅底儿，是再三央告才留下的。这时乱兵拉帮结伙，由店前经过，俗语说，有势力的怕不要命的，这都是些亡命徒，谁也不愿意招惹他们。

老太后在漱洗完毕以后，召见了这位地方官，我们躲在东暗间里。李莲英引进来的这位地方官大概是南方人，说的话听不清，只记得说话带咝咝的口音。老太后很夸赞他一番。在兵荒马乱的年月，出县城30多里路，又在酷暑的天气里，冒着大雨，到两县的边界上亲自恭迎圣驾，也算是乱世识忠臣。昨天到延庆州是放枪把我们赶走，今天到怀来，郊外亲迎，怎能不让老太后感动呢！

不一会儿，厨役送豆粥来了，由皇帝的内监接过来，只是每人一中碗，并无别的食品。先送的两碗里还有细丝咸菜，其余的连咸菜也没有。可怜的午饭根本没筷子，老太后让取秫秸来，这已是两天来司空见惯的事了。吃完粥后，老太后照例要走一走，忽然看见我在旁，说荣儿有水烟吗？我说水烟、火镰全没丢，就是没烟袋。李莲英赶忙去找，恰好地方官在店门口，跟他说清楚，很快就把烟袋送来了。老太后问些闲话，内监侍女都在旁，并不避讳。太后说，这回出来十分仓促，皇帝、皇后、格格们都是单身出来，没有替换的衣服，你能不能给找些衣裳替换一下？县官跪着回禀说，微臣的妻子已经亡故，衣服箱笼多寄存在京城里，只有微臣的姐姐、姐夫随臣到这里，臣母尚有几身遗物还在臣的身边，皇太后不嫌粗糙，臣竭力贡奉。看来这位县官很识大体，说的话娓娓动听。老太后让他平身，又低声对他说："能找几个鸡蛋来才好。"县官说："臣竭力去找。"说着请跪安退下。过了片刻，县官亲自用粗盘托着五个鸡蛋并有一撮盐，敬献给老太后，并说各家住户人都跑空了，只能挨户去翻，在一家抽屉里，找出五个鸡蛋，煮好后献给太后。又说，臣知道老太后一路劳乏，特备轿子一顶，轿夫都是抬轿多年，往来当差惯了的，请老太后放心等。我们隔着帘子看那县官，他大约35岁上下，清瘦脸，很稳重。老太后让他下去休息。我和娟子洗手剥鸡蛋，老太后竟一口气吃了三个鸡蛋，大概是惊恐的心情已经过去，两天来又没好好吃饭的缘故。剩下的两个鸡蛋太后让李莲英献给皇上，这是老太后特意表示对皇上的爱护。老太后吃完鸡蛋又吸了几管水烟，重新洗脸擦背，疲劳总算赶走了些，开始传呼起銮。

老太后坐怀来县备的轿子，皇上坐延庆州备的轿子，皇后、小主同一乘驮轿，大阿哥、溥伦贝子同一乘驮轿，李莲英一乘驮轿，余下顺序而行。出了榆林堡，途经各处村落时，见到更是残破不堪了，门窗户壁没有一处整齐的，都被残兵败卒给破坏了，他们有什么抢什么，如果门锁着，就把窗户给捣开，墙也坏了，篱笆也倒了，破棉絮、烂褂子全给扔在路边上，他们像蝗虫一样，走到哪里吃到哪里，一群接着一群地吃，把老百姓的东西吃干净算完，这是我们亲眼见到的。

李莲英临离宫时发蔫，半路上下大雨又生了病，现在却扬气起来了，就因为来了个护驾的岑春煊，一口一个"大叔"，把李莲英喊得扬气起来。

我们足不出户，又聋又瞎，唯一的消息来源是听小太监的，他们是有话存不下，有点消息必定悄悄地告诉我们才算舒心。听小太监说，岑春煊本来不是带兵的，他是甘肃管钱粮的官，叫藩司，也叫藩台，是个好说大话喘粗气的人，牛皮吹得呱呱叫。在家行三，大家背后管他叫岑三，也叫苗三。洋人在天津沿岸扰乱的时候，他就扬言要求出兵，等到洋人侵占了天津，他更火急暴跳地要"勤王"。甘肃巡抚看他牌子扛得硬，自己拦他也怕落不是，眼不见心不烦，打发他出去了事，于是给了他2000来兵，5万两银子，由草地顺北路来到了京城。到了京城后，军机处并没把他放在眼里，他的步兵原来驻在张家口，因此让他办理察哈尔堵防的事。等两宫离宫以后，他得了信息，就追随到了怀来，说是由甘肃特来京郊带兵护驾的，吹得多响！他的老子是岑毓英，当过云南总督，朝圣时曾和李莲英打过交道，所以他一到怀来的榆林堡就先拜见李莲英，一口一个"大叔"，叫得又响又脆，李莲英平白添了这样一个有军队的"侄子"，也是求之不得，有了可以随自己的手心转的人；而岑三有了李莲英这个"大叔"，上边可以通天，抱着这条粗腿，就一定会飞黄腾达。自然是两人一拍即合。从榆林堡开始，这两位叔侄就密切合作，直到辛丑回銮。岑春煊所以能当保驾的近臣，实在是李莲英保荐的功劳。李更长期给他说好话，岑春煊才一直恩宠不衰：不到半年就升到陕西巡抚，后来当了两广总督。这段公案，我们当侍女的都看在眼里记在心里。

从怀来县官接驾起，王公大臣们就撒了欢儿了，首先是快马加鞭先察看老太后驻跸的地方，再察看各王公大臣们的公馆如何，弄得乌烟瘴气。自榆林堡起驾到怀来县城30里的路上，探马往来就有两三次之多。娟子说他们又"还阳"了。未初离开榆林堡，申正已经到了怀来县城。

这是个小县城，城里街上满是鹅卵石，非常难走，坐在轿车里骨头都要摇酥了。偶尔有两三家门外贴出红纸来，表示迎驾。一看就明白，这是县太爷的主意。老北京有句俗话，燕九挂灯笼，冷冷清清——应个景儿罢了。

老太后、皇上的轿直抬到官衙门里内宅门口。这位县太爷很会办事，把整个官廨腾出来，作为临时驻跸的行在，显得异常尊敬也格外亲切，又容易保卫。他手下也有一帮得力的人，虽然说官不修衙，客不修店，但他们把门庭院落收拾得干干净净。正房三大间，老太后临时住。这大概是县官的卧室，陈设不多，可很雅洁，尤其西面一铺床，湖色软缎子夹被，新枕席配上罗纹帐子，垂着山水画卷的走水，两个青绦子帐带，很雅气。中堂的北面，一个条形的架几，一张八仙桌子，两把太师椅，鲜红的椅垫，显得很匀称。比起西贯市，土炕没炕沿，光秃秃的只有一把破簸箕，真是天上地下了。无怪老太后满意。正房东边有两间矮房，是耳房，和正房隔山相通，这是便于下人们伺候。皇上住外院的签押房，是县太爷办公会客的地方。跨院西花厅三间，住皇后、小主、格格们，溥儁（大阿哥）、溥伦只有和皇上望衡对宇而居了。我们当然是住在正房的耳房里，因为伺候老太后方便。县官的女眷都避在西北角的平房里。晚饭很丰盛，有肉、鸡等，这是自从离宫以后第一次开荤，所以吃得特别香。这些肉和鸡都是县官让地方绅士弄来的。在这斗大的山城里，也真难为他了。一时王公大臣，阉人侍女，满坑满谷，几乎挤破了这小小的县城。

晚膳刚用完，李莲英带着县官觐见来了。小太监捧着四个包袱。李莲英代奏，说县令某某知道老太后、皇上出宫时，没带衣服，特将先人的遗物及自身的衣饰奉献，聊备替换，粗陋不堪，望太后赦臣死罪。老太后点点头说你先下去吧。打开包一看，有蓝薄呢子整大襟袄一件，深灰色罗纹裤子一条，没领软绸汗衫一件，半截白绸中衣一条。这是给太后的；另一包里，有江绸大袖马褂一件，蓝绉长袍一件，另备随身内衣一套，这分明是给皇上的；还有一包是皇后、小主、格格们的，因为都是旗人，打点的都是男人的长袍丝裤。最令人满意的，是一包全新的袜子，都是细白市布做的，大约10双。出宫两天多来，两次遇雨，别处都能忍受，只有脚在湿袜子里沤着，真让人难受。还有件极可心的事：包裹另有一双矮腰细绒软胎毡靴子，高寒山区，又潮又湿，这是预备老太后洗浴完换的。无怪老太后赞叹说："这个人有分寸，很细心。"此外，小太监又抱来两个梳妆盒子，梳篦脂粉一应俱全。老太后说："三天没照镜子，不知成什么样子了。"

我们赶紧打水，给太后洗头洗脸擦身上，李莲英细心地给梳头，把过去的盘羊式改成了两把头，太后从此又恢复了旗装。皇后、小主、格格们也各人拣了件男人长衫穿了。在给老太后梳头时，我在一旁伺候，听李莲英禀告说，京城里军机大臣王文韶来了，特意向老太后禀告，军机的一切信印，他全带出来了。老太后点点头。这就等于老太后在路途上能发号施令，调动一切了。这是件至关重要的大事。于是传谕，明天接见军机们。

我在温泉的路上，足踝骨被有毒的牛蝇叮后，肿起来，雨水一泡，化脓了，走路一跛一点的。老太后就把毡靴子赏给我。这位县官一直随行奉驾到西安，办前站粮台，时常被召见。后才知道他姓吴，是曾国藩的侄女女婿。老太后眷念故臣，对他自然格外体恤。

在这县城驻跸一天，第二天早晨开始"叫起儿"。这是离宫后第一次威仪的早朝行动。吃完早饭，老太后正襟危坐在堂屋东面的太师椅上，梳着两把头，很是端庄；皇上穿青色马褂，浅蓝的绸衫，雪白的袜子，坐在西面也很郑重体面。地上铺好拜毡后，我们当侍女的就回避了。这次"叫起儿",几乎是满汉的全部军机大臣,一个不缺。李莲英、崔玉贵也只能在下房侍候。

这次"叫起儿"以后,王文韶连夜回京了。庆王随老太后走了两站,每天几次召见。后来也回京了。这是预备议和的开始。

就在庚子年七月二十五的早晨,我们随同老太后的銮驾,出怀来的西关,经宣化,过怀安县,八月初已近山西境了。从此吃饭有地方供应,走路有军队保护,我们又过上饭来张口,衣来伸手,悠游自在的生活了。但风餐露宿,道路颠簸,走在这"早穿棉午穿纱"的地带,又当这乍阴乍晴的季节,比起宫里的生活来,当然是相差万里了。我和娟子不禁两眼痴痴地回望着京城。

老太后西行车队像滚雪球一样,由最初的三辆变为三十多辆了,当差的人也陆续添了十多个,于是也就威武起来。可能是为了安全起见,撇开京绥通路不走,傍着一条崎岖的小路走。最初还记些地名,以后索性不记了。长途跋涉是很苦的,但差事比较清闲。中午吃饭有太监伺候,除晚上睡前的洗漱,由宫女伺候外,老太后因沿途劳顿,也就安歇得早。最奇怪的事是老太后很少发脾气。规矩松了,过去我们不能抬眼皮看的人,现在也能正眼看他们了,当然是除去皇上以外。

难熬路途上的寂寞,睁开眼睛一片绿,满眼青纱帐,无边无际,也都看厌烦了,若有什么古迹,我们也没有心思看。但不能睡觉,稍不小心,车一倾斜,头会碰出包来。就在这万分无聊的时刻,忽然后边的驮轿里发出清脆的二胡声,听得出这是由大阿哥的轿里飘出来的。随着风又飘来几句唱词:头通鼓,战饭造,二通鼓,紧战袍,三通鼓,刀出鞘,四通鼓,把锋交,上前个个俱有赏……这是大阿哥在长途寂寞中第一次发出来的声音。

慈禧庚子年三过中秋节

———

沈义羚

编辑同志：

今年适逢闰八月。忆起慈禧太后的贴身宫女荣儿在我家帮佣期间，多次谈到庚子西逃时宫里一行人在路上过了三个中秋节的情况，现仍以宫女口述形式，连缀成篇，是为前文之补遗。

算起来，慈禧銮驾离开宫里已经一个多月了。听老太后念叨，蛮想赶到太原府过中秋节，据说山西巡抚毓贤有奏折来，预备好中秋节在太原府接驾。大家都喜滋滋的。万没想到天不作美，连续的秋雨不晴天。没法子上路，轿车还好办，可老太后的八抬大轿，着实没办法。天放晴后，紧赶慢赶，还差两站到不了太原，只好在忻州过中秋节了。虽然毓贤套着车连夜把礼品送来，总不如在太原过节风光。这一年也不知道月亮从哪边出来的，我们共过了三个八月节：在忻州贡院里过了第一个中秋；到八月十八，在太原又补过了一个；等到了西安，又过闰八月的中秋，算是第三个了。

　　八月十三我们过了雁门关，八月十五到了忻州。这地方给我留下的印象很深。住在忻州的贡院内，院子大而敞亮，四角扫得干干净净，看着就舒服。这是个考场，考秀才的地方。老太后住在学差住的房间。带廊的五间正房，很雅洁，已经充满了节日的气氛，瓜果飘香，大有储秀宫的味道。

　　老太后下轿不久，稍事休息，皇帝就带着皇后、妃子前来问安了，格格们不宣召是无须来的。今天是中秋节，皇帝、后妃们向老太后拜贺节日。皇帝、皇后刚退下，王公大臣进来叩拜节日。随后进晚膳。晚上我们的差事很轻松，因为有皇上和皇后侍膳。老太后吃的什么我们没有看到。可给我们吃的却是一路上算最丰盛的了。也不知晋北是什么习惯，给我们吃的叫"四四席"。我直到今天还记得，四个冷荤压桌，四个炒菜，四个小碗，四个中碗，四个大海，四个大盘，这叫"四四到底"。因为它好记，所以我始终也忘不掉。

　　晚饭后按着宫里的习惯，要由皇后去祭祀太阴君。这大概是沿袭东北的风俗，男不拜兔，女不祭灶，太阴君是由每家的主妇来祭的。在庭院的东南角上，摆上供桌，请出神马来（一张纸上印一个大兔子在月宫捣药），插在香坛里。香坛是一个方斗（晋北的斗不是圆的，是方的），斗里盛满新高粱，斗口糊上黄纸。供桌上四碟水果，四盘月饼，月饼叠起来有半尺高，另外中间放一个大木盘，搁一块直径有一尺多的大月饼，这是专为祭兔时做的，还有两枝新毛豆角，四碗清茶。清茶是把茶叶放在碗里用凉水冲的。然后，由皇后带着妃子、格格和我们大家行完礼，就算礼成。我们都是逃跑在外的，非常迷信，唯恐有一点礼仪不周，得罪了神鬼，给自己降下灾难。所以一有给神鬼磕头的机会，都是争着参加，没有一个人敢落后的！专为太后敬烟的我和专侍候太后穿衣收衣的娟子是替换着来磕头的。我们拜完了月，已经看到明晃晃的玉兔东升了。悄悄地来到老太后身边，只见老太后坐在廊子里赏月，披着一件外衣，靠在椅子上，椅子前摆一个兀凳，两脚平放在兀凳上，上面搭着毛毯，两旁茶几上放着水果、月饼之类的东西。这分明是燕居情景。

这时李莲英来禀奏，太监刘祥①从京城来到忻州，详细地述说洋人进京如何火烧端王府，但并没进皇宫的情况。

自从七月二十一早晨洋人进城后，从朝阳门以里东四牌楼往北，包括神武门一带，全归日本兵巡逻。东四以南包括东华门、天安门、御河桥都归德国兵驻防。八国联军的统帅就住在中南海仪鸾殿内。因为城里头捉义和拳捉得紧，谁也不敢出门。宫里头平安无事，自老太后起驾以后，宫里奉敬懿皇贵妃（同治的妃子，原来封为瑜妃，后奉皇太后命晋封为穆宗敬懿皇贵妃）的口谕，把宫苑后门的贞顺门封了，出入人等只许走顺贞门。东宫的侍女一律搬到西宫住，东宫完全由太监看守，昼夜轮流值班，不得擅离职守。各宫按卯查点人数，每天由各宫总管巡查上报，所以宫里很整肃。二十一日上午，突然从京城东南角上冒起浓烟来，一会一片火光，那时刮东南风，从东往西蔓延不断，离宫里很近，浓烟都刮到宫里来，宫里一片惊慌。据护军报告，说是东江米巷（后称东交民巷）被困的洋人为了报复，把翰林院给烧了，往西连带了太医院，那正是台基厂和御河桥以南一带。下午，在西什库被困的洋人和教民们一起冲出来，直奔护国寺，拥进宝禅寺，并扑向西面的端王府，先抢后砸，最后一把火，把端王府烧个精光。大火直烧到夜里。由宫里往西北看，夜里还看到火势很旺。端王府里死人不少，因为把端王府一围，任何人不许出来。二十二日上午，突然有一个骑着马的日本人，带两个随从，来到神武门外，说是奉日本军司令的命令来的。这人能说很

_____

① 即老宫女荣儿的"丈夫"。

漂亮的北京话，说日本军司令宣告，日本这次出兵，只是攻打义和拳，不是面对中国的大皇帝，请放下武器，不必对抗。又说，我们日本兵绝不进入皇宫，皇宫以内还是由护军保卫，皇宫以外，由我们联军保卫，宫里一切供应照常，等等。以后发给了二百个腰牌，宫里的人可以凭腰牌出入……

李莲英禀奏完了，老太后长出一口气，阿弥陀佛，菩萨保佑！这是20天来第一次得到宫里的真实消息。

老太后的心情看来不那么紧张了。又听说八国联军的洋人往南到了保定，就没再往南走，也没有进山西；往北到了张家口，也是和巡哨一样，驻两天就撤回京城了，始终没有进山西地界。所以老太后在山西时，心里是比较踏实的。

我清楚地记得，在太原府巡抚衙门的官廨里接受过毓贤给的红包，这可不是赏钱，用上三旗的话说，叫"添梳头油钱"。给红包（梳头油钱）是拜托我们替他们孝敬老人，因而要向我们施礼道乏道累，绝不是赏给我们些零花钱。外廷的官员无论多高的品级，跟内廷侍女也毫无关系。可毓贤和一般地方官不同，他除了是山西巡抚以外，又是皇室的近支。他在前厅以君臣礼拜见了老太后，后堂又以子侄礼重新叩见老佛爷，并请老太后散发红包给侍女们，表示他当晚辈的一片孝心。这也是宗室子弟在迢迢千里之外，对尊长表示一番孺慕之心罢了。自从离开皇宫以后，吃不舒服，睡不踏实，风吹雨淋，跋山涉水；到了太原，能有一个地方大员，又是宗室子弟，以家人子侄的礼来接待老太后，哪能不使老太后感动！所以老太后也以家人的礼对待他，破例招呼我和娟子出来拜谢他。对他来说，这真是天大的脸；对我们来说，入宫以来是第一次见地方大员，也是唯一的一次，因此记得很清楚。

听娟子背后跟我说：毓贤原是山东巡抚，义和拳就是由山东沿海先兴起来的，得到毓贤的支持，才扩大到河南、直隶。以后毓贤又调到山西当巡抚。现在出了义和拳的事，八国联军不会饶他。这情况毓贤不会不清楚，老太后心里也会明白。这次隆重地接待老太后，也是暗中向老太后求情，请求将来照顾他的家属，照顾他的孩子。老太后是多么精明的人，哪能看不出这番意思来，因此，特别赏他脸，让我们俩出头答谢他，暗中表示知他的情，彼此心照了。当我们出来时，毓贤迎上一步，漂漂亮亮地行了个半礼。

在太原，毓贤为老太后补过了一次中秋节，可见这位王孙公子礼节够周全的了，心思也够细密的了。第一天晚上用膳，太后是由太监伺候的，我们没看见。但接待我们下人的，全是翅子头的席，相当讲究了，根本没拿我们当下人看，而是当高贵的客人待敬了。第二天，行家人礼，孝敬老太后吃螃蟹。这可不容易，山西不出水产，更少虾蟹，人说山西人请客，没鱼就用木头刻成鱼，盛在盘子里充数。而宫里吃东西，全是按季节、按时令。吃螃蟹也是这样。讲究是七尖、八团、九月的灯笼籽。七月吃尖脐（雄性的），八月吃团脐（雌性的），九月吃盖子高而且厚的一种较小的团脐螃蟹，一揭盖子满是籽，俗名叫灯笼籽。这都是白洋淀运来的，运的过程中，要有高超技术的饲养人员侍弄，免得使蟹减肥。

大厅屏风旁摆四盆半人高的丹桂，开满了朱砂似的小碎花。堂帘子里有几盆懒梳妆的鳌头菊，像美人长发似的花瓣，向一边歪垂着。殿堂旁青瓷盆里烧着几根红红的木炭，上面架着一个小砂吊子，煎着滚烫的花雕酒（南酒不许用铜器或铁器煎）。蟹肉性寒、属阴，为了免去吃后胃不舒服，要蘸姜醋吃，喝热酒。所谓"泼醋擂姜热酒浇"，才够味道。

老太后在正厅当中一坐，四盏吊灯往下一照，真是烛影摇红，后面飘来丹桂清香，帘子缝隙里时时钻进木炭燃烧的气味，砂吊子又浮动着煮熟了的花雕酒气。满厅堂里，到处都是香喷喷的。桌子上摆着象牙筷子、象牙签子、象牙夹子、象牙镊子等，另外还有一把小锤和砧子，也是象牙镶成的，预备专吃大蟹脚用。吃蟹肉最好不沾铁器。我们在屏风旁站着，看两个太监在两旁副桌上给剥弄。这份雍容华贵，吃一口蟹肉，喝一口绍酒，天上人间，神仙生活。比起出宫时吃煮豇豆角青玉米来，正是一个天上，一个地下。

毓贤是个能花钱、会花钱、很儒雅、结交面广、手眼灵活的人，很对老太后的脾气，也深得老太后的喜爱，在皇家贵胄中，能有这样精明练达的人，极为难得。但是不管这里环境多好，人情多熟，老太后也不会在这里久留的。原因很明显，毓贤是义和拳的发起人之一，是洋人的眼中钉、肉中刺，躲还躲不开他呢，哪能跟他靠近。老太后多么精明，哪能在这里掺和，造成不明不白的口舌呢！所以休息两天，赶紧起程了。

离开太原，真感到是深秋了，枣核天气特别明显，早晚凉，中午热，尤其是西北风一下来，吹得人脸上多一层黑皮。我和娟子坐同一辆车，紧随在老太后轿后边，是为了老太后用人方便。

一天早晨，天还不亮，老太后已经醒了，微闭着眼睛想一会儿事，然后说话，这是习惯。这天她对我们说："前两天的中午膳，有个菜叫烩鸽雏，这是个时令菜，也是个寿菜，是大热的东西。目前已经是秋分了，阳气下降阴气上升，正是吃这个菜的时候，给老人吃，等于吃一服补药，难为毓贤想得周到。"老太后的话说得很慢，是想一句，然后再说第二句的，我们心里明白，老太后为人特别精细，多年来养成口风严谨。这哪里是在夸烩鸽雏，分明是对毓贤有些惦念罢了。可是到了冬天，议和开始，听说毓贤作为罪魁祸首，第一批就挨杀了。

太后銮驾到西安后，赶上闰八月的中秋，又过了一个八月节，过法大同小异，就不多说了。

光绪"驾崩"之谜

边　禄

1908 年 11 月 24 日（光绪三十四年），清光绪皇帝突然去世。次日，那拉氏（慈禧）也病故。

光绪之死，在历史上一直是一个谜。有传是那拉氏自感病危，派人送药把光绪毒死的，也有说是贴了袁世凯送的膏药身亡的。近又有人从光绪脉案中考证出，是多系统疾病引起衰竭而死亡。

我们在整理资料中发现，曾任当时清廷内务府三席大臣的增崇之子察存耆，根据他在内务府的亲闻，并从保存的部分家书和光绪脉案中分析，认为光绪之死还是一个疑案。本文摘编察存耆的一些回忆和家书，作为一说。

惊疑异常的神色

据察存耆回忆，一天下午 5 点来钟，全家正准备吃晚饭，清内宫给他父亲（增崇，时任三席内务府大臣）送来内传口报的"知会"（通知），说"万岁爷病重"，请"即刻进里头（宫中）预备差使"。也就是说准备给光绪帝料理后事。增崇及两位在内务部任职的弟弟闻后，顿时呆若木鸡，"俱现出难于置信而且惊疑异常的神色"，"似是猜疑有人捏造谣言"。

增崇弟兄三人之所以怀疑，是因为"前天，天子受继大人（继禄，次席内务府大臣）带大夫请脉时，还未听说有什么事"。而且也没有得到"发抄"（皇帝病重，太医院要主动抄录药方和脉案通报各处，相当于现在的报病危）。

增崇打电话给首席内务府大臣奎俊，得知他也得到知会后，才将信将疑地穿着常服进宫，只是带着素服备用而已。并且让两个弟弟分头找消息灵通的太监和司员核实情况。

他和另外三位内务府大臣来到后宫，才正式证实光绪已经死亡。太监告诉他们："大人们的差使我们都替当了，请大人们上去看看吧！"他们上去一看，光绪已经停放完毕，只等第二天"恭办大事了"。

"这话咱们可说不清啦"

开始不信光绪已经死亡消息的增崇及其两位弟弟，证实光绪的确已故之后，感到死因可疑，在交谈中提出了一个个疑点。

按清廷的规矩，皇帝死了，要传用专为"请"遗体的"万年吉祥轿"，而这次光绪尸体从瀛台移到内宫却没有用，而是悄悄移到宫内，而且等内务府大臣去后，尸体已由太监"替差"入殓完毕，他们无法了解其详。

再说光绪死得也突然，前两天请脉时，光绪"还在外屋站着，不过脸上较平日灰白些"，而且自己"就觉得痰盛，叫大夫想法去去痰"。增崇说："只隔了一天，可怎么这么快呢？"两位弟弟也感到"可怕"，提出："这里头有什么事吧?"增崇只叹了一口气,摇摇头说:"这话咱们可说不清啦!"

由于上述原因,察存者回忆说,"我在内务府供职的父亲、叔父们都讳莫如深","其疑惑难解愈甚矣"。

家书和脉案析

察从他父辈谈话和保存的部分家书、脉案中,认为"无论太医或外省保荐医士,给光绪请脉都得依慈禧的脸色行事,而且成为一种风气"。"至于世人能见到的光绪脉案、处方究竟如何,不待言说。我父亲、叔父们心中有数"。他们"向来不以为皇上有什么大病"。

把察存者保存的这些信件和脉案对照起来,也许可见一斑。下面是1901年前的一段脉案:

阴不潜阳,清浊升降失宜……胸膈作堵,……耳鸣之声不一,面色㿠白,手指手心背有时发凉、麻木作胀,两肩膊气沉坠无力,头项牵疼,腰门空疼、腹鸣、胯膝酸软,坐久劳累尤甚,气怯懒言,夜眠前半夜不甚安,后半夜较好,喜于俯卧,转侧无力……综按脉症,心肾水火未济,肝木仍然侵土,脾气运化不速,胃少宣通,热浮于肺……

从脉案看出,光绪已病入膏肓。增崇的家书中却说:"脉案一纸,奉阅可也,据医士云,此症不甚重……其脉案上话语,系由春季所有的病症,均奉旨不准撤,全叫写上,其实病症不是那样,要是那样,人就不能动了……"

可见脉案和病情并非一回事,实系慈禧"脸色"定脉案之故也。察存者回忆了一段太医只能见"脸色"行事的例子:有位初学当差的太医,在慈禧面前对答光绪脉案时,说了句"舒肝顺气"的行话,慈禧把脸一沉,说:"谁叫皇帝的肝不舒了?气儿又怎么不顺了?"吓得那位太医连连叩头认罪。以后再也不敢应承请脉的差使了。"以后，谁为光绪请脉、下处方，总是'和肝调气''理肺益元'，甚至把肝的病硬挪到肺上去。"

因增崇三兄弟均在内务部供职，与医士们来往较多，对光绪病情了解，突然死亡，必然在脑中存有疑案，不足怪也。

"颁赏遗念"之联想

据察存者回忆，光绪死"百日"后，宫中照例分发一些死者遗物作为纪念品，称"颁赏遗念"。纪念物按官职品级发给，增崇领到一件酱色宁绸面皮袍，上半截为小紧毛羊皮，下半截为山羊皮，御寒还不如一件厚棉袄，同一等级的官员差不多都得到同样的"纪念品"，这同封建皇帝穿着是极不相称的。

从这件纪念物使他们想起光绪的屋子并不暖和，致使亲祭"坛庙"时，光绪的鼻子上挂着清鼻涕。光绪吃饭也受到限制，只有摆在眼前几个菜食是新做的，其余像上供一样，从初一到十五都是它，有的甚至腐臭了，所以光绪一吃饭就闹气。

穿不暖，吃不饱，突然死亡，一连串的问题，使人们联想到慈禧在戊戌政变后的话："谁要叫我不称心，我就叫他一辈子不称心"，及宫中内传的慈禧的话："我决不能死在他（光绪）前头"，疑团也就自然而生了。

在末代皇帝身边 20 年

爱新觉罗·毓嶦

　　爱新觉罗·溥仪是大清帝国的末代皇帝，也是中国历史上的最后一位皇帝，后来在日本人的统治下，他又做了几年的儿皇帝。这样奇特的经历，大概只有他一个了。1937 年，他的侄子、14 岁的爱新觉罗·毓嶦进入了伪满洲国的皇宫。此后的 20 年，毓嶦一直生活在溥仪的身边。

　　1939 年，16 岁的爱新觉罗·毓嶦已经在长春的伪满洲国皇宫里的私塾读了两年书。有一天，当时的伪满洲皇帝爱新觉罗·溥仪突然对毓嶦宣布，由毓嶦来继承他祖先的爵位。从此，毓嶦就成为末代皇帝身边的末代恭亲王，然而毓嶦不但没有拥有祖辈那种有气派的王府，更没有享受到他们那样的荣华富贵。他和溥仪一样，在日本人的控制下过日子，他跟着溥仪从伪满洲国的皇宫逃出来。1945 年 8 月，溥仪和毓嶦一起被苏联红军押上飞机，成了苏联人的俘虏。1950 年回到中国进入了战犯管理所，直到 1957 年被释放。

　　清代咸丰年间，毓嶦的曾祖父奕訢被封为恭亲王，与此同时什刹海畔的一片府第被咸丰皇帝赐给了奕訢，即如今位于北京前海后街的恭王府。光绪年间，毓嶦的父亲溥伟继承了恭亲王的爵位。20世纪30年代，溥伟去世后家庭失去了生活来源，尚未成年的毓嶦因此远赴长春，进入伪满洲国皇帝溥仪为家族子弟开设的私塾读书。

毓嶦：溥仪的私塾，在我去之前就办了，那时候还有好几个学生呢，有溥字辈的，也有毓字辈的，那几个学生的情况跟我一样，家在北京，但家庭情况不好，家里父亲没有了，生活不好了，念书怎么办呢？就上溥仪那儿去上学。

溥仪办这个私塾，就是要培养几个自己的心腹，可以直接受溥仪的教育，溥仪给我们养家，我们将来就一心地保着溥仪了。有一个毓嵂，还有一个毓慈，后来把这两人送到伪满军官学校，派到军队去了。溥仪的意思就是想要将来军队里头也有他的人。

毓嶦在这个特殊的私塾当中，接受相当正规的基础教育，各种学科一应俱全。此外，溥仪还曾经亲自授课，讲解忠君护主的要义。

毓嶦：溥仪自己说，我就是这个清朝的皇上。在长春的时候，还以为自己就是大清国皇帝。溥仪那时候说，我也是醇亲王的儿子，我要是没当皇上，我就是你的叔叔，我就是醇亲王府的人之一。现在我继承大统，做了皇上了，就好像一直有皇统下来，我是皇上，那你们就是奴才。所以那时候，得拿溥仪当清朝皇帝来看。溥仪常这样教育我们：你们对我的忠心就是对大清朝的忠心，就是你们对祖宗的忠心。

溥仪之所以去长春是为了获得复辟大清朝的机会。他和日本人之间又是怎样的一种关系？对此毓嶦有自己的一番观察。

毓嶦：日本人对溥仪一直不放心，把他看得瓷瓷实实的，伪皇宫里面有一个日本宪兵室，就是日本关东军派去的几个宪兵，因为没有单给宪兵的衣服，就穿日本军服，戴一白袖箍，写着宪兵的红字。那宪兵室就在溥仪家大门外头，每天溥仪家里头谁来谁出，那宪兵老是瞧着。

在毓嶦的印象里，溥仪的伪皇宫门庭冷落，就连"内阁大臣"也极少登门。日本方面还把关东军的显要人物吉冈安直安插进伪皇宫，担任特殊职务"御用挂"，直接监控溥仪。对于一切重大议题，溥仪只有点头称是的权利。

毓嶦：后来日本人叫溥仪上日本去迎回天照大神，在伪皇宫里盖了一个建国神庙。建国神庙就是这伪满洲国，溥仪每天上建国神庙参拜之前，得先到自己祖宗跟前磕个头，那意思表示我没忘祖宗，我现在上建国神庙拜的是日本神，那也是不得已。他跟我们说，时刻不能忘记大清朝，说我还是大清朝的皇上，将来的话，咱得时刻想着复辟。

这时候，溥仪怎么对待我们呢，他虽然没有生杀大权，但是在他那个小圈子里头，他还可以作威作福的，他还是大清国皇帝，我们都是大清国奴才。溥仪打人是家常便饭的事。他并不是你犯什么错误了罚你。他不是那么处事。比如溥仪那时候感冒，你在旁边瞧报，瞧完这一页翻下一页，这一翻，有点风，溥仪说，怎么着，你弄风，你不知道我要避风吗，你怕我感冒不好啊怎么着！那你就得赶紧趴地下磕头，认错吧。

没事皇上老拿眼瞪着瞧你，你也不敢瞧他，你低头不敢瞧。他又说，你怎么不敢瞧我了？你如果犯嘀咕，他又说你心里琢磨什么呢，这也揍你一顿。溥仪他不打你，到时候是好几个学生一起。打人的时候就像打贼似的，往死里打。谁要是手软点，怎么，你同情他啊，结果犯错误的人没事，反而揍这个打人的去了。

毓嶦觉得，打骂只是溥仪对待众人的方式之一。对于毓嶦而言，更可怕的是无所不在的压抑气氛。

毓嶦：他使唤的那些人都跟他是单线联系。其实都何候溥仪，大伙都是同事之间，可以有个横向的联系。没有，这个不行。溥仪要是将来真做了皇上，有权力的话，溥仪的特务那就是遍天下。每个人他都在后边安一个人看着。

他老打呀、罚的，人家就跑了。后来心想，我找几个跑不了的人才好。有人告诉说，你上孤儿院找几个孤儿，那孤儿没家没业，他们跑不了。溥仪就找了几个孤儿，跟那待一天，干好多活，连打带什么的。那小孩啊，不长个儿，十四五岁的小孩儿，跟他待了好几年，都十七八岁了，还这么高的个儿，精神压力特大，一天老害怕、老挨揍，就给吃点高粱米饭、大白菜。到时候也没地方洗澡去，冬天也没地方换衣裳去，浑身长虱子。那皇宫里头使唤那帮人，袖口往出掉虱子。我说溥仪将来要是当了皇上之后，他那下面，他的臣子都得成小人国了。

溥仪在回忆录《我的前半生》中将自己的生活概括为8个字："打骂、算卦、吃药和害怕。"有研究者认为，溥仪在伪皇宫的14年，甚至在他一生中的大多数时候，"害怕"都支配着他的所思所想、所作所为。就算在家门之内，溥仪也很少有安心的时候。

毓嶦：他没有人可相信，他敢跟谁说话？一看自己的亲弟弟溥杰的媳妇是日本人，他敢跟溥杰说什么。那时候亲兄弟媳妇由日本结婚回来住在长春，说给大哥做了一份饭，大哥不敢吃。他得看着溥杰先吃，溥杰吃了之后，他才可以下筷子。

毓嶦进入了伪满洲国的皇宫去伺候溥仪。在他看来，溥仪这个人很不好伺候，性格怪僻，行为古怪。不过溥仪有他的想法，他一方面把毓嶦这样的近亲也当作自己的奴才，另一方面想把他们培养成为以后恢复大清帝国荣耀的所谓忠心的骨干。在溥仪的回忆录《我的前半生》当中就有这样的记叙。他给了小固这个人——小固是谁呢？就是毓嶦——一个封号。就是让小固，也就是毓嶦，继承他的父亲溥伟的爵位——恭亲王。

毓嶦：溥仪说，你们家这个恭亲王王爵是世袭罔替，你得继承这个，我用大清国皇帝身份，再赐你承袭恭亲王，这样就把你们家里头这一把刀，还有这个什么世袭罔替的上谕，还给你。皇上叫你继承亲王，你就得赶快谢恩，趴地下磕头，没别的。过去那时候皇上儿子要封王，封王得分府，你得有一个王府吧，可溥仪封我那时候，他上哪儿，拿什么封去。

早在 1929 年，溥仪的妻子淑妃文绣就离家出走，并且登报公开宣布与溥仪离婚，当时震惊全国，被称为"妃子革命"。这件事成了溥仪的一块心病。溥仪一生中有 5 个妻子，分别是皇后婉容、淑妃文绣、祥贵人谭玉龄、福贵人李玉琴和 20 世纪 60 年代结婚的平民妻子李淑贤。像毓嶦这样的人，必须远离宫中的嫔妃，这是伪满皇宫中一道不可逾越的规矩。毓嶦在伪满皇宫中的 8 年时间里，见到婉容的次数只有两次。

毓嶦：我在长春的皇宫里边，见过婉容两面，我去的时候，婉容那时候还能出来见人。溥仪过生日，那时候叫万寿节吧，溥仪家族的人那时候办个小宴会，内部的。那时候我很小，十四五岁，也不敢正眼瞧她，反正吃饭时，我就记得，她很瘦很瘦。

她以后再有什么宴会就根本不出来，不露面了。以后再一回，溥仪住在缉熙楼，我跟着溥仪打那走，上楼，走到一半楼梯处，溥仪这么一使眼色，叫我回头看，看见婉容在楼梯下。那时候开宴会的时候还要化化妆啊，穿上什么衣裳了，还挂个宝星什么的。可是那天在楼梯那看，她就是穿个睡衣，蓬松的头发，因为天天抽大烟，那脸就没敢看，多看一眼，挺害怕人的，溥仪也叫我瞧一眼，那意思是，你瞧，看她那样。那个缉熙楼婉容住一面，溥仪住一面，永远不带见面的。

在溥仪身边的几位女子当中，1937 年进宫的谭玉龄似乎有一点特殊的地位。溥仪对她也比较留恋。溥仪拍了许多照片，有几千张，当中为皇后婉容拍的只有 8 张，为谭玉龄拍的有 33 张。而且他后来还把谭玉龄的照片一直放在身边。谭玉龄进宫的时候才不过 17 岁，没想到 5 年之后，她突然一病不起，这是怎么回事呢？至今还是一个谜。不过，毓嵣有他自己的一番观察和解释。

毓嵣： 后来有人跟我说是日本人害死的，没人有证据，我说不是日本人害死的，也没证据。不过，我可以肯定地说，谭玉龄要没叫那个日本人给看病，她也得死。那时候溥仪叫日本大夫给谭玉龄看病，那就是死马当活马治了。溥仪那时候就不信西医，在宫里头也没看过。那时候他敢看西医吗？叫个日本大夫来看，他敢看吗？谭玉龄这病啊，就是溥仪给耽误死的。吃两个中医的药，溥仪再给改方子，就这么来回几次折腾，把人就耽误死了。

1945 年 8 月 8 日，苏联对日宣战，日本在东北的统治开始崩溃，作为傀儡皇帝的溥仪匆匆忙忙地逃离了他的皇宫。他拉家带口，提着一些找出来的珍宝，然后登上火车，一天一夜地颠簸，来到了和朝鲜一江之隔的大栗子沟车站。从此溥仪还有毓嵣等人，都开始了人生新的转折。

溥仪一行 1945 年 8 月 13 日到达大栗子沟，然而两天以后，日本就宣布投降了，"御用挂"吉冈安直随即拿出一篇早就拟好的《伪满洲国皇帝退位诏书》，让溥仪签署，再照章宣读。至此，伪满洲国和"康德皇帝"进入历史，溥仪第三次告别了皇帝的身份。随后吉冈安直就吩咐溥仪，立即准备飞赴日本。

毓嵣： 日本宣布投降以后，这时候就告诉他说，日本投降了，现在你上日本去吧。从大栗子先到通化坐飞机，说通化的机场小，飞机小，得上沈阳换大飞机去日本，就这样把溥仪骗到沈阳去了。那时候溥仪已经六神无主了，不知道怎么回事了。他后来打大栗子往日本跑，那会儿哪知道在机场让苏联给俘虏了。那时候带东西，我记得很清楚，溥仪那时候自己有点药，他说多带安眠药。我心里说，得，不定哪一天啊，他要吃的话，我们也得跟着一块吃。

那宝贝呢？身边的皇宫里这么多。他那会儿带了一盒珍宝，一小箱子珍宝，他的意思想跑到日本去，到日本去这东西得是将来的生活费吧。

由于通化飞往沈阳的飞机太小，溥仪决定选择几个身边的人同行，于是毓嶦被选中了。

毓嶦：他让我们跟着他一起走，得有人保护着他，伺候他。找了几个人，弟弟溥杰，还有他的两个妹夫，一个润麒，一个万嘉熙，这都是从日本士官学校毕业的，会日本话，他说带在身边，等于他的高级参谋。像我们这些小奴才带着就是伺候他，保护着他。那时候他还有一个私人的大夫，叫黄子正，那大夫也稀里糊涂，想着我没去过日本，这就跟溥仪上日本去吧，结果，到苏联那儿当俘虏去了，你说他冤不冤？一个大夫，他什么都不是。

那时候跟溥仪一块去的就九个人。好多人都留在大栗子了，本来一起到大栗子的。可那一帮人全留在那了，什么婉容、李玉琴了，还有他的妹妹、像那个溥杰的夫人嵯峨了，全留在大栗子了。就只有我们几个人，什么东西都没拿，就穿个单衣裳就跟溥仪跑了。

1945 年 8 月 17 日，溥仪一行从大栗子到达通化，然后分乘三架小飞机去沈阳，准备在沈阳换乘大飞机转飞日本。当这三架小飞机飞临沈阳上空时，机场实际上已被苏军控制。降落后，溥仪等人就被苏军俘虏了。

毓嶦：我到沈阳机场的时候，那溥仪早到了。苏联的军队已经把他扣留了。那时候苏联军队也把机场占领了，溥仪就在机场候机室待着。一会儿工夫，哗，苏联飞机来了，下来了一个人，可能是一个领导，是个将军一级的吧，跟溥仪谈，正好那时候这个祭祀府的管天照大神的桥本会说俄语，他给当翻译。他翻译的时候，溥仪没说话的份，在那后头待着。前面就是吉冈跟那个苏联人说。那时候溥仪说，我在那后头坐着，还做手势，告诉他意思，我不跟日本人走，我愿意跟你们走，可那人家能懂吗？瞎说一阵，后来还是在沈阳当俘虏了。

毓嶦在对我们叙述这段故事的时候，他说他相信当时在沈阳机场上是日本人早已把他们出卖了，就是说日本人把他们骗到沈阳机场交给了苏联人。于是这帮君臣无可奈何地就在苏联的押解下前往俘虏营。

1945 年 8 月 18 日，日本宣布投降之后的第三天，溥仪一行九人被押上了苏联红军的飞机。陪伴溥仪的，是他的弟弟溥杰、妹夫润麒、万嘉熙，侄子毓嶦、毓嵣、毓嵒，伪满皇宫近卫队队长李国雄和溥仪的私人医生黄子正。这些人当中毓嶦年纪最轻，只有 22 岁。他们从沈阳起飞，搭上去苏联的飞机。经过长时间的飞行之后，飞机降落在苏联一个叫赤塔的地方。溥仪、毓嶦这君臣九人又被押上一个小轿车组成的车队，连夜送往了收容所。

毓嶦：到了赤塔那个地方，都晚上了，过一个河以后，忽然间来了一个中国人说话，把溥仪吓坏了。其实那是一个入苏联籍当苏联军官的中国人，溥仪害怕了，他以为把他交给八路军了，其实不是那么回事。

实际上，溥仪等人在赤塔受到了相当好的优待。他们居住的收容所曾经是一所疗养院，每天都供应三顿丰盛的俄式大餐和一次俄式下午茶。生活有专门的服务员照顾，有医生、护士经常来检查身体，武装卫兵总是隐藏在溥仪等人的视线之外。不久，伪满洲国的全体大臣也来到了这里。1945 年 10 月底的一天，毓嶦和溥仪等人一起被转移到了靠近中俄边境的伯力。到达苏联伯力的红河子俘虏收容所之后，溥仪、毓嶦这些人第一次感觉到什么叫阶下囚。

他们每顿饭就只有少量的黑面包，住在一个简易的二层小楼上，周围都是荷枪实弹的哨兵，还有就是密密麻麻的铁丝网。这些铁丝网上还挂着许多小牌子，上面写着："禁止靠近，格杀勿论"。然而就是在这样的情况下，溥仪还是过着那种饭来张口、衣来伸手的要人伺候的日子。

毓嶦：我们跟溥仪关在一块儿，溥仪到了苏联当俘虏了，可还是皇上，我们看也还是。到时候还得伺候着他，铺床叠被、烧个水什么的。溥仪在那待着，就是等着苏联把我们送回中国，那是将来的必然之路；但是送回中国之后，各方面人的想法就都不一样了。溥仪很害怕。他觉得好像到沈阳下火车那会儿，就是公审大会了，那就被提溜上去了。他不怕苏联，比如说要审问他，或者要判他。苏联不会判他，这跟苏联没关系，他就怕送回国来审判他或怎么的；所以他那时候就赶快上书斯大林，想要永久居住在苏联。他就给斯大林写信，怎么写法呢，也不容易写。其实信不是他自己写的，他带着溥杰、带着万嘉熙，都是他们帮着（给他写）的。

溥仪认为不论国民党和共产党任何一方取得内战的胜利，对自己都不会有好处，只要回国就会面临审判。在苏联的五年当中，他先后三次上书斯大林，希望能留在苏联，然而每封信都石沉大海。

在苏联的那几年当中，苏联人对溥仪还是客气的。照顾他，给他自己单独住一个屋子。那前边有一个小院是苏联人，溥仪就一个人在院子散步，他不愿意跟日本人，跟伪满掺和。他觉得好像做给苏联人看，跟日本人划清界限，跟伪满的人也划清了界限，表示跟他们不一样。溥仪在苏联待着没事，就天天算卦占卜将来是怎么样。他不光是在苏联才算卦，在伪满的时候他也天天算卦。算卦几乎是他唯一的消遣。

1950 年 7 月 30 日上午，俘虏收容所的所长突然宣布苏联政府的决定：即刻遣返全部在苏联的伪满洲国被俘人员。所有的人在苏联士兵的监视下迅速地收拾行李，当天就登上了火车。毓嶦说，在苏联度过了 5 年的俘虏生活之后，大家对于回国之后会受到新政府怎样的对待心里都没有底。如果说多数人是"怀着既盼望又害怕的心情"迎来这一天，那么对溥仪这位伪满洲国的头号战犯来说，心里可能就只有深深的恐惧了。

溥仪后来在回忆录中说，自从登上了火车，头脑中就只想到了死。负责押解的解放军军官对溥仪好言相劝，然而并没有消除溥仪的紧张。1950年8月2日，专列到达沈阳。

毓嶦：到沈阳停车之后，那时候沈阳最高的领导是高岗，他是东北局的书记，还是东北军区司令员、东北人民政府主席，是党政军集中一身了。高岗也想见见溥仪，看看伪满这些人。

当时一位解放军宣读了一份名单，并且要求被喊到名字的人下车。

毓嶦：溥仪这家伙害怕，心想，完了。后来念到溥仪，念什么张景惠吧，还有这些伪满大臣，哎，偏偏还念的有毓嶦，后来这溥仪跟毓嶦说，毓嶦跟我走，跟我见太祖高皇帝去。意思就是说准备，到时候给枪毙了，完了他回去见努尔哈赤了，见太祖高皇帝。

溥仪后来说当时他认为自己已经必死无疑，于是就索性豁出去了。

毓嶦：后来，溥仪这些人上车到那会儿的东北人民政府。毓嶦跟他一块去了。到那儿之后，溥仪好像还假装挺横的似的，那衣服也不穿，夹在腋下，头发也乱七八糟的。其实高岗是接见他们。那时候，人家又是香烟、水果、茶水，摆了一大桌子，溥仪拿一个苹果就给毓嶦，你吃，你吃，毓嶦弄得也挺不好意思的。高岗出来接见他们之后，一大桌子人都坐在那块儿。溥仪好像说，那行，就指着这个张景惠什么的，说，他们没事，这都是我的事，朝我来吧，快点啊，怎么？他跟高岗说，那意思就是：你就干脆干净利索，把我拉出去完了，还等着什么。就在这时候，刚才叫名字的那个解放军拿着名单回来汇报。溥仪一看这个人拿着名单，就说，你看，这枪毙的名单都拿出来了，还叫我说什么。溥仪当时，噌，站起来了。那个解放军站那，拿着名单，溥仪，啪！一把把名单给抢过来了，好多人都瞧着溥仪，觉得有点可笑。高岗看着也不能笑，高岗说，行了，行了。这时，溥仪才终于明白，并不是要枪毙他们。

会见结束之后，溥仪等人又被送上了火车，前往目的地抚顺。当天，一行人终于来到了抚顺战犯管理所。

毓嶦： 溥仪到抚顺，知道起码不能马上被拉出去就枪毙，所以他慢慢地在那待着，先不害怕了。到达抚顺战犯管理所之后，溥仪和曾经当他伪满大臣的人被分配在同一间牢房里，而同毓嶦这样的家人却分开了。溥仪在回忆录当中写道："为什么把我和家族分开？我到很晚才明白过来，这在我的改造中，实在是一个极其重要的步骤……"而在毓嶦看来，"和家族分开"是溥仪放下皇帝架子的第一步。由此他就跟那些个伪满大臣在一块了，也没有什么特殊的，也是战犯一员。叫他自己思想做反省，有利于改造。溥仪这人他也会来一套。到那一看这形势，自己也得表示积极点什么的，到时候吃饭，屋里没开水，拿桶给分开水。他拿一个盆接点开水，晃晃荡荡，开水一下给倒那儿，把谁再给烫了。得了，人家说您待着吧，别弄了，我们来吧。人家叫他老溥，不叫皇上，乍一听，他心里很不好受。他得慢慢才能习惯，后来听着老溥，心里也觉得很平常，跟人家平等，那也是经历过思想斗争才接受的。

从进入战犯管理所开始，毓嶦和溥仪家族中的其他人一样，与溥仪渐行渐远。1950 年 10 月，抗美援朝运动开始，战犯管理所被迁移到了更加安全的哈尔滨。在这里，溥仪唯一可以依赖的家人毓嵒，也对他改变了态度。初到战犯管理所时，虽然住在不同的监舍，毓嵒还是定期帮助溥仪洗衣服。然而在哈尔滨，毓嵒不仅拒绝为溥仪服务，还向管理所检举了溥仪私藏珍宝的秘密。

毓嶦：我、毓嵒、毓嶂，我们几个人出来负责分饭，挨着号，一号一号给他们分饭，给溥仪盛菜、盛饭。就借这个机会，毓嵒写个小纸条，趁着给溥仪倒水时，他就递给溥仪一个小纸条，那小纸条上写着，你那个箱子里头藏的东西，赶快交代，现在，你要不交代，我要检举你了。其实那时毓嵒已经检举完了，溥仪他也稀里糊涂，那时候给你倒水，偷偷给你一个小纸条，那要被发现的话，那是你溥仪、毓嵒得负责任的事啊。管理所的人想用这个方式让溥仪有个台阶下，不然的话就很难看了。就叫毓嵒偷偷给写一个小纸条，让他交出来。溥仪也琢磨，怎么回事，这毓嵒跟着我也背叛我了，也想检举我了，得了，交吧，不交的话将来也是事，交完了就完了，所以这才找到所方，我坦白、我交代，把这东西交出去了，就完了。

溥仪后来说，自己的一生都生活在大墙之中；从前在宫墙里边，他还保持着某种尊严和特殊地位，可是在监狱的高墙里，那一切全都没有了。1954 年初，由于朝鲜战争已经结束，战犯管理所从哈尔滨迁回抚顺。1957 年，毓嶦被宣布免予起诉，释放后回到北京。两年之后的 1959 年，溥仪获得特赦。抚顺，是清朝的太祖高皇帝努尔哈赤兴起、大清帝国奠基的地方。300 多年之后，还是在抚顺，清朝的末代皇帝溥仪被还原成了一介平民。回到北京之后，溥仪在北京植物园劳动一年，之后成了全国政协文史资料研究委员会的文史专员。

溥仪回到北京之后，毓嶦和毓嵒这两个侄子还经常去看望他。直到后来溥仪和李淑贤结婚之后，毓嶦和溥仪的来往就越来越少。

1967 年 10 月 17 日，溥仪因病去世，终年 61 岁。直到 13 年后的 1980 年，溥仪的追悼会才在北京举行，骨灰盒正面的墓志铭写得很简单，只标明全国政协委员爱新觉罗·溥仪和他的生卒年月。

（文稿来源：凤凰卫视《口述历史》栏目。编导：王颉）

我经手办理溥仪与文绣离婚案

张省三

1931 年的一天，同业律师张士骏和李洪岳两人特来找我，说他们受冯国璋长孙冯曙山之托，要我和他俩共同受理末代皇帝溥仪之淑妃文绣提出和溥仪离婚一案。我虽然经办过不少离奇案件，但是经手的贵妃和皇帝的离婚案，却还是第一个特殊案件。经我们三人研究后，决定同意作为文绣的代理律师。

首先，我们通过中间人，对文绣进行劝解，遭到文绣断然拒绝，她坚持要和溥仪离婚。我们就根据法律程序，把申请送到天津地方法院民庭，同时发出书面通知，约定和溥仪在国民饭店西客厅会面。

那天，溥仪派他的太监来到国民饭店。我们即嘱他转告溥仪，文绣已向法院提出和溥仪离婚，这里有我们三位律师代表文绣写给溥仪的信。太监回去将信交给溥仪后，他马上召集身边遗老紧急开会，并请来林棨、林廷琛两位律师作为他的代理人。

双方律师经过多次调解、会商，终于在当年秋天，达成离婚协议，并由溥仪给文绣 5.5 万元作为赡养费。轰动一时的溥仪、文绣离婚案就此结束。

我伴溥仪 20 年

张挺①口述　和宝堂整理

从 1925 年末代皇帝爱新觉罗·溥仪住进我家张园，到 1945 年他命我留守长春，自己逃往大栗子沟之间的 20 年中，我从一般的陪伴到做他的秘书、侍卫参谋、禁卫军高参等职，与他有过不少接触。现罗列一些我所了解的情况，以供参考。

关于张园

现在的天津鞍山道 67 号，即天津日报社址就是张园的旧址，过去是日租界的宫岛街宏济里。前几年，我应邀陪电视剧《末代皇帝》剧组的编导到天津勘察旧址，我告诉他们，现在报社的办公楼已不是旧日溥仪居住的平远楼了，原建筑已于 20 世纪 30 年代由川岛芳子出面，转卖给日本的驻屯军司令部，现在的建筑乃是日本人翻建的。

① 张挺，原名张学毅，1932 年随溥仪到长春伪宫做侍卫参谋时，由溥仪为其改名为"张挺"。

张园曾因溥仪借住而闻名，但在此之前，张园也并不是一个普通的宅院。所以称其为张园，既是因为园主姓张，也是因为原来上海的法租界早有一张园，因清末地方人士在那里集会，演讲维新，召开"拒俄大会"，名噪一时。后来，上海张园因时代嬗变，地价上涨而废弃，并改建为联栋房舍，但当时人们提到张园，仍以"上海张园""天津张园"来加以区别。

我父亲张彪所以筹建天津张园，是因为辛亥武昌起义后，身为清廷湖北提督、第八镇统制之职的张彪见袁世凯在清朝政府和民国政府之间坐享渔翁之利，自己又被袁世凯调离前线，因而自日本长崎退隐天津。为生活计，我父亲利用兴办楚兴纱厂所得官息七万余两例银，除在山西家乡榆次县左辅村修建张氏祠堂、开办晋丰元盐店、入股复义公洋广杂货庄外，又在天津购买 20 余亩荒地（12078 平方米），以在湖北营造军事工程的经验，自购砖瓦灰泥，雇工兴建了一座壮观的三层大楼，命名"平远楼"；又在楼后为我兄弟八人筹建八幢二层小楼。另又添布园景，垒石洞山，池桥亭榭均备。最引人注意的是园中的水亭，构思奇巧，水亭亭柱中安有自来水管通到顶端，上又另配双龙，拧开自来水后，水即由亭柱流向亭子上端，并顶起一圆球，形成二龙戏球的样子，水止球落，收储在铁丝网盘里；亭顶的水顺亭檐流下，静坐亭中者如置身于水帘洞，三伏天也不觉暑热。我当时还是个顽童，最感兴趣的是园中的大鸟笼，有 10 米多高，面积相当于三间房，里面养着 200 余只禽鸟，除百灵、鹦鹉等小鸟外，还有大鹰。

在建园过程中，为经济考虑，先租给了上海商人，搭建竹篱席棚，取名"露香园"，售票供人游艺，品茗纳凉。民国六年，天津水灾受损后，由一广东商人继续租赁，除夏天做露天生意外，冬季则空闲，年付租金 8000 元。因承租者不欲沿用露香园的旧名，便借园主人的余声遗望和上海张园的名气，命名为"张园"。

现在，只要提到张园，人们就会很自然地想到末代皇帝溥仪。其实，张园的第一位贵客却是我国革命的先行者孙中山先生和夫人宋庆龄。

1924 年 10 月，因直奉战争使华北政局发生了变化，在天津隐居的段祺瑞借机策划"善后会议"，特派许世英到广东韶关请孙中山先生北上。孙先生遂于 11 月 13 日起程经香港航海到上海，辗转日本再搭海轮于 12 月 4 日到达天津。许世英为安排孙先生的住所，先以他的女儿与我家小妹的同学关系来与我父亲商量。父亲以"张园乃园主退隐之所，不接纳政治活跃之人"的理由拒绝。后许世英又托天津居住的许多要人来说情，连日本驻天津总领事也来家洽商此事。父亲见此事难以推却，便与我的哥哥们商议，说本园可租借给任何人，所以也不必单单拒绝孙先生而得罪那么多的说情人，遂允诺此事。

孙中山先生住进张园那天，正是年入冬以来最寒冷的一天。当孙先生在平远楼前与欢迎的人们合影时，都无法忍耐那刺骨的寒风。我因年幼，没有去迎接。父亲只让我哥哥以房东身份参加欢迎的行列。父亲不但没有去迎接，而且始终拒绝与孙先生见面，说孙先生是"革命头子"，还一再对我说："从今天起再不许到园中去玩。"稚童的我对当时国民革命毫无所知，又处于顽固的封建官僚家庭，受到严重的保皇思想熏染，我想象中的"革命头子"一定是青面獠牙，凶猛异常。家父越是不让我见越引起我的好奇心。当听我哥哥远博说孙先生夫妇每天到花园散步，我就悄悄地跑到花园，躲在树丛中准备一睹这位"革命头子"的真实面貌。谁知，当孙中山先生从我面前走过时，好像早已发现了我，竟招呼着我到他们面前聊叙家常。先问我可是园主之子，又问我家中情况，我如实对答后，他们又拉我到楼中去玩，让我坐在他们中间叙家常。我见孙先生个子不高，花白头发，非常和蔼。但说话口音较重，听不大懂。有一天，孙夫人宋庆龄看到我，便让我与他们合影，几天后冲洗出来又亲自送给我留作纪念，使我格外高兴。尤其是孙先生夫妇那庄重的举止、高雅的言谈更给我留下了极深的印象。

1924年12月31日，孙中山夫妇离开了张园往北京就医，前后共在我家住了27天。我能荣幸地谒见这两位伟大的革命家，不论当时还是现在，我都引以为终生之骄傲。

初识溥仪

就在孙中山夫妇离开张园的第54天夜里，溥仪也来到了张园，住进了平远楼，而且溥仪亲自挑选的寝宫是三层东内间，恰恰是54天前孙中山先生安放睡床的地方。只不过溥仪到天津时极为保密，也极为仓促，事先我家没有得到任何消息。所以当溥仪潜踪夜行于午夜时分来到张园时，同行的日本人不管怎么叩门也未能叫开。溥仪只得和日本公使馆书记官池部及日本警察等数人到附近的日本大和旅馆住了一夜。第二天，皇后婉容、淑妃文绣带着两名宫女，都打扮成学生模样，身着同一颜色的斗篷，也在日本警察的护送下来到张园。他们与我的母亲和姐妹们见面后，才整装盘髻，会见外面的人。当晚，我母亲等在园内留宿以陪伴后、妃等女眷。因食宿设备未能就绪，溥仪于当晚被日本驻天津总领事吉田茂（即1945年就职的日本首相）请去赴晚宴，遂后又到大和旅馆住了一夜。父亲得知溥仪莅临，自然受宠若惊，忙命家人购置所需之物以备"接驾"。幸亏天津是通商大邑，中外物资丰富。父亲自到英国商人开办的惠罗公司买来上好的铜床三张、铁床10多张及舶来的被褥等。我家的所有女眷和临时召集来的女亲友们，都在二层大厅地上连夜赶制近百件床上用品，一日之间共花费3700块大洋。住在天津的遗老旧臣闻讯后也纷纷进奉硬木家具等，或呈献米折、肉折，凭此折可到某店铺随意领取所需米面、肉油等物。父亲为使张园成为皇上比较宽敞、理想的"行宫"，特意在平远楼上加筑了第四层楼，并在园内右侧盖起了相连的木舍四间，作为"内阁阁丞""军机章京""南书房行走"的所在。第四层楼建成后则用作放置大餐桌、弹子台、钢琴等物。因楼里住着皇上，怕惊吓了圣驾，动工时，开工晚，下工早，这样不仅耗资甚多，而且拖延了时间，父亲仍每天督促工匠，精细施工。每当三节两寿，父亲均要进奉暖窖培育出的大朵牡丹等珍奇花木，托以仿烧黄地彩瓷大花盆4对，再配以硬木座摆在平远楼的中厅。如有外国的新奇表演来津演出，便亲自召请来"御前"献技。连瑞典的小人歌舞团也被请来，很受溥仪等人欢迎。当市场上刚出现笨重巨大的无线电收音机时，父亲便不顾价格昂贵购买来奉献给"皇上"。因父亲曾严禁园丁靠近平远楼，如有落叶残枝，每天早晨便亲自入内扫除并整剪凋零的枯枝等。据我所知，父亲总认为自己是前朝一品大臣，辛亥武昌起义虽经力战收复了武昌、汉阳两镇，但起义将领士兵都是自己所练的湖北新军，从而导致清廷之覆亡，自觉愧对皇家，因此正好借此机会竭尽己力回报赎过。一日，溥仪看到我父亲正在清扫落叶，遂生恻隐之心，命随侍过来说："张彪偌大年纪，就不要干这些体力活儿了。"我父亲一听，很是感动，就像当年的大臣受到皇帝的赦免一样，连连作揖谢恩。

我父亲对孙中山与溥仪截然不同的态度引起了我的好奇心。只是由于父亲一再告诉我们，未经他同意，任何人不准到平远楼去走动。当时我家的家法甚严，我弟兄自然牢牢谨记。不能去平远楼，也想见一见"活皇帝"，我们放学后，就临窗站立，遥遥相望对面的平远楼。很快我们就发现溥仪也经常从对面的窗子向后楼眺望。前后楼相隔不过六七米远，看得很清楚。我兄弟年纪轻轻，每次从窗户看到了皇帝，自然喜形于色，更不免指手画脚议论纷纷。不料，我们的举止也引起了对方的好奇心。遂传下口谕让我们到前楼去见驾。那天放学后，因哥哥上学路远还没有回来，家父就将我叫去，让我到前楼朝见，并教我朝见的礼规和注意事项，自然少不了叮嘱一番，什么一定要行大礼，少说话，守规矩云云。当时还是少年的我，只想马上就可以一睹"龙颜"了，因此许多话都没听清。当我到前楼去见溥仪时，刚一进门就被人喝住，问我要干什么，我说是皇上让我来见面的，那人就把我领到一间"随侍间"，等了有十几分钟才由一名随侍引我上楼去见驾。他回禀一声："张学毅见驾。"我赶忙跪下磕头，口称："张学毅叩见皇上。"行过礼，我就站起来上下仔细观看站在我面前的皇上。溥仪说："坐下吧。"我便恭恭敬敬地答应了一声"喏"不料竟把溥仪逗笑了，问我这个"喏"是谁教我的，我说是听大人说的，就记住了。他说："你这是从戏台上学来的，那不对，应该答'嗻'。"他这么一说，我也不好意思地笑了。他又问我为什么老看着他。我说："我从来没见过真的皇上，想看看皇上长得什么样。"他说："怎么样，今天看清楚了吧？"他这么一问，弄得我很窘。接着他开始问我几岁了，在什么学校上课，我说13岁，在天津法汉中学读书。又问我学校里是否要学外语，我说我们学校都要学法语，因为这是法国人办的学校，非常重视法语。他问我每天怎么上学，我说有时骑自行车，有时乘人力车。又问我：自行车好骑吗？我说很好骑。接着让我谈一些学校的情况和一些社会上的新闻。他问得很仔细，显然是对我的话很感兴趣，而我也发现这位"万民之君"连一些生活中最平常的事也一无所知。比如我说上学时要带一些钱，好去买东西、打台球等，他竟然问我买东西为什么要付钱，打台球不给钱难道就不让玩吗？他的惊讶也引起了我的惊讶。我慢慢明白了，越浅显的常识，对他来说就越是重要新闻。于是，我便从如何花钱、如何买东西、乘汽车等开始向他讲述一些生活中的常识，想不到我一个中学生的所见所闻竟会在这里找到了知音。我说得天花乱坠、海阔天空，他那里聚精会神，兴趣盎然。就这么神聊了两个多小时，溥仪才说，今天我还有别的事情，明儿个有时间我再来找你。大约过了一个星期，他又命人找我去见他。那天他的兴致好像更高，我也早把君臣礼仪扔到一边去了。到吃饭时，他留我与他一块儿进膳。那天也许是我肚子饿了，也许是他的菜肴实在太丰盛了。我尽量挑好的吃，且吃得很饱。站在一旁的随侍见我吃饭时那狼吞虎咽的样子，几次向我摆手、使眼色，好像是让我收敛一些。我见溥仪毫无怪罪于我的意思，看我吃得痛快，他还挺高兴地给我指菜，告诉我哪个菜好吃，让我多吃，但从不给我夹菜。事后，他的随侍告诉我，皇上很少与别人同桌进膳，哪怕是他的弟弟、侄子们与他同桌进餐也只是摆摆样子，一些皇亲国戚能得到皇帝赏赐的一两盘菜肴，也已经是深感"皇恩浩荡"了，所以从不曾有人像我这样与溥仪一起吃饭。后来我经常到他那里去玩，经常与他一起吃饭，我还是想吃什么就吃什么，他也从来没有用君臣礼仪来约束过我。

后来溥仪对我说："你以后没事就来找我玩，不要总等我去召见。"我一听皇上发了话，这样父母也就无法约束我了，真是喜出望外。以后，只要放学早，我就去找他。在楼门口对随侍说一声："请通禀一下，张学毅求见皇上。"在随侍间等一会儿就可以上楼去见他。有时溥杰到天津，我们就一起去找溥仪玩。当然，见皇上有一套严格的礼仪，正式朝见要磕三个头，口称"奴才叩见皇上"。叩头后起身，但不能转身，要退步站到一旁。如出门时要横着身子退出去，不能给皇帝看见脊背。一般的时候只跪下请安就可以了。为了表示君臣有别，任何人不能在皇上面前称我、你、他，哪怕是同胞弟、妹也有着等级之分。新中国成立后，我见溥杰先生说大哥如何如何，我很奇怪地问他："老溥，你说的大哥是谁呀?"他说:"我大哥就是溥仪呀。"可当年我称溥仪"您",别人就说我:"你怎么跟万岁爷拉平了?"我到底是民国时代的一名中学生,实在不愿意自称奴才,也不愿意那么循规蹈矩。溥仪对我也从不计较。记得有一次有个叫赵阴茂的人(其父原在御膳房,后为北海仿膳创始人)很随便地说某某人的闺女不错,应该给某某家的儿子说亲。不料有人偷偷地将这句半开玩笑的话告诉了溥仪,而溥仪最不能容忍的就是别人在他背后互相议论。大概是有损他的威严,竟怒不可遏地大发脾气。他一发脾气,周围的人就都成了罪人,都要跪下听候发落,我当时在场,也就跟着跪下了。他让所有的人都自己打自己耳光。当他看到我也跪在那里,就说:"张学毅,没有你的事,你起来吧。"通过这件事,我知道我的身份与别人不同,以后行礼、问安就更是马马虎虎了,说话也就更无拘束了。有时他说半截话,我也敢搭个话茬儿。他对别人说一不二,我则常与他争辩个是非。记得我见贝勒载涛到天津来给皇帝请安时,溥仪竟然不动声色,连眼皮也不抬。我想年轻人应该尊老敬贤,就过去跟载涛请安问好。没想到,这位一向爱说爱道、很随和的涛贝勒好像吓了一跳,又似乎没听见我的问候,不仅不理睬我,还赶紧躲开了我。退下来后,载涛才对我说:"按朝廷的礼法,在皇上面前,任何人不能相互施礼、打招呼,你看摄政王载沣是皇上的亲父亲,在皇上面前也没人给他行礼,更何况我这个七叔啦。"我不以为然,就对溥仪说:"人家涛贝勒那么大年纪,又从那么远的北京来给您请安、下跪,您为什么理也不理?"溥仪听了,只是笑了笑,似乎他的所作所为都是天经地义的事。

从 1925 年末代皇帝爱新觉罗·溥仪住进我家张园,到 1945 年他命我留守长春,自己逃往大栗子沟之间的 20 年中,我从一般的陪伴到做他的秘书、侍卫参谋、禁卫军高参等职,与他有过不少接触。现罗列一些我所了解的情况，以供参考。

是皇上，也是青年人

在我与溥仪接触的 20 年中，我感到他的生活是很苦闷的。年纪轻轻、拘于礼法，行动很不自由，整天被那些遗老旧臣们围着，无休止地议论着渺茫的光复大清朝的"宏远计划"。明着有婉容与文绣相伴，可是他却从不愿意与女人交往，无论在天津还是在长春，他的寝宫与婉容的寝宫距离不远，也很少到婉容那里去，就是去，也不过 10 分钟左右就又回到自己的寝宫。有人议论说他不愿与女人交往是生理疾病所致，其实也不尽然。最近，我又听到可靠的人告诉我，溥仪的生理病症并不像有些人说的那种情况。他所以很愿意跟他身边的男仆或弟弟、侄子们一起玩乐，应该说与他贪玩好动的兴趣有关。他所以很高兴让我去找他玩，原因也正因此，尽管我比他小 5 岁。在张园，我们经常在一起打台球、做游戏、开汽车逛百货商店，或者听音乐、看京戏等。

当时我家有一辆汽车，他看我开起来在院子里转着兜风，就引起他的兴趣，让我教他开车。教开车时，我就把一些有关汽车的知识讲给他听。有一次，我们到德中街吃西餐，他看到一家汽车行正摆着一辆 1926年的新型美国"别克"（Buick）牌汽车，正是我曾向他介绍的最新型汽车，他特别高兴，就非要买下不可。当时已是晚上 7 点多钟了，老板已经下班回家，看门的伙计说自己实在不能做主，要我们明天再来买。想不到这时溥仪那"万岁爷"的脾气来了，对那伙计说："我就是当今宣统皇帝，买一辆汽车怎么还要通过你们的老板？"那伙计一听，连连道歉说自己有眼不识泰山，不知皇上驾到，并答应立即送货上门。我们告诉他地址后就走了。回到张园不久，汽车也就送到了。

溥仪在张园前后共买了四辆汽车，车号分别是 1471、1472、1722，张园的旧车号是三位数 147。他有了新车就不用旧车。1927 年，他买了新车后，马上就把那辆 1924 年出厂的旧车送给我玩。那几天正赶上我父亲卧病在床，我开车回家，为讨父亲一时高兴，就临时编了一句瞎话，说是皇上亲自赏赐了一辆汽车给他老人家。父亲闻讯，立即喜笑颜开，并且让人抬着他坐在汽车里，让我开着车在张园内转了一圈。我想，可能是父亲想亲身沐浴皇恩使病体康复吧，哪知是我假传圣旨呢。当然，就真的是皇上钦赐的汽车也绝对不能治他的病。几天后，父亲虽口中念念不忘皇恩，还是病故了，而皇上恩赐汽车的事也就在全家传开了。这样一来，本应属于我的汽车也就自然成了家父的遗产。我想，谁让我假传圣旨呢，活该了。

别看溥仪买汽车，开汽车，可都是为了玩，在院子里他越开越高兴，外出时却从来不自己开车。在我陪溥仪乘车外出时，一般都是五个人，除我和他之外，还有一名随侍，一名日本特派的便衣警察和司机。按惯例是日本警察与司机坐前排，溥仪坐后排专座，我与随侍坐倒座，而溥仪又常常把我拉到他身边坐下，说来两人挤一个座位实在没有一个人的倒座舒服。我们外出常去的地方一个是德中街，即现在的解放南路，当时这条马路由日、法、英、德四个国家管辖，这条马路的中间一段有家"起士林"餐厅。他最爱吃这家的冷饮。另一个地方是"利德顺饭店"，地址即现在天津市委的斜对面。这两家餐厅，一是清静，二是服务周到。溥仪最怕别人在街上认出他来，也就最怕到人多的地方去，我几乎从没有看到他去劝业场等繁华的地方。我们一起出去，他与人交谈时往往自称"溥浩然"或"浩然"。他常去的游乐场所是英国人开的跑马场，这里是不允许中国人进去的，只有他一人例外，我能进这个地方，也是借助他的特殊身份。为了避免别人认出他来，外出时他总爱戴一副变色眼镜，外人以为他戴的是墨镜，其实他是个大近视眼，无法戴墨镜，只能戴　种叫作克力克斯的变色镜。后来他无论什么场合都戴这副变色镜，这使我很是奇怪，因为溥佳也是高度近视，每次跟他见面都必须要摘掉眼镜才能见礼，他怎么能不知道戴变色镜是失礼行为呢。为此我还给他提醒，告诉他变色镜在阳光下与墨镜一样，他也不以为然。直到他"访问日本"时，我和溥杰、润麒当时正在日本学习，发现他在天皇面前就改戴白光近视镜了，可见他是明白戴墨镜有失礼貌的。

驻在天津的外国兵营每次举行庆典活动时，溥仪也都让我陪他同去。如每年 7 月 14 日的法国国庆阅兵式、日本天皇生日的"天长节"和皇后生日的"地久节"阅兵式等，他都是首席来宾，站在司令官的一旁。我自然只能列坐末席了。其实，以他的身份出现在这种场合，与其说是借洋人的威风出尽风头，不如说是在外国侵略者面前丢尽了国格。

应该说溥仪是很注意锻炼身体的。在大内时他就爱骑自行车，到张园后也常骑车玩。后来让人买来摩托车，试了试，可能有点儿害怕，就说："张学毅，你要喜欢骑就赏给你吧。"后来溥仪又想要骑马，并且马上让人去找对马匹最有研究的涛贝勒去选来两匹良马，让我陪他一块儿学骑马。他常说，顺治、康熙、乾隆几位先皇都很善骑，所以他一定也要学好骑术。可实际上他只是在张园内骑着玩一玩，很少到外面去骑马。

一次我告诉溥仪，我在日本俱乐部打台球得了奖。他一听，兴趣来了，马上让人准备台球案子，非让我教他打台球。他爱玩，但又不肯下功夫，所以学起来很慢，尽管在当时我打球还不时地站在板凳上，可他总打不过我。打网球就更差劲了，可是他却敢与中国的第一位网球选手林宝华交锋对垒。那时，我们还时常打一种小型的高尔夫球，与现在 28 个穴的不同，球场只有两米长，一米宽。在《我的前半生》一书中有一张照片是他在室外打大型高尔夫球的照片，据我所知，那照片只是摆个样子。他的球衣、球具都是最讲究、最标准的，而球技就很难形容了。后来，连他自己都说："我是十八般武艺，件件稀松。"

在艺术方面，他的爱好也是很广泛的。我父亲进奉给他的那台大型收音机曾使他特别高兴，搬来后我们折腾了半天也不出声，他仍然耐着性子琢磨。后来他又买来一台大唱片机，设有八个唱盘。他常听的唱片大多是音乐片，尤其是西洋的军乐、进行曲一类最多，有时也听些京剧唱片。一次我问他，这是谁唱的京剧，他说是梅兰芳。我又问他见过梅兰芳吗？他说从没见过。我说现在梅兰芳正在天津北洋大戏院演出，您何不去看看他本人的演出呢？他当时很高兴地答应了，并让我马上去包两个包厢，说婉容早就想看梅兰芳演戏了。

当天晚上，他与婉容分乘两辆轿车直奔北洋大戏院（有的书上说是在开明戏院，实际上天津从没有个开明戏院，只有北京有开明戏院，即后来的民主剧场）。那天晚上梅兰芳演的是全部《西施》，我和溥仪坐一个包厢，婉容坐一个包厢。因为我们去得晚，开演以后才到剧场，只看了一个半小时。据说婉容很爱看，好像没有看够。但我万万想不到，看一场戏竟闯下了大祸。第二天一早胡嗣瑗等遗老就上疏溥仪，说万乘之君俯临剧场有失身份等，均以辞职来要挟溥仪。溥仪虽喜欢玩，却更看重他帝王的身份，从此还真的不去"俯临剧场"了。在此之前，我还陪他去看过电影，以后他也不去了。就在这事之后不久，他曾答应会见瑞典王子，后来在报纸上看到这位瑞典王子与梅兰芳的合影，便又突然取消了这次会见。

在那个年代，别看艺人可以随便出入达官显贵的府衙，但社会地位是很低的。载涛的儿子溥佺本来与溥仪来往很密切，只是因为与著名京剧演员黄咏霓（雪艳琴）结婚一事，溥仪便再不与溥佺见面。但在后来我对著名演员杨菊芬有爱慕之情时，母亲坚决反对，说她乃一品夫人怎么能找个戏子做儿媳呢？母亲知道我与溥仪关系特殊，就命我九哥去找溥仪来阻止我与菊芬的婚事。而溥仪却说："婚姻之事应该自主，我不好管。"对溥仪来说，能如此答复我母亲已经是很不寻常的了。因为我知道他本意也是反对我与菊芬成婚的，尤其是后来的十几年中，他从来没有向我提起过菊芬，也从没有与菊芬见过面，尽管我和溥仪几乎天天见面。再如人称侗五爷的溥侗，因以红豆馆主的名字登台搭班演戏，他也将其拒之门外。因为他虽然是个贪玩好动的青年人，毕竟也不会忘记他到底是个皇帝啊！

"国宝鉴赏家"

由于溥仪得天独厚的生活环境，他对珍奇古董有着特殊的爱好和鉴赏力。一日，我走进他的房间，见他正在让随侍给他挂起一副旧得发黄的楹联。我历来不喜欢看古董，可当我看到下款写着王羲之的大名时，我也不禁惊愕起来，尽管我的鉴赏水平有限，可也知道王羲之是晋朝的书圣，更知道这副楹联的价值。溥仪见我看着楹联发呆，似乎很得意地说："你别看这副对子，全国也没有三四副。"接着他又让仆人拿出一幅山水画，我一看是唐朝王摩诘的作品，王摩诘即王维，是诗人，又是画家，能画山水松石，又善人物、丛竹。而这幅画，有山有水有人物，更有他的亲笔题诗。不要说占有此画，就是能看一看这位作者的诗、画真迹，也是极为幸运的事了。他看我被这幅画迷住了，便又让人拿出苏东坡、唐伯虎、郑板桥等一些名人的真迹，最后又让人拿出一大幅的工笔画，上面画有108匹马，可以说是形态各异，神韵俱佳。其作者是意大利的郎世宁，虽说年代并不久远，但市井上是很难看到这样的佳品的。

由于他生活单调无聊，便经常把这些珍宝拿出来赏玩，我也便有机会大饱眼福了。因他的珍宝分箱别类，每次大约都是只拿出一种来玩，如字画类、首饰类等，而首饰也分珍珠、钻石、金银、翡翠、鸡血石、田黄石，等等。他最喜欢的应该说是钻石首饰。为了炫耀他的钻石和他这方面的学问，他曾告诉我钻石有真假，辨别的方法要看钻石是否有后托，有托的多是假钻。我尽管不懂这方面的知识，可又有点儿不服气，就说："别看你钻石不少，却没有大钻石。"他一听，忙问我家的钻石有多少克拉，我说有 29 克拉半。他一听有点儿泄气，可又说："钻石可不能只看大小，还要看形状、亮度。"可我说人家挑选钻石总要先问有多少克拉。显然因为他的钻石没有我父亲的钻石大，就坚持说他的钻石是最好的。说着他把一颗大钻石拿出来，我也不禁惊叹起来，虽然只有 19 克拉，其光亮和形状都不失为稀世之宝。他说这是"煤油钻"，绝不是一般钻石可以相比的。另外他还告诉我，这些钻石再好，却不能自己发光，而他还有一颗自己发光的钻石。他让随侍把窗帘拉好，遮严光亮后，就拿出一颗钻石来，在黑暗中闪烁着一点红光。他说这颗虽然不大，却是沙皇俄国进贡的，叫"火钻"。

这时我突然想起传说皇宫有一颗夜明珠，可自然发光，奇妙无比，便问溥仪可有此事。他就告诉我，那不是夜明珠，而是一颗非常亮的连体珠，据说是乾隆皇帝夜游北海，见水中有闪光之物，便忙命人去打捞，捞上一只蚌壳，内有两颗珍珠连在一起，又大又亮，光彩夺目。说着他让随侍拿出一个铁保险箱，打开之后，一看果然是颗连在一起的珍珠，真是名不虚传呀。

还有一次，我见他正在摆弄着几个扳指，走过去一看，个个都非常漂亮。他见我好像有点儿兴趣，就说："你戴哪个合适就赏给你。"我就从箱子里拿出几个，打开裹在外面的棉花，试着戴，哪知，这些扳指都较大，最后选了一只小一些的，打开一看是只翠绿的，戴在手上正合适。他刚要说赏给我，一个随侍就小声地在他耳朵边嘀咕了几句话。他犹豫了一下说："那么，你就再挑一个别的吧。"我明白，一定是这枚扳指太贵重了，他也舍不得，这时我就说："君无戏言哪。"没想到这句话真灵，他马上一本正经地说："赏你吧。"

这种扳指也称"韘"，是古代的武将拉弓射箭时，戴在右手大拇指上用来钩弦用的工具。后来人们把扳指也当作一种装饰品。而翠是以碧绿而纯色透明为上乘。当然，我那时也不懂。几天后，我见父亲又与原河南督军陈光远在一块儿打麻将牌，我知道陈光远有一枚很好的扳指，平时不戴，只是打牌时，他见我父亲戴扳指，他也就戴上，实际上是有意识地和家父借比扳指来寻开心，因为我父亲的扳指比陈光远的差多了。那天陈光远戴上扳指正在得意，我就把溥仪赏我的那枚翠绿扳指拿出来摆弄给他们看。父亲本来就有点儿扫兴，又以为我拿着街上小摊贩的玻璃玩意儿来捣乱，便要轰我走开。这时陈光远眼睛尖，突然说："虎臣兄（我父亲的字）这个孩子可有真宝贝呀！"又问我："你这是从哪儿弄来的?"我说是皇上赏的。父亲一听，立即让我摘下来，在灯光下看了看，又让人拿来一张报纸，把扳指躺放在报纸上，从两层翠透过去，报纸上的字仍然清晰可见，众人皆惊叹不已。父亲又令人拿来一个大盆，放上清水，然后把扳指放入水中，只见盆中的水立时全都染为绿色。大家都惊呼："真品。"父亲又问我从何而来，我说皇上赏的。他便命九哥学骥见皇上去证实。我九哥回来说，确实是皇上赏的，父亲便拿出两块大洋对我说："以后不许跟皇上要东西！"陈光远忙说："这可不成，这是价值连城的珍宝，你怎么两块钱就买下来了?"父亲就又让人拿出 20 块钱给我。对一个稚气未退的少年来说，一个扳指换来 20 块大洋，我高兴得不得了，跳着、蹦着就上大街买吃的去了。

由于溥仪经常观赏这些稀世珍宝，他的鉴赏水平也就很不一般了。

同时，我还发现他的书法水平也还可以。不管有什么事，每个月他都总要郑重其事地写上一两次楷书或行书。只不过他从不像溥杰兄那样有求必应，恰恰相反，他每次写完字都一律撕掉或烧掉，从不轻易送人，几乎不愿留下一点儿痕迹。在我与他相处的 20 年中，他只给我写过两次条幅。第一次是我到法国留学前，他写了"自强不息"四个字送给我；第二次是我从长春到日本去学习军事，他又写了"至诚"二字送我。至于他为什么如此"惜墨如金"呢？其中确有一番别人所无法理解的想法。这也是我后来才知道的。

张彪病逝 赐谥"忠恪"

1927 年 9 月初，我的父亲张彪病情加重，昏迷不醒。我弟兄八人朝夕侍候左右，不敢远离。9 月 12 日那天，溥仪带着几位遗老和亲随到我父亲病榻前探视，见家父已不省人事，看了一会儿便退出到客厅落座，听我母亲介绍病情与治疗经过。溥仪听说是由日本医生主治，便让人取来病历，交给一位他带来的俄国医生翻阅。那俄国医生是专门为溥仪治病的御医，边看病历边摇头，显出一副无可奈何的样子。溥仪好像很伤感地说："你要尽力而为，挽救张彪的生命。"俄国医生两手一摊，轻声地对溥仪说："事已至此，任何医术也于事无补了。"但溥仪很固执地说："你要用最好的针剂给他治疗。"我知道他一向相信针剂的作用，所以坚持让俄国医生打针。这位御医无奈，连忙拿出携带来的抢救药品给病人注射。然而，病入膏肓之人，打两针是无济于事的。第二天，也就是 9 月 13 日，家父就病逝了。当我们弟兄前去向溥仪报丧时，他当时就说，届时将委派皇室公爵代表他前往灵前奠祭，并赐祭一坛供品，又赏盖"陀罗经被"，也就是印有藏文佛经的棉被。随后，溥仪又与遗老旧臣一起商讨钦赐谥号之事。这是封建帝王给特殊人物死后所加的一种荣誉称号。在此之前，王国维赐谥号"忠悫"，张勋被赐谥号为"忠武"。溥仪拟赐予"忠恪"二字，当时胡嗣瑗等人认为张彪与张勋不能相比，欲加反对。我和哥哥当即向溥仪表示，家父弥留之际，也曾表示有此希冀。溥仪一看骑虎难下，便坚持说："以朕所见，张彪理应赐谥'忠恪'。"我们这才在亡父灵前写上"张忠恪公之灵位"。其实，一个关门皇帝所加的谥号，并没有任何实际意义。从溥仪来说，给房东写两个字本是白送人情的事情，也不是那么认真的，而那些遗老们却把儿戏当真，现在想起来更觉愚态可笑。另外，家父自武举考场上受到张之洞垂青，随其征战20余载，驻守两广、两江、山西、湖广等处，操练新军，荣任一品大臣，尤其是在辛亥武昌起义的战斗中，他顽固保皇，冒死拼杀，收复汉口、汉阳两镇，直到他隐居天津，又将私宅改建逊帝之行宫而分文不取，让旧日主子赐给两个字在情理之中。黎元洪几次邀请张彪出山，均不为所动，对溥仪来说可真谓"忠恪"。其实我父临终时还不敢有此奢望，只是嘱我们弟兄在墓前立一石碑，上刻"中国最早组练统率近代陆军第一人张彪之墓"就心满意足了。

送葬那天，溥仪又颁给"心如金石"的匾额，家里也抬出了朝廷过去赏赐的24座黄色彩亭等物。由我父亲提携的清军八镇协统、辛亥革命后为民国大总统的黎元洪，也送来挽幛。所以当时报界宣传说："张园旧主人仙逝，清朝皇帝与民国总统均亲自临丧。"当时任福建省军务帮办的王永泉还特意送来金丝楠木的殡棺，并亲自料理我父亲的丧事。后来九哥告诉我。这个王永泉是当年湖广第八镇新军的管带，千里来津奔丧，以表示对旧日统帅的提携之恩。最使我感到蹊跷的是家父入殓时，头戴顶戴花翎，身穿清代朝服，并按清朝祖制，加盖陀罗经被，而送葬者却大多是西服革履。当年连溥仪也是一身西洋装束，许多清末同僚大多数亦是民国政府的要员。我当时就感叹我父亲是真正作古的古人了。

东陵盗墓　焚香祭祖

1927 年 9 月 13 日，我父亲张彪在张园病逝。

转过年来不久，我找溥仪去玩，想顺便告诉他，我那时就学的天津工商学院由法语改学英语，我只能转学到上海震旦大学继续我的学业。可是当我一见到溥仪时却大吃一惊，只见他穿着灰布袍，黑布马褂，头上戴一顶黑布瓜皮帽，脚上还穿着一双黑布鞋，一身丧服，两眼泪汪汪，气色非常难看。这是我三年来见到他第一次落泪，第一次穿布衣。我当时不知说什么好，也不敢问，只好默默地坐在一边。过了好一会儿，他才哽咽地说："我实在对不起列祖列宗，几百年的江山我没有保住，如今先皇的陵墓也被人盗窃，连先皇的圣体我也没有能保护好，我还有何脸面见人啊！"他越说越难过，我就忙安慰他，让他节哀。他接着又跟我骂蒋介石，骂孙殿英，说孙殿英用三天三夜把东陵中乾隆、慈禧墓内殉葬财宝搜罗一空。从那天开始，他不玩不乐，专设一灵堂，供起乾隆、慈禧的灵位（就像戏台上的灵台一样大小，摆着香炉、蜡扦和简单的供果）。每天都要行礼，焚香两三次。至于供奉了多长时间，我就不知道了，因为东陵事件不久，我便离开张园到法国上学去了。

我本来计划转学到上海震旦大学，后来因一位姓潘的亲友出面联系，我便改道出洋去法国了。走之前，因经费有些困难，我就忙找溥仪去商量。他一听说我去法国上学，特别高兴，说你只管去吧，说不定我也会去的。他很慷慨地给了我 5000 块钱，还书写了"自强不息"四个字送给我。他所以乐于资助我出洋，一是因为家父从没有向他要过房租，借此机会向房东表示谢意；二是他崇洋媚外，对清朝旧制也不满意，想让我学成之后帮助他实现"洋化"的王朝复辟美梦；三是因为我与他虽非君臣、手足，但关系比较特殊，感情也比较好。我认为很可能是我给他的生活增添了一些乐趣，我遇到困难，他也就不会袖手旁观。也正因为这样，我才敢于请他资助。

二次伴驾

三年后，当我从法国回来时，溥仪已经搬到陆宗舆那里去了。在我走之后，听说我的哥哥婉转地向他索要房租，他一分不给，还索性离开张园，搬到不远的乾园去了。那本是陆宗舆的房子，他搬去之后，就改名静园了，据说是他要在那里"静观政变"。一到家，我就去看他，给他介绍海外的生活和风土人情。我感到他对外国的先进技术、科学发展非常向往，不时地对中国的愚昧、落后发出感叹，可是他却看不到他自己和自己所追求的没落封建王朝正是中国落后的根源所在。最后他问我回国后的打算。因我在法国学的是机械，自然想找一个对口的工作，我就说想找一个能够学以致用的专业工作，可是一连找了一个星期也没有找到。他就说，先别找工作了，就留在我身边做点儿秘书工作吧，每月给你200块钱工资还不行吗。我心想，一个银行职员的月薪不过20多块钱，这200块钱确实不少，他态度又很诚恳，我就答应下来了。

在给他做秘书的几个月中，除了打弹子、逛大街，他就听我介绍我在国外的所见所闻。尽管那时的静园里正酝酿着一场由日本帝国主义策划的"满洲风云"，我却一点儿也不感兴趣，也从不过问。我所做的所谓秘书工作，一个是文绣离婚案，另一个是为陕西赈灾义演。

我是在文绣出走的第二天才知道的。静园里一时愁云密布，如临大敌。溥仪吃不下，睡不着，整天发脾气、摔东西。有些所谓大臣又在那里添油加醋，帮倒忙，提出一些根本办不到的办法来制裁文绣。当听说文绣告到法庭并发来传票时，溥仪很紧张。打官司输赢对他来说还无所谓，只是怕出庭，损害了皇上的面子和身份。那时一上街，他都怕被人认出来。因为他长相特殊，人们一发现他，总有人会说："喂，这就是小'皇上'"，"这就是清朝的逊帝"，"这不是废帝溥仪吗"，等等。这都使他感到非常难堪。所以他在天津时最怕在公众场合抛头露面，就更不用说到民事法庭去做被告了。因此他就让我替他找律师、办手续，与有关方面交涉等。当然，做这些事是不能用他自己的真名实姓，而用"溥浩然"或"浩然"的假名。当时处理这件事的主要人物，帮助出谋划策的还是胡嗣瑗、佟济煦等。在他们看来，只要不让皇上出庭受审，什么条件都可以答应，这也就是文绣离婚得以实现的主要原因。记得溥仪曾问我给文绣多少钱合适，因我刚回国，还不大了解情况，就没有答复。后来听他说，给了文绣 5 万块钱。但是在 10 年后，我从我的夫人杨菊芬那里得知，文绣离婚后只得到 15000 元，其余的钱都被文绣的哥哥和律师拿走了。在我的印象里，溥仪也对文绣的哥哥不满。有一年，我从东北回到北京，文绣的妹妹文珊来找菊芬。我从文珊那里才知道文绣的生活已十分拮据，想请皇上恩典一点儿，我到长春就向溥仪如实转达了文绣的近况。出乎我的意料，溥仪对文绣显出很关心的样子，询问得十分仔细，最后还问我是否有办法寄一些钱去，我说关里关外货币不流通，寄钱也没有用，倒不如带件首饰给文绣。他想了想，就命人取来四枚戒指，其中两枚钻石的、一枚翠绿的、一枚宝石的，嘱我下次到北京时带给文绣。我一看这四枚戒指都十分贵重，便很快又回到北京，将戒指面交文珊。文珊回家让她姐姐写了收条，我便又赶回长春复命。对这件事，不少人都感到纳闷。据我分析，溥仪对文绣离婚案，一直认为是婉容的排挤和文绣之兄的挑唆，尤其听我说文绣十年来一直独居未婚，也使溥仪对文绣产生了一定的恻隐之心。

就在文绣离婚案过后不久，从北京来了几位皇室贵胄子弟到天津义演京剧。1931 年陕西大旱，全国都在赈灾筹款，口号是"捐一块钱，救活一条命"。他们还特意请来杨菊芬和胡碧兰两位名角参加。他们一到天津就来找我，说是想请溥仪也来捐助此事。我跟溥仪一说，他满口答应，说这是件好事，他可以出钱，但不能出名。我说用浩然的假名，他说假名也不行。义演后，我请菊芬等人吃饭。席间，菊芬问我何时从法国回来的。我很惊喜，我于1928年到北京办出国护照时，曾与她有一面之交，三年后她还能记着我。这样我们就谈起了分别后三年的各自情况，很是投机。此后，我们来往日渐频繁，感情日深。我的母亲发现不对头，就千方百计阻止我们来往。当时菊芬在天津的知名度很高，许多报刊都登出我们在一起游玩的报道。因此我们不便在天津久留，遂决定送她暂回北京。谁知上火车那天，金刚桥（现在的解放桥）一带戒严，任何人不准通过。听说是天津正在闹"便衣队"。可那些值勤的宪兵、警察一见到菊芬都尊称她"杨老板"，几乎没有人不认识她的。菊芬趁机说她今晚去北京还要赶一场堂会，警察一看只两个人，就让我们过去了。到火车上一看，整个列车加上我们也就有四五个人。我本意是送菊芬上车，可车站外头都戒严了，我也就无法回去了，只好同菊芬一同到北京。小住了一周之后，我们就在东华门南河沿附近的"欧美同学会"举行了婚礼。那天京剧界的名演员言菊朋、李多奎和张君秋的母亲都来祝贺。君秋那时尚年幼，在婚礼上给菊芬执一花篮。说起来让人难以置信，我离家仓促，身上只有两块五毛钱。想不到第二天京津各报刊都报道了我们结婚的消息和照片，家母见报勃然大怒，马上登报声明，脱离母子关系。这一来等于断了我的后路。数月后，菊芬的积蓄也花得差不多了。这时我又因病住院，只好给家里写信请求接济。多亏曹锟的姨太太热心，到北京同仁医院看我，送来300块钱，还劝导我母子和好。我回到天津一个星期左右，因为与妹妹争吵又回到北京。这时我真几乎是山穷水尽，一方面，像菊芬这样的名坤角，婚后是不能再演出的，而且身怀有孕；另一方面，家母通知所有亲友，不准再给我寻找工作。此时溥仪已出关赴东北，尽管不少人劝我去找溥仪。溥仪此时虽然没有做皇帝，但是关里的人仍然称他是伪满洲国的伪执政。鉴于这个"伪"字，我当然很不愿意去找他。可是我越来越无法谋生了，就硬着头皮给长春的哥哥写了一封信。那时，我一个哥哥在执政府做礼官，一个在外交部工作，常驻大连。没过几天，就收到回信，说溥仪已同意我到长春去找他。我们见信后便退掉租房，登上了出关的火车，到了伪满洲国的新京（长春）。

培植心腹，东渡学军

我与菊芬是在 1932 年 9 月抵达长春的，第二天我就去找溥仪。刚一见面，他就责问我为什么没有跟他一块儿出关。我知道他疑心病重，就急忙解释，把将近一年中我是如何结婚、如何脱离母子关系等经过陈述了一遍。他见我说得有道理，才表示谅解说："好了，我知道了，你先回去吧，工作安排好了我再告诉你。"

大约过了一个星期，他在伪执政府召见我，任命我为御前三等侍卫官，月薪为 280 元。当时的侍卫官分四个等级，一个月后又改分三个等级，我由三等并到二等，薪水不动。我记得当时的一等有载涛的儿子溥佳、张勋的儿子张梦潮、熙洽的儿子熙仑鱼，二等有毓崇、马继良、赵国圻等，侍卫官长是工藤忠，是清末就在中国为清皇室效力的一个日本浪人，原名工藤铁三郎，此人与日本关东军不同，对溥仪确实忠心耿耿。

到东北不久，溥仪就提出要给我改名字，因我的两个哥哥一个改名张栋，一个改名张格，他便给我改名张梴，说是挺拔的意思。我一查书，这个木字旁的梴原是杀猪的工具，后来人们都误写成提手旁，我也不加纠止，到现在也便将错就错了。而溥仪仍叫我张学毅。

自任侍卫官后，每天早晨有小车来接，一辆车坐两个人，然后到缉熙楼下护送溥仪到他的勤民楼。近中午时分，再从勤民楼护送他回缉熙楼，便又有车送我们回家了，这就是一天的全部工作。如讲安逸，这真是上等美差，但对年轻人来讲，越干越觉乏味。后来听说溥杰、润麒到日本上学去了，溥佳、祁继忠等也有打算。我就向工藤忠打听到日本的学习情况，他告诉我，如带家属去日本学习，有100元钱就足够了。随后，我就向溥仪提出去日本学习的要求，他说学费要从工资中扣除，我因为早已盘算好了，也就没说什么。其实扣除120元学费，我还剩160元，确实绰绰有余。溥仪见我已下决心，就说他再研究一下。对赴日学习的名单，他是颇费过一番苦心的，在他到处受到日本人制约的情况下，培养一支军队中的嫡系势力确实是很必要的。对这个问题，我们虽然都没有公开议论过，但也都心照不宣。在前后到日本士官学校的12个人中，溥杰、溥佳、润麒、万嘉熙、毓峻、赵国圻、毓嵒等人都是皇亲国戚，我与祁继忠、马继良等虽不是亲族子弟，也不是平常百姓家，足见他用心良苦。

我们是在1932年11月中旬，由工藤忠带领我和溥佳、毓哲、毓峻、祁继忠、赵国圻等自大连东渡，先抵神户再转道东京。在年底以前到日本士官学校报到，和先期到日本的溥杰等人一起开始接受日本式的军事训练。

"李顺"事发　众说纷纭

我们到日本东京时，和菊芬先住进一家旅馆，不久便租到一间房子住下，那时我日语还不行，菊芬更感到语言不通，出门购物、交往有诸多不便，便雇用了一个保姆，日本称其为"下女"，月工资大概才15块钱。当时的日本物价也较低，1 包香烟才 7 分钱，好一点儿的樱桃牌香烟也只有 1 角钱。学校不许吸烟，我只能回家吸两支，我一周只在家吃一顿午饭，上午回家过星期天，下午 5 点又要返校，所以每月花钱不多，160 元（相当日币 180 元）钱对菊芬来说是足以度日了。在士官学校的生活应该说是很紧张、很严格的，不论身份、资历，入学后绝无特殊照顾。每天出操、上课，安排得很紧凑，几乎没有喘息的机会。每期学生毕业典礼，天皇必亲临讲话。日本政府和各界人士对士官学校都很重视，我想这与日本的军国主义和侵略扩张政策的发展是有着重要联系的。

如果说我们这些伪满皇帝钦派的学生有什么特殊之处，那就是处处受人歧视，饱尝了寄人篱下的凌辱。有一次，我们几个同学吃大蒜，被日本同学看见，竟捂着鼻子，口出不逊之辞，而我们却不能与他们争辩一句。尽管溥仪访问日本时场面很隆重，但我们这些臣民却感到被人愚弄和嘲笑。这与我在 50 年之后再度访日的情景形成了鲜明对照，虽然我只是以一个平民身份去访问的，却受到很高的接待，竹天宫殿下亲自为我们设宴把盏，过去对我们保密的新式武器设备陈列室，这次我可以随意参观。如果不是亲身经历，对这种差异的感受是不可能体会那么深刻的。

菊芬在日本整天无所事事，更是苦闷。有一天，她在外面遇到了雪艳琴（黄咏霓），这两位都曾经是大红大紫的京剧著名女演员，在异国重逢都不禁喜出望外。后来得知溥侊和雪艳琴夫妇也是到日本来学习的，雪艳琴可能是正在学画画。从此她们来往甚密，常以一块儿清唱京剧聊以解闷。我知道后，深为她们这一对好朋友能在日本互相关照感到一些欣慰。

在日本的三年学业即将结束时，突然接到伪满洲帝国内务府的命令，让其中一个同学立即回国，另有公务，具体什么事也没有讲。我们很纳闷，也为这个同学惋惜。日本方面因为这个同学学业优良，即将毕业，也不同意让其回国，遂写信为其求情。就这样交涉了半个月，由于内务府坚持己见，这个人还是提前回去了。然而，当我们回到长春时，却再没有见到这个人。后来还是溥杰听到了一些情况，悄悄地告诉了我。原来，数月前，因婉容怀孕被溥仪发现，使她与一位侍卫官李××的私情败露。在电视剧《末代皇帝》中这位侍卫官叫"李顺"，其实，虽然姓李，但真名已被隐去。在审问李××的过程中，婉容的另一段私情也被揭露出来。这个私通的侍卫官，就是前面提到的那个提前从日本回来的祁××。等祁××回到长春，溥仪就把他和李××一起轰出宫内府。

关于这两个人的结果，一些戏剧家便借题发挥，大做文章，而真实情况并没有那么曲折、动情。溥仪赶走李××后，没有再追究，对祁××也没有穷追不舍，而且这两个人后来都谋到了工作，都成了家，有了妻室儿女。据说特赦后的溥仪在北京还曾与李××邂逅。听溥仪的三妹说，溥仪还请李××吃过饭。

当我得知李××的事件以后，不觉联想起他在十年前初进张园的往事。那时溥仪讨厌太监，说他们不男不女，就命人找来一些童仆来侍奉他。其中就有李××，不过十一二岁。他们可以随便出入内宫，和婉容也很熟。那时婉容就爱睡懒觉，早晨不起床，有时能睡到 11 点钟。如遇有什么活动需要早起，则需宫女或太监去"叫起"。因婉容脾气不好，谁去叫起，她不是打出来，就是骂一顿，弄得大家谁也不敢去。有一天，溥仪要让婉容陪他去参加日本总领事馆和驻屯军司令部举办的"千秋节"。可婉容还是照睡不误，宫女、太监都在那里为难。李××见此情况，就自告奋勇到婉容的寝宫去了。不到半个小时，只见婉容笑逐颜开地从寝宫中出来了，李××跟在后面，显得十分得意。以后凡是"叫起"的时候，众人就都说："要找李××来叫起了。"有人还对李××开玩笑说："原来娘娘喜欢的是你呀？"当时，李××比婉容小六岁，一主一仆，地位悬殊，后来竟会发展到私通的程度。至于祁××后来的情况，是比较复杂的。但通过这件事，说明尽管溥仪疑心很重，警惕极多，也难免鱼目混珠，有失算的时候。

帝梦昏昏

1935 年，我们一行八人从日本士官学校毕业归来，眼看溥仪培植亲信武装力量的愿望即可付诸实现。然而在狡猾的日本关东军面前，溥仪毕竟太天真了。一到长春，我们就被通知说，除溥杰、润麒外，其余六人均分散在东北各地。我先调到沈阳北大营第一军管区做教官，两年后又调往东大营的中央陆军训练处任区队长，溥杰任长春部队骑兵连中尉排长，润麒任步兵连中尉排长。

当中央训练处培训到第九期学员时，也就是 1941 年 3 月间，在长春的拉拉屯，也叫同德台，成立了中央军官学校。原拉拉屯军校的第二期便改为该校第一期学员。在这所军校中还有一些朝鲜学员，如韩国的原总统朴正熙和他的高级顾问金东河，都是此军校学员。那时我在该校任第二学生连连长，溥杰是第一连连长。前些日子，金东河到北京来看望老师时，我正因病住院，溥杰说我不宜谈话，替我挡了驾。建校五年中共培训了七期学生，实际上第七期刚进校不到半年，伪满帝国就随其主子日本帝国主义的投降而垮台了。

1943 年，我和溥杰又都调到驻防军军事部工作。他是该部参谋司三科少校科员，我是军政司军务科少校科员，我的任务主要是协助解决军警相互冲突一事。那时伪军与伪警经常闹纠纷，甚至交火。解决之后又让我研究军服服饰问题，那时各国都在改革部队的服饰，溥仪就让我研究并参考英、德、法、日等各国部队的服饰，大约研究了一年才算定下方案。而这时，第二次世界大战的局势已发生了根本的变化，不管是溥仪，还是日本关东军，早已没有心思考虑这个问题了。

从 1943 年底到 1944 年底，我又被派到陆军高等军事学院进修了一年。由于当时我们受到关东军的严格控制，对时局发展真相一无所知，还在那里专心上课，每天大量的功课、笔记累得我们喘不过气来。直到1944 年底毕业，我又被派往长春地区驻防军任中校参谋，直到满洲帝国彻底覆灭之日。

在我从日本回来，到 1945 年 8 月 10 日，我与溥仪仍保持着经常的接触。在沈阳工作时，我因公务到长春，也打电话约了溥杰到他那里去。每次打电话，我都问溥杰："咱们什么时候上去。"然后我们就商定时间一块儿上去。所谓"上去"，就是我们这些人去见溥仪的代用语。说实在话，当时我们这些人谁也不想去见他。一是因为他的生活习惯极不正常，每天中午才起床，到三四点钟吃午饭，晚上 11 点钟吃晚饭。一顿饭往往要一个多小时，饭后还得陪着他闲聊。他起床晚，夜里精神好，可对一般人来说怎么能受得了呢？更何况我们当时都有公职，一"上去"就要半夜回家，第二天起不了床又不行。所以从一开始的一周去两次，到后来一个月才去两次。去少了他就不高兴，一见面先得让他数落一顿，到后来，越不"上去"他越不高兴，我们也就越不敢"上去"。

一般来说，我到溥仪那里是没有什么正经事情的，除打弹子、打高尔夫球（仍是与张园时期一样的小型高尔夫球），就是闲聊。后来在伪皇宫又修了一个 25 米的小型游泳池和一个冰场。天热时，我一去就动员他去游泳。当然，他不会游，只是涮涮脚，在水里站一会儿，做做样子，或者说是看着我游，一年顶多去游三四次。由于他游泳前要事先换水，我也就很愿意陪他去游。至于滑冰，他就更没什么兴趣了。大约是毓嶦、毓律去滑冰的时候多一些，我一次也没有见过溥仪去滑过冰。显然，随着年龄的增长，情绪的日渐低沉，时局的趋向恶化，我们游玩的时间越来越少了。

1941 年我调回长春，每次去他那里，主要是办一些他不愿意声张的私事。比如买药一事，我一年就要去几次哈尔滨，一次就买上近千元的药品，主要是德国拜尔的司保命（男性荷尔蒙）等针剂。在我的印象里，他患有较为严重的神经衰弱症，至于有人说他先天性生理缺陷一事，我至今仍不能肯定。过去我与溥杰也曾多次谈到他的继位太子问题，希望他能生育一个男孩子，接替皇位。给他买荷尔蒙时，很多人都希望他能传宗接代，当时从没有人认为他患有不育症。前文已涉及这个问题，我只不过想说，他热心于荷尔蒙的注射，与他维护正常的生育功能不会没有关系。

在我与溥仪接触的 20 多年中，几乎很少涉及政治问题。在沈阳时，有一次关东军命我进关去收集情报，我不愿意去，就马上报告给溥仪。那时沈阳到长春的火车非常快，直达车只用六个小时。我报告之后，他就马上加以阻拦，说干这种事太危险了。由于我们在日本上学时结交了一些日本同学，他们经常向我们透露一些真实的战况，尽管关东军司令和吉冈在溥仪面前仍不厌其烦地夸耀他们的侵略政策和"辉煌战果"，溥仪还是很希望听到我们从日本同学那里得到的真情实况。我们也把"战局恶化""惨败真相""战局已不可收拾""实在打不下去了"等内部军情，悄悄地、及时地转告给他。这些恐怕就是我与他的直接的政治交往了。

一般人见溥仪时，也确实有一个被他的随侍挡驾的问题，除吉冈一

到，这些近侍必须马上通报以外，一般人去了，如果赶上随侍们不高
兴，或者"见面礼"少了，他们不是说"上边有事，请您候驾"，让你
白白蹲上半个小时，要不就说"上边今天一概不接见"，让你白跑一趟。
有一次，我刚到门口，一个随侍就让我在一旁稍候，后来让我进去，一
见溥仪我就问他刚才有什么事让我等了半天？他说什么事情也没有，我
就说是门房的随侍讲的。他把随侍叫来一问，少不了一顿责罚。以后，
他的随侍对我自然再不敢狐假虎威了。

早就该散的筵席

1945 年 8 月 10 日，苏联红军从凌晨就开始往长春扔炸弹。其实，
这些炸弹都扔到南湖一带的空地，属于警告性质的，而溥仪却早已躲进
同德殿前的防空洞。后来听说伪皇宫附近也落了炸弹，我就赶紧去看
他。这个防空洞有十几米深，我一看见溥仪不禁一怔，那阴沉的面孔，
悲伤的眼神实在令人吃惊。他见我来了，就连声叹气，说："完了，完
了！"他让人打开香槟酒，倒了两杯，他一杯，我一杯。我刚举起杯子，
他便禁不住潸然泪下，一句话也说不出来了。这是我在天津看他为东陵
盗墓事件痛哭后的第二次落泪，虽然说这次没有上次哭得那么"有声有
色"，而他的实际心情要比上次痛苦得多。防空洞里充满了"兵败如山
倒""树倒猢狲散"的凄凉气氛。

我当时明知时局绝难逆转，但也得开点儿安心丸自欺欺人。我说长
春已为众矢之的，赶紧转移出去再图良策吧。喝完杯中酒，我们互相说
了几句关照的话就分手了。当时，虽然还没有明确何时撤离，但早已人
心惶惶，众叛亲离了。除樵明远和我两个驻防军司令部的参谋被委任为
长春地区临时防卫指挥部的正、副团长率领一个团留守长春外，连司令
官都跑了。所以我辞别溥仪后便又赶回驻地待命了。

第二天下午，我坐着一辆挎斗摩托车到火车站为最后撤离长春的一批人送别，只见溥杰、润麒、万嘉熙等都等候在车里，却没有见到溥仪。我与他们一一话别后，还拿出一听加里客牌香烟交给溥杰，因为我知道他的夫人嵯峨浩总离不开烟卷。我走之后，他们又一直等到晚上 12 点钟，溥仪才登上火车，慢慢驶离长春……

一个中国历史上最不光彩的傀儡政权就这样从历史上消失了。

山重水复　柳暗花明

溥仪走后，第二天关东军的一个头目就下命令，要我们解除武装，向他们缴械。樵明远和我都明白这是关东军狗急跳墙，他们不敢跟苏联红军交火，想拿我们出气。而我们只要一缴械，就只有任人宰割了。我对"日满亲善"早已领教够了，更是怒气难平。我看他们刚要开枪恫吓，便下令开枪还击；跟着，两边的兵士就短兵相接地开起火来，一连在长春城巷战三天，直到苏联空挺部队开进长春，一万名余关东军才缴枪投降。

我们在迎接苏军时，空挺部队司令员阿尔丘明克少将就命令我们暂时维持长春治安，等候国民党部队接收。

又过了 20 多天，苏联部队在长春成立的卫戍司令部的司令员、一级陆军英雄卡尔罗夫少将对我们说："现在你们的任务已经完成了，由于你们原本也是伪满帝国的军队，所以要求你们解除自己的武装，交出你们的枪支弹药。"当时有些人想不通，想加以反抗。我和樵明远就对大家说："几十万关东军都已全部覆灭，我们这千八百人的杂牌军，除了军医、兽医，就是或老或少的乌合之众，怎么能抵得过装备精良的苏联军队呢？再说皇上跑了，整个帝国都垮台了，许多战士的家属又都在城里，这个仗怎么打得了呢？"经过一番劝说，许多战士都同意缴械，有部分战士说，就怕苏联军队会像关东军一样，企图在交出武器后对我们任意宰割。根据战士的要求，我找到苏联大将瓦斯洛夫斯基，希望他声明，在我们交出武器后保障我们的人身安全。他说这是毫无问题的，一定保证所有人的自由权利。我回来一说，大家也就没有什么顾虑，交出武器后就各奔东西了。我和樵明远办完移交手续，仍住在长春城里。苏军也确实信守诺言，从没有再来找过我的麻烦。按当时规定，凡校级以上军官都按战犯处理，押往苏联。而我们两人都得到例外的照顾。至于樵明远也去了苏联，那已是国民党接收长春以后的事情了。

两个月后，国民党接收大员到了长春。可能是苏联红军在移交时向国民党介绍了我们的情况，所以他们又来找我，委任我为国民党保安总队第四总队十二团副团长。我当时很不愿意接受这个委任状，只想等战事平定以后到北平与家人团聚，可是国民党方面的人说，当时找不到受过高等军事教育的校级军官，所以根据苏联部队的建议来任命的。其实，那时国民党的正牌军都在热衷于准备内战，没有精力守护这个破城市，只能让我和一批伪警察等组织成这么一个杂牌军队充任长春的防御工作。当时都在宣传国共合作，我以为不会打仗，这个副团长也不会有什么大事，就答应了下来。

谁知，国共双方关系越来越紧张，我力图在我的管辖范围内维持合作局面也难有所作为，好在没过多久便迎来了"四一四"长春解放。当时的东北联军根据我在驻守长春和解放长春的表现，对我给予特别优待，并受到中共东北局书记李立三同志的亲切接见。他根据我的要求，调我到解放军军官教导团研究室任副主任和高级（战俘）队队长。他们把李仙洲、陈明信等高级战俘交给我管教，给我以充分的信任。从此我彻底与溥仪及其伪政权脱离关系，走上了一条革命的康庄大道。

遗憾的是，溥仪特赦后，我因当时处境不太好，不愿意去找他。他也知道自己的身份和影响，为避免牵连，也没有来找我，但我们都通过溥杰相互了解对方的情况。其他的都不说，只从溥仪的弟弟、妹妹亲切地称他大哥，而不再称他皇上，就足以使我对他的变化感到惊讶了，也足以说明他变成了一个新溥仪。

驱逐溥仪出宫始末

鹿钟麟

.

1911 年（宣统三年）爆发了以孙中山先生为领导的辛亥革命。武昌首义的一声炮响，推翻了清朝帝制，诞生了中华民国。从此，不仅终止了长达 267 年的大清皇朝，也结束了中国四千多年以来历代的封建统治。惟这次革命，只取得了形式上的胜利，由于革命的不彻底，反而予袁世凯一个篡权窃国的机会。后来由袁议定一个清室优待条件，这就进一步地为清室伏下复辟孽根。

冯玉祥决定废除"小朝廷"

冯玉祥出身于北洋军阀系统，尽管后来他的政治立场模糊摇摆，可是他当年确有一定的民族民主思想，一贯反对清朝帝制。早在辛亥革命他参与发动滦州起义时，就曾强烈反对张绍曾"维持君主立宪"的主张，要求非推翻清朝帝制不可。1915 年袁世凯阴谋称帝时，曾封冯为"男爵"，为此，冯抱头痛哭，表示："这是对我冯玉祥的极大侮辱，不

1924 年，冯玉祥发动北京政变，将溥仪驱逐出故宫

把袁贼铲除，不把帝制推倒，对不起滦州起义的弟兄们。"后来四川督军陈宧调冯入川抵挡云南起义，冯率部到达叙府，即与护国军取得联系，迫使袁的亲信将领陈宧通电独立反袁，因而加速了袁世凯的灭亡。1917 年张勋搞复辟，冯率部由廊坊直捣北京，曾令炮轰紫禁城，因段祺瑞力阻，未能如愿。冯愤恨地说："若不是溥仪还留在紫禁城里，哪能有今天这个乱子？斩草必先除根啊！"接着冯发表了通电，四项内容即：（一）取消清室优待条件，驱逐溥仪出宫，四百万元优待金即行停付；（二）取消宣统名义，废溥仪为平民；（三）所有宫室及京内外清室公地园府全收归公有，以便公用；（四）严惩叛逆诸犯，以遏奸邪复萌。可惜这个通电并没有得到当时北洋政府的反应。

　　1924 年冯玉祥在第二次直奉混战中，发动了北京政变，囚禁了曹锟，打败了吴佩孚，由黄郛出组摄政内阁，代行大总统职权。黄接受了冯的建议，这才决定修改清室优待条件，驱逐溥仪出宫。当时冯玉祥一再和我说："在中华民国的领土里，甚至在首都的所在地，居然还存在着一个废清小朝廷，这不仅是中华民国的耻辱，也是中外政治阴谋家随时企图利用的孽根。现在稍明事理的人，无不以留辫子为可耻，留溥仪在故宫，就等于给中华民国还留着一条辫子，这是多么令人羞耻的事啊！"

随北京政变，时局发生了变化。各方面根据冯玉祥根除帝制的一贯主张，议论纷纷；同时清室的一些遗老、王公、贵族等，更感惶惶不可终日，也断定溥仪在故宫里难再幸存。自辛亥革命民国成立以来，故宫及景山即驻有京师卫戍总部所属部队，约有 1200 人，政变后，国民军总部为统一军权，曾于 11 月 3 日，将这支军队缴械，调驻北苑，听候改编。对此，清室尤感不安，当即函询国民军总部，为何采取这样措施。虽经我派员向清室说明，这是为了统一军权，以便更好地维持治安，并无其他用意，但清室不仅不相信，反而更觉惊慌。次日午后，我接到报告，据说清室已电话外界：传说有不利于清室的举动，应早做准备等语。经过分析，认为事不宜迟，我立即面报冯玉祥，建议采取断然行动。冯表示同意后，我即联系黄郛，请决定紧急措施。黄即时召集了临时国务会议，决定派我主持这件事，名义上是派往洽商修改清室优待条件，实际上是驱逐溥仪出宫。同时派当时北京警察总监张璧协助，另聘社会名流李石曾（煜瀛）参加。

当摄政内阁把各项准备工作安排就绪后，黄郛召我到国务院，面授机宜。黄满怀希望地对我说："这出戏全仗着你唱了。"我答说："我一定要唱好这出戏！"接着我又说："故宫里积有无数的奇珍异宝和金银，我执行这项特殊任务，难免瓜田李下，招人物议。虽然我自信故宫之宝价值连城，而我的人格却是无价之宝。"黄笑谓："请勿过虑，你的一切我都了解，尽管放手去做，愿早传捷报。"我接受任务之后，考虑到这是一件多年想办而从没实现的大事，我要唱好这出戏，必须开动脑筋，多研究方式、方法，决不能操切从事。当时北京的东交民巷是民国政府政权所不能达到的特殊地区，假如在宫里发现冲突，招致外交使团借机干涉，就会增加麻烦，故此我对当时客观情况，认真研究，考虑了相应对策。

当晚，我在警卫司令部，邀来张璧和李石曾商讨任务如何执行。张璧向我说："这个任务非比一般，需要带多少军警？"我朝他伸出两个指头，张问："两万吗？"我摇摇头，他又问："2000？200？"我摇头说："用不着那么多的人，有军警各20人就够了。"张璧说："在警察方面，我就这样布置。我又说："在警察方面，不仅要安排好这20人，还要做好应有警戒策应的准备。"张答："好！我就这样去办。"李石曾说："事体重大，必须以迅雷不及掩耳的手段，立即行动，迟则生变。"我说："完全正确，不过还要注意到威而不猛。"接着我又说："此事可分两个步骤：第一步是迫使溥仪接受修正清室优待条件，即刻迁出故宫；第二步是进行清室善后事项。遵照内阁指示，第一步由我负责主持；第二步内定由李石曾先生主持。我建议李先生今夜先组织一批接收人员，准备随时调用，免得临时措手不及。"李先生说："尽一夜时间，做好妥善准备。"最后我们决定：5日上午在警卫司令部集合，9时开始行动，迫使溥仪当日迁出故宫，纵有任何困难，不得丝毫让步。只要溥仪当日出宫，其他次要问题，可斟酌实情予以宽容。另外决定于溥仪迁出之后，接收人员随即进宫，开始工作。

李石曾和张璧走后，我立刻召韩复榘前来，当面商定布置：以警卫部队一部，潜伏神武门附近；另一部增强原驻景山附近的警卫任务，同时命令原在天安门一带及故宫附近的警卫部队，届时加强警戒并准备随时策应。此外，以警卫部队两个连，准备接替守卫故宫，另两个连准备派往守卫溥仪住所。所有上述任务，统限于当夜拂晓前部署完毕，不容稍有延误，并力求迅速和机密。

驱逐溥仪出宫的经过

1924 年 11 月 5 日上午 9 时，我携带摄政总理黄郛——代行大总统的指令，会同张璧、李石曾由警卫司令部乘汽车出发，后随卡车两辆，分载军警各 20 人，直趋神武门。当时守卫故宫的清室警察，见我们突如其来，惊慌失措，我即下令预伏于神武门附近的国民军警卫队，先将守卫故宫的警察缴械。继又将神武门左右的清室警察四个队（每队百人，分驻护城河营房）全部缴械，听候改编。我警卫部队完全控制了神武门一带之后，我偕同张、李率军警各 20 人，进入故宫，沿路见到人就喝令站住不许动，直入隆宗门原军机处的旧址。

在军机处我们招来清室护军统领毓逖，给以监视，令其派人传知宫内全体文武人员，一律不准自由行动，再令其传知内务府主管人员即刻来见。未几内务府大臣绍英和荣源到来，我首先出示大总统指令和修正清室优待条件，限绍英两小时内促使溥仪接受，废去帝号，迁出故宫；其次命令他俩派员移交各项公私物品。绍英神色仓皇，虽他力持镇静，但掩饰不住内心的恐惧。他在这个极度紧张的情况下，忽然对李石曾说："你不是李鸿藻故相的公子吗？何忍如此？"李只置之一笑。绍英又对我说："你不也是鹿传霖故相的本家吗？何必相逼如此？"我当即回答："我们今天是奉命而来，要请溥仪迁出故宫，这不是我们的私意，而是全国老百姓的要求。老百姓们说得好，中华民国成立 13 年了，在北京故宫里，还有个退位皇帝，称王道寡，封官赐谥，岂非贻笑天下？我们既是国民军，就该替国民办事，我们不来，老百姓就会来的。不过，我们来还可以保护溥仪安全出宫，若老百姓来了，恐怕溥仪就不会这样从容了，所以我们这次来，不仅是给国民办事，而且也是为清室做打算！"绍英又说："大清皇帝入关以来，宽仁为政，民心未失，民国同

被驱逐出宫的溥仪逃往天津。图为溥仪与婉容等在天津

意的清室优待条件尚在，为什么骤然这样对待呢？"我跟着驳斥说："按你的立场，当然替清室说话，但你必须冷静地想一想，从清兵入据关内以来，到处杀戮，残害百姓，历史上的'扬州十日''嘉定三屠'等等血海冤仇，到今天老百姓还记忆犹新，你所说的宽、仁在哪里呢？再说，张勋拥戴逊帝复辟，时虽短暂，但清室的叛乱祸国，违背优待条款，以怨报德的罪恶行为，老百姓能不愤然要求严惩你们吗？我郑重地告诉你，现在宫外已布满军警，两小时你们不做具体答复，军队就要向故宫开炮，你要三思，急促溥仪从速遵令出宫。否则，你们的安全，难再保证。"绍英听了我这番话，沉默片刻又说："我和溥仪有君臣关系，说话不能随便，要有分寸。"我说："到这时你还讲什么君臣关系？这是命令，你应该遵照，快去传达。"绍英至此，乃惊惧踉跄地入告溥仪。等了一会儿，绍英出来对我说："按照清室优待条件第三款，清室本应移居颐和园，只因当时民国政府不令迁出，致拖延至今。清室对于迁居一节，本无不可，唯以时间仓促，实属来不及。至于宫内各物，均属爱新觉罗氏私产，当然有自行管理、处理之权。"我即严肃地驳斥说："今天要谈的是出宫问题，这一问题不解决，其他一切都谈不到。我再次郑

重地告诉你，遵令出宫，我们有妥善的对待办法，如果你们违令，执意不出宫，我们也有既定的对策，所以出宫问题，今天必须得到解决，任何企图拖延的打算，都是徒劳无益的。至于宫内各物，你们仍想据为爱新觉罗氏的私产，这是全国老百姓坚决不答应的。试问：宫内各物哪一件不是从国民手里搜刮掠抢而来的？今天国民要收归国有，这是天公地道的。不过只要溥仪接受修正清室优待条件，迁出故宫，我们给以适当照顾，老百姓还是会同意的。总之，你应该促使溥仪早做抉择，否则悔之不及。"绍英遭到碰壁后，还未死心，仍想做最后挣扎，他借口瑾妃逝世不久，瑜、瑢二妃不愿出宫，提出给以时间，俟这些问题解决后，再行商谈，复经我严词拒绝。

绍英一再地拖延，时间也已满了两小时，我便面孔一沉，对左右的人说："两小时已到！"接着便把预藏怀里的两枚空心炸弹掏出，用力向桌上一撂，绍英吓得浑身颤抖，荣源竟跑出去寻找藏身之处了。我说："你们不要怕，这炸弹不是用来炸你们的，因为时限已到，我要在外边开炮前，先把自己炸死。"绍英见到这种情况，慌忙要求说："请再宽容时间，好使入告，急速做出最后决定。"我说："既如此，再宽限20分钟。"我随又回顾左右的军警说："赶快去！告诉外边部队暂勿开炮，再限20分钟。"绍英入告后溥仪接受了修正清室优待条件，答应迁出故宫，同时交出了印玺。然后绍英交给我一件以清室内务府名义致摄政内阁的复文，略谓："修正清室优待条件，业经清帝谅解，一切奉谕照办。"谈判至此，继乃转入移居何处问题。

溥仪接受了修正清室优待条件，决定即日迁出故宫，绍英对我说："出宫迁至颐和园或迁至别处，颇愿一听司令的意见。"我答说："移居颐和园固无不可，不过还有些先决条件，恐怕今天来不及解决。为了方便起见，我看还是先移居溥仪的父亲载沣家中，然后再从长计议久居之处。"绍英听罢，便又入内与溥仪磋商。

在溥仪决定出宫的同时，传知大内各宫太监、宫女等，发资遣散，各自尽速收拾细软，准备出宫。当时宫内计有太监 480 余人，宫女百余人。绍英令尚未资遣的各宫太监，仍旧执行职务，宫内悬挂的"宣统十六年十月初八日"的牌示，立即摘掉。溥仪决定移居什刹海甘石桥醇王府，绍英立即派清室内务府总管赶往准备一切，我也命令预先准备的两连警卫部队，随即开赴醇王府，开始执行警卫任务。

1924 年 11 月 5 日下午 4 时 10 分，溥仪及其后、妃和亲属等离开了故宫。汽车共五辆，我乘第一辆，溥仪、绍英第二，溥仪后、妃和亲属及随侍人员分乘第三、第四，张璧等乘第五辆，由故宫直驶醇王府（清室称北府）。溥仪在醇王府门前下了车，这时我和他第一次见面，握手接谈。我说："溥仪，今后你还称皇帝吗？还是以平民自居呢？"溥仪回答说："我既已接受修正清室优待条件，当然废去帝号，愿意做一个中华民国平民。"我说："好，你既然愿当平民，我身为军人，自有保护责任，一定要通知所属，对你加以保护。"张璧在旁凑趣地说："你既是一个中华民国平民，就有当选为大总统的资格。"到此，我们握手道别。

我和张璧回到故宫。我携带着溥仪交出的两颗印玺，先到旃檀寺国民军总部，向冯玉祥报告任务执行经过。冯听罢，满意地挑起大拇指说："办得好！做了一件大大的好事，同时也得偿了我们多年的凤愿。你的功劳，实在不容埋没。"我回答说："这次所以能够没出什么差错，全仗先生的德威。"冯一再谦逊，连声说："快去报告国务院吧！"于是我转往国务院，面见黄郛。我说："溥仪已经接受了修正清室优待条件，并于今天午后 4 时离开了故宫迁往醇王府。"接着详细地报告了任务执行经过。黄郛频频表示嘉许，连说："好！好！这出戏唱得很好，可称文武俱佳，值得叫好，哈哈……"我笑答："谈不到什么，不叫倒好就可以了。"跟着我将溥仪交出的两颗印玺递给黄郛,一颗是"皇帝之宝",另一颗是"宣统之宝"。黄郛接过去看了一下,即交给秘书长袁良暂行保管。当时黄郛决定,为使外界了解真相,即日发出歌电,通告各方,说明溥仪接受修正清室优待条件及离开故宫的经过情形。电文如下:

民国建国,十有三年,清室仍居故宫,于原订优待条件第三条,迄未履行,致民国首都之正中,存有皇帝之遗制,实于国体民情多所抵触。爰于十一月五日,与清室溥仪商定修正优待条件,其文曰:今因大清皇帝欲贯彻五族共和之精神,不愿违反民国之各种制度,故即于今日特将清室优待条件,修正如左:

第一条,大清宣统皇帝即日起永远废除皇帝尊号,与中华民国国民在法律上享有同等一切之权利。

第二条,自本条件修正后,民国政府每年补助清室家用五十万元,并特支出二百万元,开办北京贫民工厂,尽先收容旗籍贫民。

第三条,清室应按照原优待条件第三条,即日移出宫禁,以后得自由选择住居,但民国政府仍负保护责任。

第四条,清室之宗庙陵寝,永远奉祀,由民国酌设卫兵,妥为保护。

第五条,清室私产归清室完全享有,民国政府当为特别保护。其一切公产,应归民国政府所有。

商定完毕,溥仪已于本日移出宫禁,政府已令行政地方长官妥为保护,特此电达。

溥仪离宫后,我即令预先准备好的另两个连的警卫部队,陆续开进故宫,接替守卫。同时,李石曾预先准备的接收人员也进入故宫,开始执行接收工作。凡属搬空的宫殿，即行接收。为昭慎重起见，每接收一座宫殿指定三位接收人员负责主持，一切决定，须经三人同意。接收时先清查火烛、加封、上锁，须有三人的签名盖章。溥仪出宫消息传出后，全国正义人士，一致认为清除帝制祸根，是继辛亥革命所未完成的一件革命大事，11 月 6 日，北京全城悬挂国旗，以志庆祝。

　　节选自鹿钟麟：《驱逐溥仪出宫始末》，《天津文史资料选辑》第四辑，中国人民政治协商会议天津市委员会文史资料研究委员会编，天津人民出版社 1979 年 10 月版

最后几天的伪满皇帝①

吴长翼

一声警笛

1945 年"满洲帝国"新京（长春）的秋天，凄风苦雨。

"缩短战线……日、满、鲜、台联成铁壁……"日本关东军刺耳的广播，震动着伪宫内府人们的灵魂。

8 月 8 日午夜。白天笙歌不绝的殿宇楼台，这时像是一片死气沉沉的墓地。突然，一声尖厉的警笛划破了夜空。只见从"同德殿"里慌慌张张跑出来一群人，簇拥着一个中年男人。这个男人一边跑，一边扯着嗓子喊："玉琴！玉琴！"一个头发蓬松的女人跟在他后边。他们跟跟跄跄地钻进了长廊外边假山旁的地下室。

那个男人就是"满洲帝国"康德皇帝溥仪，女的是溥仪宠爱的

---

① 本文根据溥仪及其亲属溥杰、万嘉熙、毓嶦以及李玉琴的回忆编写。

"福贵人"李玉琴。他们刚钻进地下室，长春市东南角上就响起了爆炸的声音。

空袭警报一解除，"帝室御用挂"吉冈安直中将就进宫来了。"帝室御用挂"这个官衔，汉文译成"内廷行走"，也有译成"皇室秘书"的。据说日本皇宫里有个"皇室御用挂"，"满洲国"比日本小一辈，所以只能用"皇帝"下边的"帝"字。

吉冈安直矮身材，高颧骨，小胡子，一脸横肉，面孔像个用刀刻出的冰球。他当过日本陆军士官学校战史教官。现在有两个身份，关东军高级参谋和"满洲国帝室御用挂"。这个"御用挂"，从 1935 年到 1945 年，在溥仪身上整整"挂"了十年。溥仪见什么人，出席什么会，说什么话，甚至笑还是不笑，点头还是不点头，都要听吉冈的摆布。

吉冈告诉溥仪："刚才有架飞机，在'新天地'投下一枚炸弹。飞机似乎是从北方来的，损失小小的。请陛下放心！"

溥仪听了，一股难以抵挡的冷气，一直透入骨髓。立刻转身上楼烧香，匍匐在地上，虔诚祝告，求神佛保佑他从灾难中摆脱出来。

第二天，日本关东军总司令官山田乙三大将从大连飞到长春，带着外号"秦大耳朵"的秦彦三郎中将一同进宫来见溥仪。山田咧着带胡茬儿的嘴通知溥仪："苏联对日本正式宣战，从今天零时起进入战争状态！"

听到这个消息，使溥仪心神不定，忐忑不安，他多年来的作息时间表全乱了，平时用发蜡粘得齐齐整整的头发也全乱了。溥仪不知他这时该干点什么。他从里间走出来，又从外间往里走；刚下"缉熙楼"，转身又上楼，魂不附体地在内廷的小圈圈里打转。

"血"与火

8 月 10 日，山田乙三和秦彦三郎又来请见。他们对溥仪说："为了阻击苏军，固守东边道防线，关东军决定退守南满，放弃长春，'国都'迁到通化。关东军在通化早就挖空了许多大山，修起地下长城，一旦美军在日本本土登陆，天皇陛下也要到通化来。一切请陛下放心！"

这以后，宫里一片混乱，到处是疏散人员的吵嚷声，收拾行李的翻箱倒柜声。

溥仪有一本随身带着的"宝书"——《诸葛神课》。他每天都要跪在神前焚香、祈祷，"做功课"两次，每次都要按照神课，摇动八枚日本带孔的硬币，向神佛、祖宗求卜：摇得吉卦，便望空磕头谢恩；如摇得凶卦，就望空磕头请罪，然后再摇，不得上吉卦决不罢休。这一天，大家紧张地收拾行李，一不小心打翻了红药水，把皇上这本"宝书"染红了一片。一种不祥之兆的恐惧顿时向溥仪袭来，他好像看到到处都在流血，自己全身掉进了血泊里。他忽然想起"访日"和"巡狩"时拍的那些新闻影片，还留着干吗，马上叫毓嶦、毓嵒他们统统拿去烧掉。

一大堆、一大堆片子搬到"缉熙楼"的地下室锅炉房里，烧得人心慌意乱，把锅炉外边的片子也点着了。霎时浓烟滚滚，火舌从地下室窗口蹿了出来。

"不好了，着火了！救火呀！"

宫内府领了疏散费的人早就溜了，上哪儿找消防队。十几个"学生"溥仪近族子弟，派往日本陆军士官学校的预备生、随侍、佣人顾不得收拾行李，赶紧抱来灭火器，朝地下室乱喷，总算侥幸，扑灭了这场不大的火灾。

火扑灭了，收拾行李的时间却耽误了。刚一过午，关东军几辆运送行李的军用卡车就开来了。大家把一些行李胡乱装上了车。一伙临时充当装卸工的日本兵，进了皇宫内院，一个个顺手拿起洋烟、洋酒，坐在"同德殿"上大吸大喝起来。

"天照大神"归天

那些该遣散的人都遣散了，跟溥仪走的人到车站集合去了，宫里只剩下溥俭之妻、毓嶦的母亲、溥仪的乳母等十多个人，显得格外凄凉。溥仪心悸神昏，内衣都叫冷汗湿透了。他对李玉琴说："要是有点意外，咱们只有束手被擒啦！"正在这时候，忽然闯进来几个日本宪兵。溥仪赶紧问："怎么回事？"他们说是发现有坏人跑进宫来。溥仪对玉琴说："哪有什么人跑进来，分明是来查看我跑了没有。"拿起电话找吉冈，电话不通；往皇宫近卫队部打，也打不通。溥仪想：是不是日本人把我扔下，他们都跑了？他晃晃悠悠地拉上李玉琴：

"玉琴，上缉熙楼去吧，要死就死在一块吧！"

上了楼，两人躺在床上，不言不语，也不吃饭，像是等待死神的降临。

晚上，吉冈来了，说，"今夜 12 点起身！"溥仪这才打起精神来。

天下起蒙蒙小雨。外边轰隆轰隆的，分不清是打雷，还是飞机投弹。出发的时候，又响起了警报。这次皇上出行，什么"卤簿"① 等统统免了。一阵警报，代替了往日的警戒，靖街。

长春东站是个货站，离宫内府不远，火车从宫墙外不到半里的地方驶过。乌云布满夜空，一阵秋风吹得人人心惊胆战，四周淹没在黑暗里。在昏天黑地中，只见"同德殿"东南角上腾起了熊熊火焰。李玉琴指给溥仪看。溥仪说："这是日本人把建国神庙烧了！"

建国神庙的"神"，就是日本的"祖先""天照大神"。1940 年，是溥仪亲自去日本迎来的。到了"满洲国"，改称"建国元神"。

---

① 帝王外出时的仪仗队。

在"同德殿"前花园东边专修了一座白木的建国神庙来奉祀。

这个被尊为至尊无上的"圣物",现在已烧成了一堆灰烬,"大神"无可奈何地"归天"了。

最后一次御前会议

列车在群山中行驶。本来应该从沈阳走,为了躲避空袭,改走吉林—梅河口一线。

这时溥仪的御用厨师已不见了。一路上,吃的是日本的饭团子,又凉又黏。随侍想给溥仪做面片汤,却找不到擀面杖,只得用啤酒瓶来擀面片。

火车经过吉林、梅河口、通化,走了两天三夜,于 8 月 13 日到了这条铁路的尽头——临江县大栗子沟。

大栗子沟车站往南一里多远是鸭绿江,江对岸是朝鲜,往北三里多点有块小平原,是大栗子矿山株式会社所在地。最北面有一幢矿长的住宅,这套房子就成了皇帝的临时"行宫"。

这座"行宫"是日本式平房:进门右手一间,作了会见间;"学生"、随侍,住在左手一间;西头两间,作为临时"藏珍库",存放珍贵文物;皇帝、皇后他们住在后进院儿。

大栗子沟在一个山弯里,青山翠谷,鸟语花香;可是,到这里暂时落脚的这一帮人,谁也无心欣赏这大好秋光,谁也不知道下一站到哪里,谁也不明白世界上正在发生着什么变化。

过了几天惊惶不安的日子,8 月 15 日,吉冈来见溥仪,脸孔像块石膏一样又白又僵。他代表关东军司令部正式通知:"日本天皇宣布无条件投降。"

溥仪一生,曾做过三次皇帝。第一次是在 1908 年 10 月德宗载湉死后，年仅 3 岁的溥仪入继大统，正式做了清朝的皇帝；到了 1911 年 10 月，孙中山先生领导的辛亥革命爆发，建立民国，溥仪被迫退位，在紫禁城小朝廷内做了"逊帝"。第二次是在 1917 年 7 月，"辫帅"张勋复辟，溥仪于 7 月 1 日颁即位诏，七天后又下退位诏，前后当了七天皇帝。第三次是在 1934 年 3 月，日本帝国主义继侵占我国东北四省以后，经过长期预谋和频繁活动，以"复辟清室"的美饵，把溥仪送上了伪满洲帝国贼船。当了十多年傀儡皇帝的溥仪，此时一听日本天皇无条件投降，顿时直觉汗毛直竖。他定了定神，双膝跪下向东边连连"碰头"。"碰头"同"磕头"可不一样，磕头头不着地，碰头要着地硬碰。一面碰头，一面念诵："我感谢上天保佑天皇陛下平安！"

碰完头，溥仪发疯似的噼啪噼啪连连抽自己的嘴巴，抽得又碎又快。这个突如其来的表演，连吉冈也一下子摸不着头脑。原来溥仪胆小多疑，眼看树倒藤萝死，他担心日本人杀他这个人证灭口。他仿佛看见一只饿狼向他扑来，闪着两只鬼火般的眼睛，张开了血盆大口，用獠牙撕着他的肉。他的这套表演，完全是做给日本人看的。

吉冈随后送来一份"退位诏书"。溥仪在大栗子矿山株式会社食堂召开了最后一次"御前会议"。伪满洲国国务总理张景惠以下一群大臣，一个个坐在从四处找来的破凳子上，预感到就要被打进地狱下层的犄角里。

溥仪脸色铁青，声音颤抖，只用了两分钟就读完了日本人代拟的这份"退位"的送葬词。

沈阳被俘

现在，日本人已不是前几天说的天皇也要到"固若金汤"的通化来，而是通知溥仪说，关东军同东京联系好了，要他马上乘飞机前往日本。

于是，刚刚安放下的行李又得搬出来整理。皮箱上的"国花"——兰花章一律刮掉，一件件被刮得像长了一脸的癞疮。

溥仪把自己的日记交给李玉琴，叫她烧掉。

玉琴问："玉琴怎么办？"

溥仪说："你和皇后、二格格坐火车随后就走。"

"为什么不一起走呢？"李玉琴用低沉的声调诉出她可怜的请求。

溥仪说："飞机坐不下这么多人。"

"火车能来吗？万一不来怎么办？这里我一个亲人也没有呀！"李玉琴弯下腰，失声断气地哭了起来。

"我都安排好了，外边有溥俭和严桐江，里边有二格格和溥俭之妻，他们都会照顾你。"溥仪把李玉琴扶进屋里，哄小孩子似的说："好在两三天就可以见着面了！"

实际上，溥仪这时想的是如何逃命，哪里有心思管什么火车来不来。

溥仪终于决定抛下皇后婉容、福贵人李玉琴和他的妹妹、乳母……逃往日本，替战败了的日本帝国主义殉葬。临走的时候，只带了一只小皮箱，满满装了一箱黄金、白金、钻石、珍珠和小件的古文物。此外，还带了一只皮包，装了些常用药，其中有各种安眠药。

随同溥仪准备逃往日本的，有他的弟弟溥杰、妹夫润麒、万嘉熙、医生黄子正、侄子毓嵦、毓嵣、毓岳，随侍李国雄，还有"帝室御用挂"吉冈安直、"祭祀府总裁"桥本虎之助，和关东军驻伪满洲国宫内府宪兵曹长浪花。

8月16日，溥仪一行从大栗子沟坐火车到了通化，然后转乘小飞机飞到沈阳，准备换大型飞机飞往日本。当他们走到沈阳候机大楼的时候，忽然看见了几个深眼睛、高鼻子，带着转盘枪的流动哨。啊！苏联哨兵！

　　这时，远处传来了震耳的飞机轰鸣声，苏联军用飞机一架接一架联翩着陆。不一会儿，一位身穿皮外套的苏联军官走进了候机楼，把吉冈喊去谈话。吉冈请求飞往日本，苏联军官坚决不许。他们对话时，溥仪坐在苏联军官对面的沙发上。日本帝国主义当初把溥仪从天津骗到长春，今天又把他从大栗子沟骗到沈阳，总算是骗到底了。

　　谈话结束，苏联军官把溥仪他们领出候机大楼。一群苏联士兵听说来的人是溥仪，一齐围上来，有人还挤到吉普车前面同溥仪握手。那位苏联军官说："看，红军兵士同皇帝握手！"说罢哈哈大笑。

　　溥仪一行九名俘虏，还有吉冈等四名日俘，一同登上一架大型运输机。这不是飞往日本，而是被苏军押往苏联。

末代皇帝特赦之后

——溥仪在政协文史专员室

沈　醉

在中国历史上，历朝末代皇帝的下场几乎都很悲惨。但清朝最后一位"真龙天子"溥仪却是个例外，他不仅未被送上断头台，反而获得了特赦，而且还以中华人民共和国新生公民的身份，重新活跃在历史舞台上。在党和人民政府的关怀下，在政协文史专员室，他走完了令世人震惊的新生之路。本文选自即将由抚顺市政协文史委员会编辑、中国文史出版社出版的《震撼世界的奇迹》一书。

1962 年初，我在北京红星人民公社劳动一年后，也被安排到全国政协文史资料研究委员会担任文史专员，与溥仪、杜聿明等第一批特赦人员在一起工作。第二批特赦人员中有溥仪的弟弟溥杰，以及国民党的高级军事将领范汉杰、罗历戎等六人。1960 年冬，我们第二批特赦人员刚到崇内旅馆，溥仪便从他劳动的香山植物园赶来和我们见面，并由北京市民政局招待我们聚餐。后来在一些活动中，我同溥仪也见过几次，所以我们已经是熟人了。

由于文史专员这一职称是周总理亲自安排的，所以我们都非常珍惜，把它作为我们的终身职称。后来，我们中不少人当上了政协委员、人大代表，但本职仍是文史专员。我们的主要工作除了自己撰写过去亲历、亲见、亲闻的文史资料外，还要审阅别人写的有关资料，提出审阅后的意见与处理建议及稿酬；还要将过去征集到的一些不能在《文史资料选辑》上发表而留供参考的资料，进行分门别类的整理、编目；更重要的一项对外活动，是向一些旧的军政人员征集并组织他们写资料。对住在北京的，往往还亲自登门拜访，动员他们写东西，一般是写信或打电话请他们写。

文史专员室是由全国政协文史资料研究委员会副主任申伯纯亲自领导。他把10多位专员分别组成军事、政治、文教、社会、经济等资料组，还按地区成立了东北、西北等组，后又把北洋组并入东北组。溥仪和溥杰、董益三等是在东北组，杜聿明、宋希濂、郑庭笈、范汉杰等在军事组，这个组的人最多，有关军事方面的资料也最多。我和第三批特赦的原国民党天津直辖市市长杜建时，以及第四批特赦的国民党特务头子康泽等人在政治组。这些组的基本成员都是文史专员，还有一批特邀的成员则大都是全国政协委员和各民主党派中重要成员。这些人除了开组会或有重要稿件及组稿等活动到专员室外，一般不每天上班，只有专员们是每天按时上下班，和政协其他单位一样。不过在某些地方又与一般干部不同，如专员到医院去看病，是按行政13级以上的司局长待遇，可到干部门诊部就医。在当时三年自然灾害期间，政协的餐厅对政协委员等的优待供应，专员们也可以享受。至于每年政协委员的一些活动，如春游、秋游、国庆及"五一"等到天安门观礼台观礼，以及国宴等，专员们有时是全部参加，有时是轮流去。而溥仪、杜聿明、宋希濂等几乎是固定的，有政协委员的活动，就有他们几人，我们则是轮着去。

　　溥仪自从得到特赦，全国及全世界报刊上发出这一消息后，便成为当时的新闻人物。凡到中国来访问的一些外国国家元首和重要领导人，都希望见见他和曾在淮海战役中统率过近百万大军的杜聿明。杜聿明是走南闯北惯了的人，也是自己打出来的，见过的场面很多。溥仪过去是一直充当傀儡，听人摆布，一切都是由别人安排好，他只是去做做样子，而现在一切要由自己来安排，就显得有些不习惯了。如在接待外宾时，许多领导人向外宾介绍时总是说溥仪是中国的末代皇帝或从前的宣统皇帝，溥仪对这些旧称号十分不愿意，但又不便否定，只是点点头表示一下。后来，专员们都向他建议：这样场合，点点头不好，应当有更恰当点儿的表示。他考虑了好久之后，便用这样一句话来回答："过去的溥仪已经死了，现在是新生的溥仪。"这句话中国人听了还可以理解，但外国人经过翻译，特别是不高明的翻译一译出来，就使人听不明白，既说是死了，怎么又是新生的呢？专员们在闲聊时，认为这样回答还不合适，他又认真琢磨了很久。有次周总理接见一位外国元首时，向客人介绍："这位便是过去的宣统皇帝。"溥仪马上站起来大声回答："今日光荣的中华人民共和国的公民溥仪！"总理听到后和许多人一起鼓掌，认为他这一回答很好。从此以后，凡是领导人向外国贵宾介绍他的时候，他就用这句话来回答了。不少外国贵宾爱进一步追问他为什么愿意接受改造？他也慢慢琢磨出了一套较为恰当的讲话内容来。有一件事，是所有的专员都佩服他的：我们每年去广播电台对外广播时，大家都是要一次两次重来。那时，广播录音是在一间密封的恒温室内，说话不能停顿间断，要一气呵成。我们都是自己起的稿，先读一遍或两遍，到广播室录音时，往往感到某句话欠妥或可以更好地表达内心的感情，便无意中停顿一下，这样便得重复前面几句再一气说下去。只有溥仪却总是一次完成，从来不停顿。杜聿明常常说，这一点我们都要向他学习。溥仪在放声大笑之后，说："你们学不到。我这是从小养成的，别人给我写什么我就照着念什么，从不考虑这句话对不对，更没有去考虑过应当修改一下会更好些，所以我拿起来就念，念完为止，决不会念错。"杜聿明听了后，等溥仪不在场时，才轻轻地说一声："这一套当傀儡的本领，我们的确没有办法能学到。"

文史专员办公室是在全国政协的后院靠东边两大间房内。办公室和其他科室一律设有专职勤杂工，除较笨重的活，如安装和拆卸火炉、地毯清洁等由总务科派人办理外，平日办公室的打扫工作与打开水等，都由专员们轮流担任。第一批特赦人员没有安排溥仪担任值日，他也不知道还要自己动手搞卫生；第二批参加后，因人多了，便规定两人轮值一天，这时他才知道要值日。大家安排他和溥杰两人在一起，他很高兴。因他就住在政协机关后面职工宿舍内，他总是赶在溥杰没有来之前，先把一些力所能及的事干好。溥杰发觉后，也想提前来，由于他是住在离政协四五站远的护国寺，再早也赶不过溥仪。当时，所有的专员都是住在外面，只有溥仪一人住在机关宿舍，而且由总务科的一名老职工赵华堂夫妇照顾他的生活。他自己住的房内经常由赵大妈收拾，现在要他收拾办公室，就只能说有那么一回事罢了。他抹过的办公桌，一看就知道是用没有弄干净的湿抹布抹过了一下，干后留下许多浅灰色的痕迹。我们看惯了，知道这一定是他两兄弟值日，所以都不作声，自己再抹抹。溥杰是有名的马大哈，一听溥仪说桌子都抹过了，他就提着热水瓶去开水房打几瓶开水，便算是做过值日了。

我们10多位专员开始是按照在战犯改造所时的称呼，彼此叫"同学"，后来也学会叫同志，后又变成以姓相呼而加一个老字。政协一般干部却把老字放在后面，如我们叫杜聿明为老杜，干部则尊称为杜老。

自第三批来了一个杜建时，就经常混淆不清，加上溥仪兄弟，也容易叫错。我们便定了一个不成文的规定，称溥仪为大溥，称溥杰为二溥，杜聿明为大杜，杜建时为二杜。我在他们中年龄最小，便以溥大哥、溥二哥和杜大哥、杜二哥呼之。

经过改造后的溥仪，皇帝架子是早放下了。他经常争做力所能及的一些轻劳动，但毕竟从小就没有动过手，做什么都显得笨拙，所以他的手上总常常贴上胶布和涂了红、紫药水。有些人来政协联系工作，往往悄悄问谁是溥仪？回答的人总是说：你看哪个人手上贴了胶布和纱布的便是溥仪。因为他要是去通通火炉，保准要碰破一点皮才会住手。

每个文史专员都亲历、亲见、亲闻了不少重大历史事件，但其经历的重大历史事件能够列入"中国历史大事年表"的却不多。如杜聿明一生中可列入中国历史大事年表的经历也只有"昆仑关战役""淮海战役"等几篇，而溥仪一生的经历，几乎都有列入历史大事年表的条件，但他在担任文史专员后亲自写的东西却不多。几年间，他只写过《张勋复辟前后》《我怎样当上伪满执政》和《我第三次做皇帝》等几篇。后来他才告诉我们，他过去在抚顺战犯改造所写的许多材料，都交由北京群众出版社李文达同志代他整理编写在《我的前半生》那本书上，所以他只等李文达代他编写的书出来，就可以不再写了。不久，《我的前半生》出版了，这在当时是一本轰动国内外的名著，虽一版再版都不易买到，后来又翻译成多种外文，向全世界发行。不少人拿了这本书请他签名，他一概拒绝。他从来不给别人写字，说他不愿再把这些留下来。我只在溥杰家中看到过他写的一张小小条幅，在溥杰客房内贴了几天，他就让溥杰收藏起来，怕别人也让他写。我有一本《我的前半生》，我看到他不愿意别人请他在书上签名，我也不愿碰钉子。有一天，他在我办公桌上看到那本书，看到别人都上食堂去了，他才主动翻开书给我签了个名，并叮嘱我拿回家去，不要让别人看到给他添麻烦。

我一想到过去我们上食堂的事，到现在还感到好笑。他住在机关，自己不会做饭，有时在赵华堂家吃，有时赵家代他去机关食堂买来放在他房里。如果遇到赵家的人出去了，他也只好跟我们一样去食堂自己买。那时粮食供应很紧张，粮票比钱都贵重。机关食堂是把发的粮票换成机关食堂粮票，买菜的钱也是用现钞换成机关食堂的钱票。买东西要给钱，这是小孩子都懂得的常识，而他去买饭经常是忘记带粮票钱票。这些票老赵代他兑换好交给他，告诉他如何使用，但他却总是空手走到食堂买饭菜的窗口，向炊事员要饭菜而不给票。炊事员开始还以为他装糊涂故意找麻烦，后来知道他的确记不清，便代他记上账，让他把饭菜先拿走，下次再送票来。他下次往往是把这些票抓一把放在口袋内，交给炊事员请他们自取。有时，他先拿了主食再去取菜，一转身忘记了主食放在哪个桌子上，又回头去向炊事员要。在这种情况下，有两位老一点的炊事员很能原谅他，还是再把主食交给他。等到大家吃完饭都走了，便可看出他取去的那一份主食还摆在那里没有动。大家都清楚他绝不是想占便宜多要，所以后来他放下主食再去取菜回来找不到原来的桌子时，坐在那个桌子或附近桌子上的人便会叫他一声，免得他找不到。

他过去不习惯拿东西出门，所以他带东西出门，不论是手提包、雨伞、雨衣等都不会记得带回来。他只要把东西一放下，总是想不到要再去拿，便头也不回地走了。他没有结婚前，我陪他出去过几次，他总是把手提包丢了，我再给他找回来。有时他自己出去丢了没法找回，我就给他出个主意，在他手提包内写上"全国政协文史专员溥仪"和专员室的电话号码。这样一来，拾到的人就会打电话来，有时是拾到的人亲自送，因为是想看看这位末代皇帝是什么样子。他收到后，总是客客气气把人送出门，所以见过他的人都说他没有架子、平易近人。其实他对人客气，也是在专员室工作时慢慢学会和习惯使用几句客气话的。最初他不习惯说"请""谢谢""对不起"这类最起码的客套话。因为当皇帝只有别人向他说"请"，如"请安""请罪"等，"谢谢"也是别人向他说，他绝不懂得要谢人家，至于"对不起"，在他头脑中从小就没有这三个字。后来慢慢用惯了，却又闹出用过了头的笑话。如有次有人带他乘公共汽车，带他的人上了车，他还站在车门口，一个个请别人上，直到最后一位售票员站在那里，他又"请"了一下。售票员以为他是送客或等人，上了车便把门一关车就开了，他站在下面大声叫"我还没上车"，但已太迟了。

他一个人很少去买东西，买东西或出门总有人陪。有时他的烟抽完了，也自己到政协附近商店去买，要么拿了烟就走，忘记给钱，要么给了钱，不等找钱就走了。

由于他经常要见外宾，他的衣服和大衣都是政协给他做的。有件很贵重的皮大衣，他穿出去到政协礼堂会客室见客时，服务员总是要在他走时提醒他，不要忘记穿大衣，还告诉他不要穿错别人的。我便建议他在大衣领里面缝上一小块白布，写上他的名字，这件大衣他总算没有丢掉。

文史专员们，有空自己或陪外地来的亲友去逛故宫，总希望找溥仪陪去，听他讲过去宫内的事。他却很少去，可能是不愿勾起过去那些不愉快的往事。相处几年中，我和他才去过两次。我们都认为，他担任故宫的讲解员是最合适不过的了。他真是闭着眼都能指出到了什么地方，他的确是熟悉极了。不过，我也和他在那里发生过一次争论。当他指着太和殿前一只铜白鹤腿上的一个凹痕，对我们说：那是乾隆下江南时，这只铜鹤飞去保驾，乾隆还以为是一只普通白鹤，他在猎兴正浓时，便朝这只去保驾的鹤射了一箭，正射在腿上，这只白鹤带伤归来，留下了这个箭痕。我还用批评的口吻说，乾隆下江南，保驾的一定不少，这只白鹤太不知趣，挨了这一箭，可能不敢再去惹事了。当时有位专员说，这只铜鹤太忠于皇上，应当表扬。我却认为这绝对不可能，一只铜铸的白鹤怎么能飞到江南去？当时既无飞机，又没有无线电通信，它怎么知道乾隆是去了江南而不是去了西北？再说如果铜的白鹤能自动去，那为什么只这一只去而其他的不去呢？溥仪却指着那凹进去的地方，硬说成这明明是箭伤。我说可能是太监或宫女在搬东西时不慎撞了一下，正好趁乾隆不在京，就编出这个神话来。我还认为应更进一步考证一下，乾隆下江南时，是否铸了这些铜鹤，因故宫修葺过多次……但溥仪仍坚持这是相传下来的真实的事实，不容置疑。我便用开玩笑的口吻说：今后最好别再谈这件事，因为我从小爱打猎，也学过使用弓箭，如果真是如传说的那样，那就证明乾隆的箭法实在太蹩脚了，这么大一只白鹤都射不中，而只射在腿上，这是怎么回事呢？溥仪对这一说法很不服气，说乾隆文治武功是历代皇帝少有的，并说乾隆行猎还曾射死过一只猛虎。我是爱抬杠子的，便揭穿过去一些皇帝行猎射猛兽的内幕。我说我不但爱打猎，也研究过过去帝王行猎的情况，那些为了讨帝王好的奴才们，把老虎一类猛兽的牙敲掉，还在猛兽的四只脚上绑上铁块等东西，使它跳不起来，只能一步一步慢慢地走。骑在马上的帝王们用箭去射，等于打死老虎一样，一箭射不死，还可再射，或由侍从武将们向要害处补上一两箭，就算是帝王们亲手射杀的了。溥仪说乾隆射的老虎是在野外射的。为了不使他太扫兴，我就不再说了。因为他虽然常常自己骂自己什么"皇帝是废物"，还认为过去太可耻，但他有时在和我闲聊天时，听到我讲过去我经受过多少危难而不死，他也认为，他总是在最危急时能逢凶化吉。我估计在他脑子里，多少还存在一点儿"真命天子"自有鬼神暗中扶助，所以深信铜白鹤之类的东西会自动去保驾的。1964 年我们去南京、上海等地参观游览时，在苏州一个公园内，我看到一只白鹤站在一块石头上，我忙叫溥仪看，我说："说不定又是那只忠实的铜鹤来保驾了。"他听了推了我一下："你还记得那件事，以后不要乱说，当心挨批评。"惹得同去的人都笑了。

有次我陪他去王府井买东西，汽车经过景山公园时，我问他看过明朝末代皇帝朱由检在崇祯末年上吊的地方没有？他说过去没有去看过，只听说崇祯是吊死在煤山。我说现在叫景山，他很有兴趣。我便陪他下车，走到崇祯上吊的那棵歪脖子树下面，说这便是崇祯吊死的地方。他看了好久好久，却一语不发地转过来看过去，差不多有十来分钟，才在附近找了一个地方和我坐了下来。他又停了好久才说，过去只听说崇祯吊死在这个煤山，但从来没有想到要去看看，今天总算看到了，真是令人感慨万千。我一向爱听奇谈怪论，何况这次是陪了清朝末代皇帝看明朝末代皇帝被逼上吊的地方，我相信一定可以听到从任何人口中听不到的东西，所以我便抓紧机会要他谈谈感想。他把帽子摘下，当扇子一样扇了几下（那天并不太热，我没有一点热意，他可能是太紧张了）；才慢条斯理地谈起来。他说：中国历史上的末代皇帝，下场都是很悲惨的，崇祯就更是悲惨又悲壮了。他自杀之前，先用宝剑去砍杀自己亲生儿女，还要他们来生不要再投入帝王家，看来十分残忍。溥仪认为崇祯当时的心情是不容易为人们所能了解的。他说，当年他经历了被人从故宫赶出来，为复辟而投靠日本，被日本人把他当成货物一样装在大木箱里，从天津码头上吊入日本轮船，直到离开天津码头很久，才把他从木箱中倒出来，在满洲当了几年皇帝后，他又被苏军俘虏送去西伯利亚；后又被交还回国等几次巨大变化，他也悔恨自己不该投生在帝王家，还不如当一个普通老百姓好些。我看到溥仪那种悔恨的神情，便说：有些末代帝王也有好下场的。他不回答，只是连连摇头。停了好一会儿，他才说："南唐李后主被俘后，只是因为他填的词中有'小楼昨夜又东风，故国不堪回首月明中'，便惹来了杀身之祸。"我说："谁叫他填那样的词，谈谈风花雪月，不是可以当一辈子的'违命侯'？"他听了又连连摇头，说："你没有当过皇帝，不会去研究这些问题。"我便开玩笑说："我要能当上皇帝，绝不会去学填词而会学怎样打仗保住江山。"他说："蜀后主刘阿斗不但不填词还很会讨好，说什么'此间乐，不思蜀'，卑躬屈节到这样总算可以了，结果不是一样被害死了？!"接着他还谈了汉、隋等朝许多末代皇帝的下场之后，才站了起来，摸了摸自己的脑袋，高高兴兴地拍了拍胸脯："我这个末代皇帝能得到这样一个好下场，是值得庆贺的。"那次我可惜没有带照相机，要能在明朝末代皇帝上吊的歪脖子树下面给清朝末代皇帝拍上一张照，肯定是很有意义的。

第一批特赦人员在担任文史专员时，是参加全国政协学习委员会领导的直属小组学习。这个组全是政协委员，由常委王克俊、于树德分任正副组长，在政协大礼堂的小会议室学习。自第二批特赦人员到文史专员室工作后，因为人多了，便不再去参加直属组而是自己在专员室学习，由申伯纯负责，王耀武、宋希濂等轮流掌握会场，我和董益三等轮流担任记录。我们在学习中，争论的事常常有，有时可以争上几次还不能解决，最后由申伯纯来做结论。后来还由常委阎宝航领导我们学习过一段时期，大部分时间是由我们自己掌握，一般是每周两个下午，有特别重要的文件要学习可以增加学习时间。

溥仪在直属组学习时很少发言，只听别人说，或按照文件上的话说几句。自参加专员组学习后，他渐渐肯发表自己的意见，有时甚至和别人争执起来。不过，很多次我们都推他读文件，他一口标准北京腔，读起来十分动听，又很少读错和掉字的地方。

在我过去的学习笔记本上，有几段涉及溥仪的，我简单地抄摘一些记述如后。

我们在学习什么人的问题上，曾发生过一次很激烈的争论。有人说某人是资产阶级左派的旗帜，我们应当向这个人学习，我却提出反对意见，我说我们今天只有向无产阶级学习才能真正改变过去的观点立场，而最值得我们学习的是雷锋这样的人。因为向资产阶级左派学习，就不可能做到"取法乎上，得乎其中"，结果是"取法乎中，得乎其下"了。当然有人认为我把目标悬得太高，没法学到。溥仪却支持我的意见，他说雷锋这样的人，并不是高不可攀无法可学的，他只是在一些平凡的事上面先人后己，尽力帮助别人不要求报酬，有些事我们是可以学也可以做到的。反对这一意见的还是认为我们只能"取法乎中"，比较切合实际，才不是空谈。我认为报上介绍雷锋的许多事，每个人都可以学，只是学得多学得少。如果下决心肯做，就是学得多点，不下决心不肯去做，就什么也学不到。我当时和溥仪都认为像雷锋一样帮助人家一下，并不是太难或难到做不到。如上下车帮人提提行李，照顾老弱病残一下，也许在我们日常生活中常常这样做了还不觉得。不过，像雷锋一样饿着肚子冒着大雨送病人回家等，由于我们体力不行，不是不肯做……这次讨论无结果，最后是各人表示各自去选择一个学习目标。

在 20 世纪 60 年代初期，会不会有第三次世界大战？这是当时我们经常爱讨论的一个问题，那时好像这是不可避免一定会发生的，只是早打还是晚打的问题。原国民党第七兵团司令廖耀湘是在法国学军事的，他在分析这个问题时，认为中国人多地大，第三次世界大战发生，中国在毛主席和中国共产党领导下，肯定比第二次世界大战在国民党领导下，要有利得多，也肯定比八年抗日要激烈得多。但无论怎样说，时间是有利于我们的。那天来领导我们学习的申伯纯是以肯定的口吻说："第三次世界大战总是要打一场的，问题是早打还是晚打好？"溥仪听了后便说："我认为最好是晚点打，这样我们能有充分的准备，早打对我们会有许多不利!"在抗日战争中曾三次负伤，参加过远征军打到缅甸去的郑庭笈却认为早打对我们有利，因为我们的人民和民兵可说是一片汪洋大海，任何侵略者敢来入侵，必将全军覆没。曾统率过几十万大军的杜聿明和宋希濂都认为这种提法不对，因为我们不会发动战争，没有必要在早打晚打上去讨论。我们只能是采取积极防御，敌人不来，你怎么早打？敌人来了，就不是迟打早打，什么时候来就什么时候打。

还有一次在谈到这个问题时，原天津市长兼北宁铁路护路司令杜建时，因为身体不好，他曾表示："我是不希望打仗的。"他的语音未落，不少人认为我们都是军人出身的人，如果要打起仗来，都可以请求上前线。保家卫国的战争是正义战争，过去我们都不怕，今天还有什么怕的呢？这个问题我们也曾争论过多次，溥仪一直认为迟打比早打好，但最后一次他才表示他之所以希望迟打，最好是不打，是他对战争有恐惧感，何况是全球性的第三次世界大战。他希望在有生之年不再看到战争。大家也很同情他这种心理，对他没有进行过帮助，因为每一个人都是不希望再看到战争的。

我为末代皇帝做"大媒"

沙曾熙

近来，关于末代皇帝最后一次婚姻的内幕众说纷纭，莫衷一是。

我作为末代皇帝溥仪最后一次婚姻两个直接介绍人（另一男方介绍人是政协文史资料研究委员会专员周振强）之一，是现今尚健在的唯一知情人，现将这桩婚事始末如实叙述出来。

初识溥仪

20世纪60年代初期，全国政协每到周末就举办文娱晚会，招待政协委员和民主人士。我有时也参加这样的活动。

一次，由友人介绍，在晚会上认识了政协文史专员周振强。周是原国民党高级将领，浙江人，好客而又健谈。我们认识后常有往来。1961年初冬之际，在政协举办的座谈会上我又遇见他，他悄悄对我说：

"老沙，我告诉你个消息，末代皇帝也在我们政协文史资料研究委员会工作。"

"搞什么?"

"负责编撰清末和北洋时代文史资料。"

"听说皇帝改造得不错哪。"

"是啊,确实不错。你看,对面端端正正坐着的就是末代皇帝溥仪。"

我仔细瞧了一眼,那个身穿深蓝色棉上衣、棉裤的老人没有丝毫帝王的霸气和傲气,看上去温和、朴素、敦厚。出于一时好奇,我问老周能否给我介绍认识一下。

"可以,可以。我给你介绍。"

于是,老周带我转了一圈,走到溥仪跟前说:

"老溥,我给你介绍个朋友。这是沙曾熙先生,现在人民出版社工作。这是溥仪先生,现在政协文史资料研究委员会工作,是我的同事。"

我把手伸了过去,紧紧握住了溥仪的双手说:

"久仰,久仰大名。今天有机会能见到你很高兴! 你身体好吗?"

"还好,粗安。我能见到你也很高兴。"

"听说你在政协搞文史编撰工作,一定很忙吧? 有机会还要向你请教哪!"

"不敢,不敢。互相帮助,共同提高。"

为溥仪"做媒"

1961 年的一天,老周来我家要我帮忙给溥仪物色对象。我问他,溥仪想要什么样的对象? 他个人的详细情况又是怎样。

老周详细介绍了溥仪出狱后的情况:

"溥仪自 1959 年国庆 10 周年特赦后被安排在全国政协文史资料研究委员会任专员,负责清末和北洋时代历史的撰写和编辑工作。当时,他已与他亲自'册封的福贵人'李玉琴离了婚，现正孤寡自守，无人照拂。

"毛主席、周总理都很关怀溥仪的婚姻。毛主席有一回设家宴招待溥仪、章士钊、程潜、仇鳌和王季范等老人。席间，主席很有感情地拉着溥仪的手，让他坐在自己身边。主席很风趣，半开玩笑地对溥仪说：'你曾是我的顶头上司哟，我做过你下面的老百姓呢！'又问溥仪：'你还没结婚吧？可以再结婚嘛！'主席说：'不过你的婚姻问题要慎重考虑，不能马虎处理，要找一个合适的，因为这是后半生的事，要成立一个家'。

"周总理也非常关心溥仪的婚事。1961年1月26日，总理在政协礼堂接见溥仪及其亲属时，曾提及溥仪的婚姻问题。另一次总理接见溥仪和部分文史资料研究委员会专员时也谈到这件事情。总理很幽默地对溥仪说：'你是皇上，不能没有'皇娘'哟！'说完，总理跟在场的人都大声笑了。"

老周问我："是否认识医药卫生界的大夫或护士？"他再次恳切地要求我如有机会给溥仪物色、介绍一个合适对象。

这以后，我真的关心起溥仪的婚事来了。我想毛主席、周总理尚在百忙中关怀溥仪的婚事，我既受友人之托，自当办好这件事。嗣后，我曾从报刊资料中获知溥仪在抚顺战犯管理所做过像把脉、打针、卷棉花球这类辅助性的医卫工作，老周所以一再强调要介绍医药卫生界女士是有针对性的，于是我细心照着这条思路物色着。

1962年初，我的友人李雁天夫妇（李是东北人，曾在东北大学肄业，自称曾任张学良将军秘书）偕同李淑贤到我家，要我给她介绍合适的对象。李女士是朝外关厢医院护士，浙江杭州人，时年37岁。性情温和，风姿典雅，敦厚朴实，又善于料理家务。我觉得给溥仪介绍认识一下，倒是蛮合适的。可是，我爱人并不赞同这桩婚事。当时正处于极"左"思潮占统治地位的社会背景下，介绍一个家庭成分不好或有历史问题的人为伴侣，有受冲击的危险。我爱人对李淑贤的身世、人品也有些了解，认为像她这样的人，应找一个普通干部或教师为伴。我说，据我了解溥仪经人民政府 10 年改造后，思想有了很大变化，政治上要求进步，已经从封建剥削者、统治者改造成为自食其力的劳动者，获得毛主席、周总理等中央领导的好评。我们给溥仪介绍一个适合的对象，有什么坏影响呢！我爱人认可了我的意见。

我们的意见统一以后，我想暂不忙于把溥仪的身份告诉李淑贤，她要是问起给她介绍的对象是谁？就说是政协的一个普通干部，且听听她的反应再说。

过了几天，李淑贤单独到我家来，她问我："老沙，听说你给我找了位朋友，究竟是谁？在什么单位工作？"

"是政协的一般干部，不过稍有点名气。"

"不错啊，政协是大机关，可以见见吗？"

"当然可以。不过，如果对方稍有点历史污迹，你能接受吗？"

"要看什么污点，什么问题？严重不严重？现在表现怎么样？"

听她这么一说，我心里有了底，便对她说：

"淑贤，我给你介绍的那个对象不是政协的一般干部，而是大名鼎鼎的清朝末代皇帝爱新觉罗·溥仪，现任政协文史资料研究委员会专员，你觉得怎样？"

李淑贤一听到皇帝的大名，神色一下变了。她说：

"不行，不行。我是平民之家的妇女，怎么能跟皇帝攀姻缘？"

"皇帝又怎么样？现在跟平民一样，已改造成为自食其力的劳动者了。"

"那舞台上的皇帝威严显赫，耀武扬威，不可一世，欺压百姓，作恶多端，可吓死人了！"

"吓什么，舞台上的皇帝形象是剧作家根据主题需要有意塑造的。现实中的溥仪可不是这样。溥仪为人文质彬彬，看上去老实朴素，性格温和，见了人礼让三分。你不信可以亲自去看一看。"

"淑贤，你还是亲自去看一下，不行就算了。"我爱人插话说。经我们一再劝告，李淑贤勉强同意了。

这时，我要求李淑贤留一张她的玉照给我，李说我现在手头还没有满意的照片。我说："你挑人家怎么样、怎么样？人家也要挑挑你，看你生得怎么样？好看不好看？是否生得美如西施一样？"她笑了。随即从她黑色小提包中拣出一张与人合影的照片，剪裁后交给我。这张照片一直保留在我身边。

溥仪看了照片后非常满意，说一定要见见面。

1962年2月17日（农历元月初七）下午3时整，我和李淑贤准时赶到南河沿政协文化俱乐部（现为欧美同学会），溥仪、周振强早已等在大门口。见了面，我首先介绍李淑贤。

这时，溥仪很大方地跟李淑贤握手。

稍聊了一下，溥仪将我们引进了俱乐部东侧会客室，周振强因有事先走了。只剩下溥仪、李淑贤和我三人。溥仪叫服务员给我俩分别要了杯咖啡牛奶，即和气地问李淑贤："不知道你能否喝得惯咖啡牛奶，你尝尝。"

溥仪一边喝咖啡，一边问淑贤的工作单位、学习情况以及她的年龄、父母状况等，问得很仔细。

那天，李淑贤手中攥着院方发给她的一本医学教科书，溥仪看到了，拿了过去，然后对淑贤说："我在改造时，也学过中医。我对医学一直很感兴趣，还帮助医务室做过类似打针、把脉、量血压等护理工作。西医嘛，我也懂一点。"

接着，溥仪很坦率地告诉我们，他现在政协文史资料研究委员会从事清末、民初的文史资料编撰工作。他说，我的工资每月 100 元，如果不够，政府还可以补助一些。

谈起家长里短，溥仪又关切地问起李淑贤的家庭情况。

"我的家庭情况很简单，我父母早亡，8 岁就没有了母爱，孩提时期很可怜！"

听到这些，溥仪很怜悯地叹息：

"你的命运多苦啊……"

接着溥仪又问起李淑贤的父亲。

"我的父亲是银行小职员，搞会计工作的。"

聊着聊着，溥仪忽然问起我的工作情况来了。我说我在人民出版社搞编辑工作，有时也搞点翻译。

"我听老周说，你搞编辑工作有好多年，一定有很多丰富的经验。以后有机会还要向你学习呢！"

"哪里，哪里。有丰富的经验谈不上。不过，搞编辑工作，诸如组稿、审稿乃至对稿件内容的修改查核，只要小心审慎地按出版社既定的规章、程序办，就能把工作做好。我现在还是在边干边学呢！"

"我们是同行，我也是搞编撰工作的。不过，我搞这项工作时间不长，缺乏经验。真的要向你学习哪！"

"彼此，彼此。互相学习，共同提高。"

"你搞翻译，是英文的还是俄文的？"

"是俄文的，多半是在业余搞。英文过去在大学学过，现在因多年未涉猎，几乎已忘光了，早还给了老师。"

"你搞业余翻译，有无出过书？"

"出了几本。译得不好，现在还在边译边学哪！"

"能否借本我看看，欣赏一下？"

"可以。有机会一定趋府奉上，请多指教。"

溥仪语气平淡，态度和蔼，脸上微微绽放了一丝笑容。稍停了半刻，溥仪又把话题转向了李淑贤，问起淑贤的年龄来了：

"李女士，你今年芳龄多少？"

"我今年已37岁了。"

"可我已经55岁啦。老了，老了。"

李淑贤对溥仪的问话，一时不知怎么回答好。她急切地、突然脱口而出说道：

"感情是基础，而双方性格、兴趣相投，才是维系感情的源泉；年龄大小不是男女双方交友的障碍。"

溥仪听了之后，微微点头，若有所悟地表示赞同。随后他又补充了一句：

"李女士，你要仔细考虑一下，咱们俩的年龄差距实在太大，是否对我们以后婚姻有影响？"

谈话越来越投合，越来越深化，几乎进入了实质性阶段。

双方谈得很好，不觉已经是下午6时，夜幕渐渐降临了。于是我们起身向溥仪告辞。溥仪对这次谈话似尚有未尽之意，恋恋不舍地送我们出大门，临别时还一再嘱咐淑贤要注意安全。

说实在的，这次谈话溥仪给我们的印象很好，很满意。溥仪为人老实坦率，朴素敦厚；他心直口快，有话就说，博得李淑贤的好感；而溥仪对李淑贤的印象也好。事后他说："李女士穿戴朴素，人品老实，经历很苦，让人同情。又是搞医务工作的，和我兴趣一致，我喜欢。""当时我还想到，如果我们以后能结合，就像千千万万的北京市民一样，组成一个温温馨馨的双职工家庭，那该多好啊！"

第二次见面是在全国政协礼堂二楼会客室。那天，溥仪打电话邀请我们当晚去政协礼堂参加文娱晚会。我随即将这一讯息电告李淑贤。

我们走进政协礼堂一看，溥仪已在二楼休息室等着我们啦！溥仪一见到我们，就热情地起身让座，我们坐在沙发里一边喝茶，一边聊天。之后，溥仪又邀请我们上三楼舞厅跳舞。

我们刚坐下，乐队正奏起欢乐轻盈的曲子，声音优美悦耳。我起身邀了个不认识的女伴，跳了一曲。当我跳完舞回到原来的座位，见溥仪和李淑贤还在窃窃私语地聊着天，非常默契。我问溥仪：

"你们为啥不跳呢？"

"我还不大会跳，连基本步法也不懂。"

"可以请教你的舞伴，她跳得很好，不妨一试。"

乐队又重新奏起轻盈的乐曲。溥仪就站了起来，颇有礼貌地邀请她的舞伴说：

"李女士，咱们能否跳一曲？"接着又说："我不会跳，请你教我一下。也许会把你的新鞋踩脏，请包涵点。"

于是，溥仪和李淑贤跳了一曲慢三步。

我仔细地观察了一下，发现溥仪果然不大会跳，李淑贤耐心辅导，他也不得要领，笨手笨脚地只能跳慢三步或慢四步，凑合跟着跳；一跳快的，步法就乱了。

仿佛又经一次约会以后，在一段较长的时期内得不到他俩交往的讯息。偶然问起周振强，得知溥仪和李淑贤交往很密切，每星期要见几次面，或者到政协礼堂观看京剧、电影，或者参加周末舞会，或者到溥仪宿舍密谈。有时溥仪还路远迢迢、不辞辛劳地去朝外吉市口一间简陋的小平房内看望李淑贤呢。

结婚之喜

不久，我们果然接到全国政协寄发的请帖，邀请我们夫妇在五一节前夕去政协文化俱乐部参加溥仪的婚礼。

4月30日晚6时半，我和爱人准时去南河沿政协俱乐部，因为翌日是五一国际劳动节，大街上张灯结彩，装饰一新，这无疑给溥仪的婚礼增添了欢乐吉庆的色彩！当我们到达时，正瞥见新郎溥仪、新娘李淑贤乘坐的上海牌小汽车也不约而同地驾临。参加婚礼的来宾也陆续进入俱乐部北面礼堂。

据统计，参加当晚溥仪婚礼的宾客有100多人，其中有中央统战部的领导，有政协文史资料研究委员会的专员郑洞国、杜聿明、王耀武、宋希濂、郑庭笈、沈醉等，有溥仪的亲属载涛夫妇、溥杰夫妇，以及他的妹妹，还有女方的友人、同事。

礼堂张灯结彩，花团锦簇，布置一新，正面墙上挂着一帧"祝贺溥仪、李淑贤新婚典礼"的巨大横幅。7时整，婚礼正式开始。主持婚礼并担任司仪的是全国政协委员、政协机关总务处处长李觉。他简要地介绍溥仪、李淑贤的情况后，首先请爱新觉罗家属的代表、溥仪的七叔载涛讲话：

"我今天参加这个婚礼，感到非常高兴。希望你们在婚后的新的生活里相亲相爱，团结友好，互相学习，取长补短。……并祝你俩和衷共济，白首偕老……"

新郎溥仪接着讲话。溥仪因特别高兴，情绪激动，嗓音也大了起来："五一劳动节是劳动人民最愉快的节日。所以，我俩选在这个日子结婚，我们永远不忘这个节日。"

"回忆自己的前半生，那是剥削者、寄生者的可耻的人。经过十年改造，党的培养教育，今天我成了自食其力的光荣的劳动者。我是一个园艺工作者和文史工作者，而我的爱人是一个我最尊敬的医务工作者，我们正是在劳动者的节日里建立起一个劳动之家，这是我所追求的幸福。"

"……我的新生和做人的一切，都是我们中国共产党和我们的伟大领袖毛主席所给的……今天我们这个幸福的劳动者的家庭也是党和毛主席给的……我们表示我们的决心：我们俩要互相勉励，互相帮助。让我们……团结在党和毛主席周围，团结一致，发愤图强，艰苦奋斗，自力更生……为建设我们伟大的社会主义祖国奋勇前进！"

溥仪的讲话很长，这是溥仪预先精心准备的，完全表达了他的愉快情绪。

新娘李淑贤也被拉上台。司仪走到淑贤跟前，很客气地说："还是请新娘满足来宾们的要求吧！"其实她也是早有准备的，只是想能躲过去最好，现在看来非说不行了，她站了起来照本宣读说：

"各位首长、各位同志、各位朋友：

今天各位盛意参加我们的婚礼，谨致以衷心的感谢。

我们的结婚，经过了较长时间的了解，彼此认为满意。我们的感情建立在政治、思想一致的基础上。共同的语言和共同的兴趣，把我们两人的命运联结在一起了。今天的典礼说明我们的感情已经成熟，我们的希望也终于实现了。在这样的时刻里，我们不能不由衷地感谢给我们带来了美满家庭的亲爱的党和伟大的社会主义祖国！最后向诸位致意。"

婚礼结束后，参加婚礼的来宾陆续回家。溥仪邀请他的一部分同事和友人聚在一起，围着长桌喝茶、聊天，其中有杜聿明、王耀武、沈醉、郑庭笈夫妇，还有周振强和我们夫妇两人。溥仪夫妇一面向客人递烟，让喝茶；一面向周振强和我一再表示感谢。在座的客人中，王耀武比较爱开玩笑，他笑着对溥仪说：

"老溥啊，你可真会挑日子。明天就是'五一'了，这个日子真有意义！"

溥仪应声说：

"是啊！'五一'是劳动人民自己的节日，是个好日子。"

在一阵阵的哄笑声中，数郑庭笈夫人冯丽娟最活泼，嗓子最尖细。她手指着溥仪插话说：

"老溥，你不是喜欢医学嘛！现在你找到一位白衣战士结婚，可遂了你的愿啦。"

溥仪听了，眼瞧着新娘，乐得合不拢嘴。

大家听了冯丽娟的话，也都笑了。

这一有趣的场面，被中国新闻社记者抓拍了下来，颇有意义。

溥仪夫妇婚后，我们之间往来也比较密切。他俩感情很好，过着美满、温馨、幸福的家庭生活。

现在，溥仪夫妇已双双作古。每当我回忆起这桩婚事来，恍如昨日，历历在目，抚今追昔，令人不胜感慨。

"媒人"之谜

1961 年 4 月 30 日，溥仪和李淑贤在政协礼堂举行结婚典礼。其婚姻介绍人，男方为周振强，女方为我。这是在过去出版的不少书刊文章中都已一致公认了的，是不争的事实。可是，在社会上还有一些不明真相者对此提出质疑：有的说溥仪这次婚姻是周总理托人帮助介绍的；有的说是政协领导介绍的；有的说是爱新觉罗的家属介绍的；等等。不久前，有人在国内某公开出版物中指出：给李淑贤与溥仪张罗"大媒"的是某女士夫妇和那个南方女子，我和周振强只是表面上的牵线人。至此，"媒人"的谜底才算彻底揭开。

而据我了解，所谓给溥仪和李淑贤婚姻张罗"大媒"的那位南方女子，曾与溥仪交往过一些日子。后因时任政协副秘书长的阎宝航获悉该女子作风不正派，不许她与溥仪来往，两人断绝了关系。那位南方女子怎能张罗介绍李淑贤与溥仪认识呢？况她根本不认识李淑贤，从中联络、做媒根本无从谈起。某女士夫妇，即指的是李雁天。李雁天夫妇曾于1962年初偕同李淑贤到我家托我帮她代为物色、介绍对象，只是顺便拜托一下，可以后真正张罗，介绍李淑贤与溥仪认识，乃至后来他俩多次谋面及参加政协活动，都是我和周振强一手筹划和张罗的。

总之，溥仪的最后一次婚姻之所以成功实现，我和周振强作为介绍人，自始至终参与其事，出了不少力，从而使这对有情人终成伴侣，这是历史事实，也是所谓"'媒人'之谜"的真正谜底。

"末代皇帝"参观井冈山趣闻

———

冯 都

清朝最后一位皇帝爱新觉罗·溥仪,在监狱服刑改造后于 1959 年得到特赦,被推为全国政协委员和中央文史馆馆员。为了让赦免人员看看新中国的建设成就,接受革命传统教育,周恩来总理批示:"邀请北京的文史馆们去南方参观游览。"参观团的成员有溥仪和他的弟弟溥杰,还有杜聿明、宋希濂、范汉杰、王耀武、廖耀湘、康泽、沈醉等人,由全国政协派人带队,新闻记者随团采访。

迫不及待上井冈

1964 年 3 月 10 日,参观团从北京出发,南下江苏、浙江、安徽、湖北、湖南、江西六省和上海市,行程 12000 多里。溥仪是第一次下江南,更显得异常激动,像个年轻人似的在火车上来回穿梭。他从窗外看见江南各省的春色美景和建设成就,激动地即席写下一首颂诗:

一望无际的祖国大地，锦绣如画的林野山河。五星红旗处处飘展，万户千家喜笑高歌。我们热情歌唱，歌唱共产党，歌唱毛主席。有了你们的正确领导，才有幸福快乐的新中国。

4月8日，风和日丽，江西老区迎来了这批特殊客人。到达南昌后，他们被安顿在江西宾馆，次日参观"八一"南昌起义纪念馆和各革命遗址。4月10日，溥仪迫不及待地提议要上井冈山，到中国革命的发祥地和中国革命的摇篮参观瞻仰。参观团从南昌起程，坐了一天汽车，到达吉安市，第二天向井冈山进发。

溥仪望着远处绵亘不断的高峰，动情地对大家说："这真是百闻不如一见啊！我过去不理解毛主席为什么别的地方不去，偏偏选择这井冈山建立革命根据地。现在我算明白了。"溥杰和范汉杰都好奇地问："您给大家说说，到底是怎样明白的？"溥仪毫不迟疑地回答："你们看，井冈山上有这么多房子可供红军使用，难怪毛主席要到这儿来。"话语方落，文史专员个个掩口而笑。江西省政协负责陪同参观的文史委员会主任向溥仪解释道："这些高楼大厦，都是新中国成立以后修建的，专门给来参观的中外宾客居住的。过去这里尽是深山穷沟，只有十几户土屋！"溥仪尴尬地说："如此说来，是我搞错了嗬！"

参观团一行下榻宾馆二楼，晚上在中厅休息室，由井冈山党委宣传部部长对井冈山斗争史作了概要介绍："井冈山方圆百里都是崇山峻岭，当年产谷不满万担，人口不满2000，朱毛红军在这里以门板当床，睡稻草地铺，官兵脚着草鞋，身穿单衣，缺油少盐，每天都是吃红米饭、南瓜汤哩。"溥仪听后当即发表感想："今天我有幸来到井冈山，这里的一山一水都值得一看，毛主席、朱总司令以前的生活很艰苦，新中国的人民江山真是来之不易嗬！"

博物馆内听故事

4月12日，溥仪一行首先参观井冈山革命博物馆。他认真看了版面照片和说明词，在听完讲解员的介绍后，对朱德扁担以及袁文才、王佐二人十分感兴趣，疑惑地问："这真是朱总司令挑过粮的扁担吗？"讲解员回答："没错。那时他40多岁，大家劝他不要挑粮爬山，可劝不住，只好把扁担'偷'去藏起来。而他又找来一根，写上'朱德扁担，不准乱拿'八个字，这样大家就不好再藏起来了。"溥仪听毕连连说："朱老总真伟大，不愧是人民军队的总司令！"接着溥仪对袁、王二位"山大王"竭力支持共产党建立革命根据地大加赞赏，不由得道出自己的心声："如果说我是末代皇帝，袁文才、王佐便是末代绿林了。还是共产党伟大呀，把末代皇帝和末代绿林都改造过来了。"

溥仪对展厅每一张照片、每一幅图表、每件文物都看得很仔细。当他看到文物柜里有红军战士仿照京剧《空城计》编写的《空山计》后，特别惊奇，忙问这是怎么一回事。讲解小姐笑着把溥仪一行带到沙盘边，向他们讲解黄洋界保卫战的战斗故事：

"黄洋界是井冈山上红军著名的五大哨口之一，地势十分险恶。这里有红军营房、哨口工事。1928年8月30日，国民党纠集四个团兵力进犯黄洋界，可是哨口上红军只有两个连的兵力。敌人爬到半山腰，我军一面猛烈射击，一面就在洋铁皮桶内放鞭炮，用来代替'机关枪'，吓得敌人滚下山去。这样，上午先后击退敌人三次冲锋。中午时分，附近群众给红军送来饭菜和茶水，大家说说笑笑，好不热闹，有的竟端着饭碗，用筷子敲打着碗，朝山下敌人喊话：'白军弟兄们，我们吃午饭啦！红米饭真香，南瓜汤可甜！'红军宣传员也展开喊话：'我们红军优待俘虏哩，欢迎白军士兵投诚！'这时敌团长惧怕红军瓦解他们军心，气急败坏地强迫士兵用机关枪疯狂扫射，但地形对他们不利，无法展开兵力，只好冒险排成一字长蛇阵，鱼贯而上。就在这时，红军一门迫击炮修好了，可是只有三发炮弹，而且有两发受潮未打响，最后一发炮弹'轰隆'一声震天响，敌人以为是红军增兵，吓得掉头向西逃窜，再不敢进攻了。后来红军士兵委员会聚集几个京剧爱好者，你一言，他一语，东拼西凑，模仿京剧《空城计》的调儿，编了这段《空山计》词，很快在这两个连的红军中唱起来了。"

溥仪听得入神，说："我平生第一次听到这样真实感人的战斗故事，也为红军能创作这样好的京剧词所折服。我对京剧情有独钟，《三国演义》里诸葛亮用'空城计'疑兵阵，吓退了司马懿数十万精兵，这种以智取胜的战例，想不到红军在初创期就应用成功了。毛主席真是个活孔明！"

于是溥仪、溥杰、杜聿明等人争相把《空山计》的新词全部抄录在笔记本里，带到宾馆。晚饭后，他们在宾馆休息室借来一把京胡，溥仪第一个按《空城计》"二六"板式唱了起来：

> 我站在黄洋界上观山景，
>
> 忽听得山下人马乱纷纷，
>
> 举目抬头来观看，
>
> 原来是蒋贼发来的兵。
>
> 一来是农民斗争少经验，
>
> 二来是二十八团离开了永新，
>
> 你既占宁冈、茅坪多侥幸，
>
> 为何又来进犯我们的五井？
>
> 你已来就把山来进，

却为何山下扎大营？

你莫左思右想心神不定，

我这里内无埋伏外无援兵，

你来！来！来！

我这里准备南瓜红米，红米南瓜，

犒赏你们投降兵！

你来！来！来！

请你们到井冈山上来谈革——命。

黄洋界上赋新诗

第三天，文史馆员们乘车登上海拔 1343 米高的黄洋界哨口。他们从茨坪出发，沿途绕过 99 道弯，上下数百个坡，回首远眺，艰险崎岖令人生畏。汽车绕过几道山弯，越过天然屏障，匍匐抵达黄洋界哨口。溥仪等人下车后，情不自禁地站在军事堡垒的峻险处，放眼望去，可以看见群峰巍列，接天连山，沟深谷幽，林海翻滚，风景极为壮观，溥仪简直被这里的一切陶醉了。

溥仪一行循着山道走上哨口顶端，这里耸立着一座丰碑，毛泽东苍劲有力的大字"黄洋界保卫战胜利纪念碑"在阳光下闪闪发光，对面一座气势宏伟的花岗石碑横卧在哨口东侧，一面是朱德同志手书的"黄洋界"三个大字，另一面是毛泽东同志手书的《西江月·井冈山》。两座石碑遥遥相对，浑然一体。他们列队在纪念碑前深深地鞠了三躬，向战斗中牺牲的红军烈士默哀，然后反复诵读着镌刻在碑上的毛泽东诗词。

溥仪等人接着来到纪念碑下的迫击炮边，看到炮口对着山道口，仿佛听到了当年隆隆的炮声。溥仪问："'黄洋界上炮声隆'是怎么回事？"陪同参观的井冈山党委宣传部部长说："当时敌人冒着盛夏骄阳，向山上强攻，渐渐地接近红军工事，100 米、50 米、30 米……就在这紧急关头，茨坪红军军械处把刚修好的一架迫击炮抬来了，对准敌军阵地，连开三炮，有一炮很响，弹片在敌群中间飞舞，炸得敌人血肉横飞。红军战士奋勇跳出战壕，'同志们！冲呀！'大家犹如猛虎下山，扑向敌人。这时赤卫队、暴动队、妇女队、少年先锋队跟着主力红军奋勇冲击。顿时，号角齐鸣，杀声震天，敌人以为红军大部队回来了，吓得魂不附体，自相践踏，溃不成军，连夜逃往湖南去了。"

溥仪聚精会神聆听介绍，感触良多，转过身踱了几步，稍做思索，对宣传部部长和同行馆员说："溥仪不才，愿献诗一首，请诸位雅正。"当即他在休息室里提笔作诗一首：

黄洋界旧战场

到处红旗噪妇孺，

粟浮沧海放心孤。

炮声怒吼黄洋界，

白匪平明一个无。

千点红旗四面山，

万夫颠顿妇孺关。

梭镖木石成天险，

骄敌宵遁指顾间。

人们看到末代皇帝在共产党点燃的革命战场旧址抒发豪情，作诗颂扬，一致交口称赞。

这时参观团的文史馆员们纷纷提议，要在黄洋界哨口集体清唱《空山计》京剧，有的还手舞足蹈地模仿诸葛亮的动作。顷刻间，人们的吟唱声和欢笑声在黄洋界上回荡。

也许是这种联欢气氛达到高潮,溥仪受到震撼,似乎诗兴未尽,他又略思片刻,循着思路,在休息室里当众再写诗一首,歌颂红军的伟大胜利:

黄洋界哨口

铜墙铁壁黄洋界,
岿然雄于百万兵。
尽有奇谋堪制敌,
更因众志已成城。
云霞巧扮旌旗影,
草木争为鼓角鸣。
夜半山风传捷报,
拆天初发巨霆声。

文史馆员们再次争相阅读,钦佩溥仪才思敏捷,出口成诗。有的提出要与溥仪和诗,共同表达对红军战士的崇敬之情。

参观团依依不舍地告别了黄洋界哨口,驱车返回茨坪。途中,盘山公路与崎岖小路的衔接处,路边临崖而立的一棵大槲树,就是当年毛泽东、朱德率领红军战士挑粮上山休息过的地方。陪同人员告诉大家:"几十年了,这棵大树仍然保存良好,供人们参观。"听到这里,溥仪心驰神往,连忙下车,极目远望,眼前所见,真是一派不染人间烟火的奇山丽水,那群山奔涌,云海飘忽,简直是气象万千。溥仪为感谢大家的和诗,再次即兴赋短诗一首,并大声朗诵:

伫仰当年大树风,
甘棠遗爱古今同。

　　“五同”毕竟今逾古，

　　六亿人民仰慕中。

　　同行人员听后热烈鼓掌。

“读书石”边感悟深

　　下午，溥仪一行驱车来到小井红军墓地瞻仰。当听到那时有100多名红军伤病员就是在这里被国民党杀害时，溥仪不禁低下了头，心情沉重，眼眶湿润。他们排成一字形队伍，向烈士们深深三鞠躬，并沉默志哀。

　　溥仪一行接着来到大井参观毛主席旧居。这里的白色房子颇有几分壮观，共有9排土木结构房子，外墙四周全部刷上石灰，站在山上望去十分显眼。大井讲解员介绍说：“这些房子原为广东一名木材老板建造，曾经成了王佐绿林队伍的营地。毛主席上山后，就把红四军军部、医务所、乡工农兵政府设在这里，毛主席也住在里面，常在外面散步，思考问题，并坐在那块石头上看书。”

　　溥仪看到这里一字形的长排白房子很新鲜，站在屋内四处察看，共穿过4个天井，9排厢房。然后出来细看毛主席的“读书石”，觉得这块石头来历不凡，顿时肃然起敬，接着弯下腰来用双手轻轻抚摸，仿佛是在摸一块“圣物”。杜聿明见他一副充满深情的虔诚神态，便说：“您不妨上去坐一下。”溥仪连忙说：“呃，我怎么敢像毛主席一样坐上去呢？”讲解员笑着解释道：“石头是坐不坏的，参观的人都喜欢坐一坐。”博物馆馆长开玩笑地插话：“坐了能沾上毛主席的‘仙气’呢！”溥仪有些犹豫，但还认真地说：“别人归别人，可我……我不能同毛主席平起平坐。”平时善于活跃气氛的沈醉，以诙谐语气说道：“您不是皇帝老子吗？……”溥仪赶忙打断他的话，摇头摆手，慌张地说：“可不能这么说，我算什么皇帝老子呀？只有毛主席才、才是英明领袖哩！"大家看见他这副发急的样子，忍不住笑了。溥杰手指着兄长说："人家是同你开玩笑呀！你还当真。"

之后，溥仪等人在老红军、原大井乡苏维埃主席余振坤的陪同下，来到井冈山敬老院看望了当年的赤卫队队员们，同他们进行了亲切的交谈并合影留念，溥仪深情地对井冈老人们说："这次来到革命摇篮井冈山参观瞻仰，我感到无上光荣，学到很多新的东西，心灵深处受到一种以前从来没有过的启迪和教育，回北京后，我要很好地向周总理汇报，谈谈我思想上的收获和体会。谢谢井冈山人民对我们参观团的热情接待，祝井冈老人健康长寿。"

4月15日，参观团返回南昌，然后经长沙、武汉回到北京。溥仪立即向周总理做了书面汇报，特别提到在井冈山的参观感受，他写道："通过在井冈山参观访问，我进一步认识到毛泽东思想的正确、伟大。毛主席当时对国内政治形势的深刻分析，武装斗争、土地革命、建立革命根据地三者密切联系的思想；农村包围城市的思想，开展在部队中建党工作，以及三大纪律、八项注意的建军思想；敌进我退，敌退我追，敌驻我扰，敌疲我打，分兵以发动群众，集中以应付敌人的军事思想；都是在井冈山这一时期形成和发展起来的，在敌人力量强大，革命力量尚薄弱的时候，毛主席就看到'星星之火，可以燎原'，并且有敢于革命、敢于斗争、敢于胜利的英雄气概。中国人民革命的胜利，正是沿着这些光辉思想而取得的。"

从溥仪四首诗句和上述汇报中可以看出，他在字里行间展现了对共产党、毛主席、朱总司令的无限崇敬，表达了对工农红军英勇斗争精神的由衷敬意。

溥仪在抚顺的改造生活

爱新觉罗·毓嶦

1950 年 7 月 30 日，关押溥仪等伪满战犯的苏联伯力收容所所长宣布了当局的决定：即刻遣返伪满的被扣留者和军事俘虏。中苏双方人员经过简短磋商以后，开始交接战犯，中方负责交接工作的是东北公安部的负责人，我们这些在苏联已度过五年囚徒生活的人，当时最担心的是宣布逮捕和戴手铐，但这位负责人却温和地表示："我们是奉周恩来总理的指示，前来接你们回国的……"战犯们抱着将信将疑的态度细细品味着这一讲话。

8 月 2 日，车到沈阳，东北人民政府主席高岗接见了溥仪、张景惠等人，并表示："你们在苏联五年了，现在接你们回到祖国，先好好休息休息……不要有顾虑，不要害怕，要安心地学习，相信政府。"这等于给我们吃了一颗定心丸。

初到抚顺

由沈阳到抚顺二百来里地，火车走一个多小时，现在车里气氛活跃多了，当然不敢那么高谈阔论，尽在悄悄地议论着什么。车窗上糊着报纸，到站了也看不到外面是什么样，等了一会儿开始下车。下车一看，不由得倒吸了一口冷气，在站台上围着车厢站了半圈全副武装的战士，个个持枪，上着明晃晃的刺刀，都是面向里。

这里是老抚顺，或叫抚顺城，全是土路，大卡车上下颠簸，不多时开进了一个大院，一色是青砖房子，四周高高的大墙，墙上还带刺丝、电网。进了一道铁栅栏门，又进了一道铁栏杆门，中间是通道，两边对着有十来个房间，就是监号了。

这两天两夜坐在火车里，也不敢随便走动，确实够累的了。门外落了大锁，屋里总可以自由活动活动腰腿了。屋里一面是木板炕，犄角有个小屋，放两个桶是便所。窗子上都装的铁栏杆，门上留有一个小窗口，便于看守员随时往号里监视，通道还有两名武装游动岗哨来回巡视。同屋的人有知道的，就说这是抚顺大狱，日本人在时盖的，说那时候没有暖气，现在有了。

改造伊始

初来时只是按上下车的顺序分的监号，过了两三天，又按每人不同的身份，重新分了监号。因为伙食标准不一样，分大、中、小灶，溥仪和他的大臣将军们吃小灶，溥杰、润麒及汪伪的领事们吃中灶，我、毓唐、毓岩、李国雄，还有汪伪政权驻朝鲜领事馆的办事员等几个人，分到了一个监号里吃大灶。小灶吃细粮，顿顿有鱼有肉，大灶一般是高粱米，一碗熬菜，每周有两次改善，才能吃到肉。当时不少人还羡慕我们吃大灶呢，认为吃大灶的没事儿，很快会被释放的。

安排好监号以后，管理犯人的程序是照相，和我们普通照相最大的区别是，先用一张纸写上你的姓名，别在胸前，一起照入相片。

改造溥仪，或是说改造皇帝，怎么改呢？第一步就是得让他放下皇帝的架子。在苏联虽然当了五年俘虏，皇帝架子一点也没放下。带出了四个"心腹奴才"，也算是养兵千日用在一时吧，使他依然可以"衣来伸手，饭来张口"，在俘虏营中依然有他的小朝廷，还能发点"威"。

"和家族分开"，就是放下皇帝架子的第一步，说是把皇帝改造成为自食其力的劳动者，那还是将来又将来的事，目前得先把他改造成一个生活自理者。生活自理对我们普通人说来，不算什么，对溥仪就不然了。他要学会过集体生活，和同监号的人一起值日，一起打扫卫生，这就是他放下皇帝架子的第一步。不过马上也叫他去为大家倒屎倒尿，也许是过高要求了，管理所特别免去了他的卫生值日，按照他自己的话说，简直是"绝处逢生"了。

再说称谓。在苏联，即使不管溥仪叫皇上了，还要说一句"上边"，并没有按家族称谓叫一声"大叔"，这也是放不下皇帝架子。到了管理所所长叫他一声"溥仪"，他听不习惯，觉得还不如叫他的编号"981"呢。等到同号的人叫他声"老溥"，能听着顺耳了，皇帝的架子放得就差不多了。像是后来改造好了，要是再叫他一声"皇上"，不说是骂他，也是极大地讽刺了他。

在苏联当俘虏被收容了五年，虽然没有自由，但在收容所里边还可以自由活动；到了抚顺管理所，活动范围缩小了不少，只能在监号里活动，往外看就是窗户大的天。犯人的收监、编号的程序告一段落之后，每天下午开始"放风"，到院子里活动活动。按照监狱的制度，不是一个监号的人不可以交谈。溥仪虽和我们不在一个监号，但他特别得到了准许"每天在院子里散步时都能和家里人见一次面，说一会儿话"。我和他确实没有什么话，对他还是在苏联时的态度——各顾各。他有时和我讲话总觉得不自然。我对他的态度的变化，他当然也有所感觉，他对我又采取什么态度我根本没往心里去。后来看到毓岩的回忆录里写了一些，原来他是对我"起了防备的心理"，说一些言不由衷的话。

那些伪大臣们是遵守制度不乱讲话，大家在苏联关了五年算是难友，个人之间又有什么友谊呢，今天在一起，今后谁知道都怎么样呢。想不到的事是放风时还玩游戏呢，就是猜打手玩儿，一个背着手站着，后边站半圈人，其中一个人打一下背着人的手，背着的人转过来猜是谁打的他。猜中了谁，谁就背过去，去挨打；猜不中还得转回去接着挨打，接着猜，玩得还挺有兴趣。

初到抚顺时，一般的学习，每天读读报——《东北日报》，学习材料有几本毛主席著作及《中国近代史》《社会发展史》等书，集体阅读，大家轮流念，讨论也是抠抠名词，根本不懂如何联系实际，联系自己，就是走走过场而已。

和管理所接触最多的是看守员，我们怎么称呼他们呢？所长就叫所长，科长就叫科长，都好办；而看守员叫他看守吧，不大顺耳，也不够尊敬，所以一律称为"先生"。这些看守员都是出身于农村，入伍当了解放军，从来没有人称他们为先生的，忽然有人叫起先生来，乍一听也不习惯，好在就限于管理所里。他们对待我们总是很随和的，没有一次厉声呵斥，不使你有犯人的感觉。

回到祖国后两个多月，伟大的抗美援朝战争开始，距离丹东仅200公里的抚顺显然不适于关押战犯，不久，我们就被转移到哈尔滨。我们这些战犯对抗美援朝的认识最初就是"烧香引鬼"。

怎么个意思呢？就是说现在美国在侵略朝鲜，即使它打到了新义州，也不敢过鸭绿江打丹东，丹东是我们中华人民共和国的领土。而现在去抗美援朝，等于是和美国交战了，一旦它要打到新义州，就可以过江打丹东，岂不是把鬼引进来了吗？

这不单是战犯，一般人恐怕也有这种恐美崇美的思想，认为美国是第一等强国，有原子弹，科学发达，武器精良。我们过去是小米加步枪，现在虽经过了解放战争，打败了蒋介石的美式军队，可是能顶得住美帝国主义吗？

具体到战犯，思想更复杂了。第一，把我们转移到哈尔滨来，说是为了安全，也正是说明前线已经吃紧了；第二，如果志愿军顶不住美帝，美国鬼子要是过了鸭绿江，东北也就危险了，我们将会怎么样呢？共产党能把我们送给美国佬吗？

抗美援朝开始后，连续打了五次大战役，都获得了辉煌的胜利，但直到解放汉城，"烧香引鬼"的思想仍未完全破灭。在这时又开始了另一项全国性的运动——"三反五反"，许多嫌疑犯有被逮捕的，有被判徒刑的，被判死刑的也不在少数。中国有句老话："兔死狐悲"，管理所怕这些战犯们"物伤其类"，引起思想上的混乱，禁止我们看报，同时楼里广播喇叭也停了，主要是对我们封闭"三反五反"的消息。可我们不了解，就往抗美援朝上想，是不是又顶不住了，怎么不给报看了？

溥仪更是疑神疑鬼的，认为美国鬼子来到之前，共产党非对我们下手不可。有一天夜间睡梦中就听见别的监号，"吱——嘎，咣当"开门关门的声音，加上许多人声，最后是汽车的"嘀——嘀——"声音。他想："这回完了，已经开始下手了，这一定是谁先给拉出去了。"

这一宿我也被吓得睡不着了，待第二天才知道是曲秉善得了急病，给送到病院去了。

在这期间来了一位首长，说是来检查卫生的，给大家做了一次报告。我想可能是当时东北公安部的首长，说检查卫生是避免引起这些人的胡思乱想，一直就是等着审判呢，岂能告诉他说是上级公安部门来人了。

这位首长的讲话主要是批评两个错误思想，一是对抗美援朝错误看法，认为是"烧香引鬼"；二是等待审判、等待杀头，都是极端错误的。他代表政府，重申改造战犯的政策，批判了那些消极等待审判、等待死的错误想法。说现在给你们的生活待遇，是高于一般老百姓的，是为了什么呢？难道就是为了审判你们吗？至于你们的罪证，可以说是铁案如山，用不着你们自己写。有人说既然不审判我们，为什么还不放出去呢？因为你思想没有改造好，立场没有转变，放出去还会犯错误的。

听过报告以后，各个监号经过认真讨论，联系到自己的看法，思想比较安定了，感到了只有努力改造思想，重做新人，才有出路。管理所及时为大家布置新的学习任务——写自传，给自己写自传是一个自我教育的过程，首先是要转变立场，要站在人民的立场上看看自己，重新认识自己。

不过在这些人中，普遍存在一个问题，无论什么事老是联系到审判，写自传也联系到审判，认为是政府在要材料。现在溥仪已是离开了家人，他住在哪个监号，我毫无印象，虽然每天给大家打饭还送水，要转遍全楼。他现在要写东西，不像在苏联了，得靠自己了。他在苏联写了不少材料，那都是为了到日本东京出席"远东国际军事法庭"，去给日本战争罪犯做证用的，把一切罪行都推到日本人身上，写自己的所作所为都是在暴力强压之下进行的。

溥仪的问题，根子在天津。那时和日本帝国主义分子勾结拉拢，不存在什么暴力强压之下的情况。在抚顺他和家人分开的时候，就偷偷写了个纸条，写着"和衷共济"暗示大家，要为他隐瞒在天津的事。我虽然不和他在一个监号里，他的自传是怎么写的当然不知道，但可以断定他不可能把天津的事交代出来。

糊纸盒

思想改造需要通过劳动，我们的思想改造有两年了，应该赶快补上劳动这一课，现在换到一所民宅，条件已经具备，战犯们都是些上年纪的人，不可能去"愚公移山"了，找个轻微的劳动吧——糊纸盒子。

这纸盒子是装铅笔用的。十二支铅笔为一打，十二打为一摞，一打装的盒子较小不好糊，六个小盒子还要装到一个大盒子里，也就是这装六打的盒子，就是我们的劳动内容。开始时由铅笔厂送来半成品，纸板和商标纸，盒子底用白纸糊起来，盒子盖用商标纸糊。劳动时间只限于晚上两个小时，白天还得学习，每人的定额只有二三十个。

溥仪自从和家族分开后确实有了很大的进步，一般说来那皇帝的架子总算放下了，在生活自理方面如值日、扫地、刷便池子、洗衣服、钉扣子都逐一做了。别人喊他声老溥也听习惯了，对别人同样以老相称了。

这回参加劳动，所里开了会，管教科科长动员了大家，溥仪的积极性也很高，但真干上了，比三岁小孩子强不了多少。自己钉扣子、缝袜子怎么都行，糊盒子有质量的要求，外表要平整、挺拔，盒底要求够尺寸，它还要装进六个小盒呢。其实大家谁也没糊过盒子，都是头一遭。这回到溥仪这里就惨了，刚讲的糊盒也要有点手艺，反正这产品里最次的、不及格的，不用问一准是溥仪的"绝活"。

和溥仪一个组的有个宪均，也是爱新觉罗家族的，按辈分为毓字辈，比溥仪晚一辈，可年岁差不多，从前都是"皇上圣明，奴才该死"，现今一看"圣明"太笨，因是一家人，帮助时不免急躁，不大注意方式方法，溥仪本来就够窝囊的了，干活老出废品，宪均气得说：

"我看，这人就是废品。"

"好嘛，我真成了窝囊废了？"溥仪一听又没法辩白，见就是自己出废品，一下子气病了半个来月。但是，笨，这个问题没少考虑："我怎么就那么笨呢？……"这时所长及时找他谈话，给他指出了岂止是糊盒子的问题，你自己这半生不就是封建制度的残渣余孽吗？你要是明白了哪有什么天生的圣明，也算是没有白白病了一场。

这一小段讲的是糊纸盒，只是晚间业余的，白天主要是学习，在铁笼子那边先开始是写自传，接着是揭露日本帝国主义侵略我国的种种罪行。看着是两个题目，实际是分不开的，写自传就避免不了写自己是怎样勾结日本帝国主义的；反过来，日本帝国主义侵略我国必定要利用封建买办势力，就是互相勾结，互相利用。溥仪本人就是个活生生的例子，他是想借助日本人的势力搞复辟，却被日本人利用他的皇帝招牌，把我国东北变成了日本的殖民地。当初溥仪在天津的时候，是怎么和日本战犯土肥原勾结的内幕，也全盘交代出来了。

溥仪能写出这些问题来，也说明了他的思想比以前大有进步了，为他以后彻底认罪打下了基础。这时已到了 1954 年初，抗美援朝已取得了决定性的胜利，战犯管理所决定迁回抚顺，准备展开一场大坦白、大检举。

放松管制之后

领导大检举、大坦白工作的是最高人民检察院派来的东北工作团，我们全体战犯怀着各不相同的心情参加了这一工作，溥仪在坦白检举会上虽然讲了一些众所周知的史实，对他来说却是加深了认识，达到了所方预期的目的。

坦白检举工作告一段落，检查工作团就走了，现在是听候处理阶段了，管理所放宽了一些限制。自到抚顺那天起，监号门外永远上一把大锁，现在放宽了，监号门打开了，各监号之间互相串串门也可以，三年来的监号规矩似乎习惯了，门虽然打开了，并没有人来回串门唠扯。

作息时间也有所改变，一般上午学习，学习内容由管教科布置。下午放风，各监号都一起出去，在院中自由活动，随自己的爱好。打太极拳、打克郎棋是老头儿们爱好，年轻些的打排球、打羽毛球，不爱打球的就三五成群地聊大天儿，和别人聊不到一起的就晒晒太阳。冬天还浇了一块溜冰场，那可没老头们什么事。晚饭后是娱乐时间，听广播、下棋、打扑克，也经常放映电影。

监号门打开了，也算是一个新的阶段。在管理所的指导和监督下，战犯们自己组织起学习委员会，选出学习、文体、生活委员来管理自己。

监号门打开了，不论是屋里是外边，随时可以看见溥仪了，他现在生活上可以自理了，还是和伪大臣们在一组。我没事儿也不到他的号里去串，在院子里见到他也是没话，他也学着对我们关心关心，嘘寒问暖，但我总觉得他不像是出自内心。也许他是一片诚心。自从1937年我到长春，在伪皇宫里只有"皇上圣明，奴才该死"，到了苏联当了俘虏，他也没放下皇帝架子，足有十几年了。现在刚刚开始以平等待人的态度对待我们，对他来说就是"初学乍练"，自己的那片诚心不会表达，免不了作点儿姿态，就使人特别觉得发假。和他说话是问答式的，有问必有答，答完了还是没话。用现在一句话，这大概也是处于"转轨"时期，从君臣关系往普通关系这边转，两方面都有点儿别扭。

对我们放宽的第二项，是允许和家里通信。我们自从1945年被苏军俘虏以后，已有十个年头和家人音信不通，生死未卜。这十年是改朝换代的十年，城市的变化非常大，日伪统治时期许多带有殖民地性质的地名都改了，我们知道的还是旧的，通信地址就是个障碍。每人怀着一种忐忑不安的心情，十年了，家庭人口的变化，经过了光复和解放两个时期，走死逃亡，谁在谁不在了，想知道也怕知道。还有一种担心，事实证明也不是多余的，就是家里的人还认不认汉奸老子了？

这种事就出在张秉哲的家信上，信上开头的称谓，不叫爸也不叫爹，来了个"张先生……"张秉哲看了信以后，心里说不出是个什么滋味，只怪自己吧，谁让你是个汉奸爸爸呢。张的儿子的情况是怎么回事，不了解不能乱说，后来他儿子再来信中就叫爸爸了，还检讨了自己，说是过"左"了。

溥仪的弟弟、妹妹们都在北京，很快都通了信，当然他还要和李玉琴通信。不久，载涛爷爷带着溥仪的三妹、五妹从北京专程探视来了，载涛此时系全国人大代表。据他讲，这次是毛主席叫他们来的，我们真是既惊喜又感动。毛主席曾经在一次会上告诉载涛："据说溥仪改造得不错，现在可以探视了，你们应当去看看嘛。"

就说来探视溥仪的两个妹妹，俗语说是金枝玉叶，过去确实是特别娇贵，今天在新社会里都成了自食其力的人了，而且学会了一技之长。我们在这里天天学习改造，要改造成为新人，成为自食其力的人，面前的两位姑母不就是我们的榜样吗！

通过这次会见，我们增强了改造的信心，看到了自己光明的前途。

说话就快到1957年新年了，大家准备编排些大型的节目，编写了活报剧、话剧，上大礼堂去演，过一个热热闹闹的年。我们一共不过是五六十人，除了上台演出的，台下观众就不多了。在此之前，国民党的战犯有多少人，我不了解，大概是在太原坦白检举完了，全部归到抚顺来了，于是他们也都被叫来当观众。

首先把大礼堂装饰一新，安上灯光，拉上彩带，挂上新年贺词的横幅。编排节目中有合唱、相声、双簧，小节目里受欢迎的是蒙古族"好力宝"，战犯中有好几个蒙古族人，是自拉自唱。活报剧是从报上找的新闻材料，那时英国侵略埃及，强占苏伊士运河，在国会里有场辩论，润麒扮演外交大臣劳埃德，溥仪演了一个议员。活报剧没有太固定的台词，可以即兴发挥，可是溥仪不用说演，看也没看过，愣叫他登台，也很难为他的。我们的学习委员说了：

"登台演出也是自我教育，检验一下改造的成绩，同时也教育别人。"

溥仪没辙了，硬着头皮上吧，上台后还真进入了角色，有生以来第一次登台演出就取得了成功，连他自己也没想到。

新年的演出很是热闹，大家接着又准备春节的演出。一天，管教科科长找我谈话，问问学习的情况，又问了我的家庭情况，意思是如果你要回到家中，将怎么办呢？当时我并未多想，觉得自己到社会上去还能挨饿吗？现在社会主义国家各方面的建设，都是蒸蒸日上的，哪里不需要人呢。

离春节越来越近了。一天下午，最高人民检察院的代表向我、毓唐、毓岩、李国雄、汪伪驻朝鲜领事、主事等一共13人，宣读了"中华人民共和国最高人民检察院免予起诉书"，将我们即行释放。从此，我和溥仪在一起长达20年的生活暂告终结。

溥仪和侄子们的战犯改造生活

———
周　波

　　溥仪说："我决定从现在起，立你为我的皇子，以后你要称我为
'皇阿玛'。"溥仪的这一举动，使毓嵒感到惶恐不安，同时也觉得万分
荣幸，更增加了他为溥仪效力的决心。

　　1945 年 8 月，溥仪在通化大栗子沟准备逃亡日本时，在众多的亲
属、随从中，只挑选了八个人，分别是"三校"——胞弟溥杰、三妹夫
润麒、五妹夫万嘉熙，"三小"即溥仪的三个侄子——毓嶦、毓嵒、毓
嶦，还有随侍李国雄和医生黄子正。在那么紧急的情况下，能够带上这
三个侄子，足以说明他们在溥仪心中的地位。实际上，在伪满洲国初
期，溥仪就认准"打仗亲兄弟，上阵父子兵"的道理，注重在血缘关系
较近的家族成员中，挑选可靠的年轻人带到伪满皇宫中加以培养，有的
甚至送到日本深造，以作为他日后复辟大清帝国的骨干。

日本扶持伪满洲国，溥仪"登基"

三个侄子与溥仪的关系

溥仪的三个侄子都是毓字辈的。按照在乾隆年间钦定的辈分，从乾隆皇帝下一代开始排起，即永、绵、奕、载、溥、毓、恒、启。毓字辈在溥字辈下边，就是叔侄关系。

毓嶦号君固，化名小固，他的曾祖父恭亲王奕䜣是道光皇帝的第六个儿子，而溥仪的祖父醇亲王奕譞是道光皇帝的第七个儿子。毓嵒号岩瑞，化名小瑞，他的曾祖父和硕惇勤亲王奕誴是道光皇帝的第五个儿子。毓嵣号秀岩，化名小秀，他的父亲溥倬与溥仪系同曾祖兄弟。

这三个侄子中，最早到伪满洲国的是毓嵣。1932 年 8 月，他来到长春，先是参加溥仪办的军事训练班，后参加溥仪的护军，被分到二队当上等兵。1936 年底，被调入宫中读书。按溥仪的原意，是准备让他在宫中先念一段时间的书，然后送日本士官学校留学。因为他看到，民国时的军阀们，无论是哪一系，都是靠枪杆子起家，这给他很大启发。宫廷学习班开始只有五个学生，毓嵣、毓嵒是其中的两个，一年后，又陆续收了毓嶦等人，累计共有学生 11 人。

审判日本战犯，溥仪出庭做证

伪满洲国后期，宫中学生只剩下八人，溥仪的这三个侄子仍在其中。这时，他们每天的中心活动不是念书，而是陪伴溥仪，并担负溥仪的随侍工作。

初到抚顺战犯管理所

1950 年 8 月 5 日，三个侄子随溥仪从苏联回国接受学习改造。其实，在囚居苏联时期，因为没有了"伪满洲国皇帝"的傀儡头衔，溥仪在侄子们的心中就已逐渐走下神坛，由原来的盲目崇拜和服从，变为想方设法摆脱他的控制，侄子们开始与他离心离德了。

在伪满洲国时期，毓嶦是最受溥仪宠爱的。可是到了苏联之后，毓嶦越来越不听溥仪的话，不再像过去那样侍奉溥仪。尤其是溥仪极力谋求留居苏联，而毓嶦却坚决不愿留苏，这招致溥仪对毓嶦的恼恨。在回国赴抚顺的火车上，溥仪甚至向押送人员举报毓嶦反对斯大林。还有一次，当东北人民政府主席高岗要接见溥仪时，溥仪误以为要枪毙自己，就大声向毓嶦说："跟我一起去见列祖列宗！"意思是叫毓嶦跟他一起去挨枪毙。

毓嶦在苏联时学习俄语非常努力，很短的时间内就能和苏联人进行简单的对话，还能简单地阅读点俄文报纸。对于溥仪，他也变得越来越疏远，越来越不听他的话。溥仪也逐渐不喜欢毓嶦，同时因为苏联收容所所长捷尼索夫常常找毓嶦去谈话，使溥仪对他起了防备之心，两人的关系更加疏远了。

囚居苏联的末期，毓嵒成为三个侄子中最受溥仪信任的人。一次，在只有他们两个人的时候，溥仪对毓嵒大加夸奖了一番，说毓嵒对他一向尽忠效力，尤其在这种患难时期仍然忠心不二，且愿意舍家随他留居苏联，实在是列祖列宗的好后代。溥仪还说："我决定从现在起，立你为我的皇子，以后你要称我为'皇阿玛'。"溥仪的这一举动，使毓嵒感到惶恐不安，同时也觉得万分荣幸，更增加了他为溥仪效力的决心。但有时候，溥仪对毓嵒还是不放心，多次进行试探和考验，想方设法对其进行控制。

刚到抚顺战犯管理所的时候，可能由于溥仪的请求，他和三个侄子换到了同一个监号里生活。可不过十来天，又马上分开了。"和家族分开"是抚顺战犯管理所让溥仪放下皇帝架子的第一步，说把皇帝改造成为自食其力的劳动者那是将来又将来的事，目前得先把他改造成为一个生活自理者。

溥仪和侄子们每天照例参加学习，读报，学习毛主席著作，但他们根本不懂得如何理论联系实际、联系自己，只是应付式地学习，走走过场。很多人满腹狐疑：政府究竟对他们会如何处置？这让溥仪等人也每天惴惴不安。但在后来的生活中，党和管理所各级工作人员对溥仪等人无微不至的关怀和教育，使他们在不知不觉中逐渐感受到了党给予他们的关怀和温暖，在内心深处逐渐发生了微妙的变化。

在哈尔滨的改造生活

溥仪等人在抚顺战犯管理所待了没多久，美国发动了侵朝战争，战火很快烧到了鸭绿江边，中国人民志愿军渡江抗美援朝。为了保证战犯们的安全，管理所把这些战犯集体迁到了哈尔滨。

刚到哈尔滨时，溥仪等人被安置在一所不大的日伪时期盖的监狱里。监房的条件比抚顺时要差，看守也比较严，气氛十分紧张。当时他们觉得，自己跟动物园里被禁锢的虎狼差不多，心中不免担忧起来。但后来他们发现，这些看守员其实对他们是十分和蔼可亲的，尤其对像溥仪的侄子们这样的年轻人，显得更加亲近。虽然他们是低级战犯，但享受和溥仪等高级战犯一样的小灶待遇，有好的伙食，看守员总劝他们多吃一些。在监房里，除了学习所方布置的文件和报纸外，还可以进行文娱活动，如打扑克、练唱歌、听广播等。所方还让少数比较年轻的低级战犯做些轻微劳动，让他们给每个监房送饭、送菜、送开水等。所方的信任，使他们感到非常高兴。

经过学习和教育，溥仪和侄子们对改造工作从抗拒到逐渐理解、自觉接受。特别是一位干部的讲话，使他们更加深刻地理解了改造的意义。这位干部说："你们也许会说，既然不想杀我们，就把我们放出去不好吗？不好！如果不经改造就放你们出去，不仅你们还会犯罪，而且人民也不会答应，人民见了你们不会加以饶恕。所以，你们必须好好地学习、改造。"

战犯们在被转押到哈尔滨后，所方把一个糊铅笔盒的任务交给他们。这是溥仪第一次参加真正意义上的劳动。起初，他糊出来的铅笔盒总是不合格，经过同组人的帮助，终于能糊出一些合格的产品了。这次劳动使溥仪侄子们的改造生活也有了新的内容，他们的思想感情发生了很大变化。所方用他们的劳动成果买了一些糖果和香烟分给大家，让他们第一次体会到了劳动者的光荣，使他们在教育改造的道路上迈进了一大步。尤其是溥仪，改变是天翻地覆的。开始时，由于他经常出废品，肃亲王之子宪均总喜欢挑剔、挖苦他，把他气病了半个月。病好之后，一次开会，溥仪说出了一句耐人寻味的话来："我恨！我恨我从小生长的地方！我恨那个鬼制度！什么叫封建社会？从小把人毁坏，这就是封建社会！"

揭发检举溥仪

经过一段时间的学习和教育，溥仪的侄子们逐渐认识到封建统治者的罪恶实质：当皇上的也是人，并非是超乎常人的"神"或是什么"真龙天子"，他的言行并不都是"圣明"的；凡是做了危害祖国、危害人民的事情，都是错误，都是罪恶；为封建统治者的罪恶言行效劳，也是犯罪行为。在学习改造的过程中，他们开始对照溥仪、对照自己，有针对性地展开了反省和检讨。

毓嶦的思想转变得最快。在从抚顺战犯管理所转押到哈尔滨监狱后的第一个新年里，他创作并参演了一个快板，内容全部取自战犯管理所学习改造的实际情况，讽刺了一些不符合学习改造要求的现象。快板里讲到，有的人在学习改造过程中，背地里仍在念经咒，乞求神佛保佑，这一听就知道指的是溥仪；接着又讲到，有的人过去受封建教育，心甘情愿地为统治者当奴才，如今到了管理所，党和政府挽救他成为新人，可他还是继续愿意给人家当奴才，不只自己不走改造的道路，还阻碍别人改造，甚至抗拒改造。这明显是讽刺毓嵒的。

毓嵒听完快板后深有触动，十分惭愧。他觉得自己虽然了解了封建统治者的丑恶，可是没能做到向党和政府揭露这种丑恶。他想到了在苏联时，溥仪曾叫侄子们帮助他隐藏珠宝等贵重物品；到了抚顺战犯管理

溥仪（右一）在战犯管理所内用餐

所，溥仪仍然把偷藏珠宝的黑色皮箱放在他居住的监房中。毓嵒知道溥仪的这种做法是错误的，经过思想斗争，他给管理所所长孙明斋写了一份揭发材料，要求所长检查溥仪的黑皮箱并予以没收。在孙所长的启发下，毓嵒还给溥仪写了一个动员他主动交出隐藏的贵重物品的便条（但据毓嶦回忆，是溥仪的侄子们集体推举毓嵒向孙所长揭发溥仪并写便条的）。最终，在所方管理人员和毓嵒等人的共同努力下，溥仪交出了私藏的物品。

1954 年，抗美援朝已取得决定性的胜利，美帝国主义被赶过了"三八线"，停战协议签订，南满局势趋于稳定。同时，由于战犯管理所即将全面开展"大检举大坦白"活动，而在哈尔滨无法展开调查工作，战犯管理所决定迁回抚顺。

在原来抚顺战犯管理所组织的大检举中，毓嶦等人就谈到过溥仪在伪满宫廷中的专横作风和打骂、虐待人等问题，在这次的检举中，溥仪的侄子们又交代和揭发了一些问题。更令他们感到有收获的是，他们听到了许多过去在伪满宫廷中听不到的情况，比如，日本侵略者对中国人民犯下的令人发指的罪行、东北人民水深火热的苦难生活等。这使他们

改造时期的溥仪

受到很深刻的教育，也更加渴望通过学习改造来获得新的生活。

帮助溥仪改造

坦白检举活动结束后，毓嵒等人的心情感到难以形容的轻松，溥仪和伪满大臣、将官们也逐渐露出了笑脸。所方对他们的管理大大放松，开始允许他们和各自的家属通信。因为毓嵒、毓嵦在坦白检举中表现较好，所方还让他们帮助检察团工作人员抄写日本战犯的坦白检举材料，抄写过程中，他们又受了一次教育。

抚顺战犯管理所为使以溥仪为首的伪满战犯自觉地加速学习改造，组织他们成立了学委会，指定万嘉熙为主任委员，毓嵒为生活委员，负责卫生和饮食工作。在检查生活卫生时，每个人的铺位都干干净净、整整齐齐，唯有溥仪的铺位总是弄得歪歪斜斜。以前，溥仪的一切日常生活都由毓嵒等侄子和随侍们一手包办，现在他们认识到，再那样做对溥仪的学习改造是不会有好处的。所以，在溥仪没有搞好卫生时，毓嵒便毫不留情地说："981（溥仪在押时的代号）摆的行李或物品不整齐，不合要求，应当扣分。"并且要他当场按要求弄好。溥仪每次都马上手忙脚乱地进行整理，久而久之，也具有了一定的生活自理能力。

从溥仪和侄子们1950年8月被遣送回国到1956年春，五年多的时间里，他们一直生活在管理所内，对于新中国的社会状况，只能从报纸上或管理所工作人员的谈话中了解一部分，没有接触过任何实际情况。为了加快对战犯们的改造，用实际生活加深他们对新社会的了解和认识，管理所决定组织他们到外面进行一次参观。

在这次参观中，伪满战犯和汪伪政权少数战犯来到了抚顺露天煤矿。他们看到了雄伟壮观的矿山，也看到了日寇当年逃跑时放火焚烧破坏的矿坑，感到日寇比豺狼还恶毒，令人切齿痛恨！他们还看到了采煤工人真实的工作场景，看到了为保护工人安全和健康所采取的种种措施，看到了退休工人所享受的幸福生活。通过和伪满时期工人所受的非人待遇相对比，他们更深刻地体会到了党和政府对工人的爱护和关怀，这也使他们从中受到很深的触动和教育。

参观完抚顺露天煤矿后不久，管理所还安排溥仪以及"三校"和"三小"等人与前来探视的溥仪的三妹韫颖、五妹韫馨和七叔载涛会面。他们已经有十多年没见过面了，经过急切的交谈，他们了解了各自的经历和近况，有的人为见到亲人而高兴，也有的人在知道亲人去世后而悲伤。在得知载涛成为全国人大代表后，他们所有人都十分激动。他们深深感激党和政府让他们这些过去给祖国和人民特别是给东北人民带来深重灾难、现在正在学习改造的战犯有会见家族亲人的机会，更深深体会到党和政府对他们无微不至的关怀。他们过去走向了危害祖国和人民的罪恶深渊，而现在，在党和政府的引导下，他们正走向光明的未来。

1957年1月27日，毓嵒、毓嶦、毓嵣、李国雄、黄子正等13人，受到党和政府的宽大处理，由最高人民检察院宣布，免予起诉，释放回家。听到这个消息，按照常人的情感应该感到十分高兴，但溥仪的侄子们的心情是复杂的，既高兴，又有种无依无靠的感觉。他们曾在溥仪的长期管教下成为溥仪的忠实奴仆，为了效忠溥仪，犯下了种种危害祖国的罪行。在回国之初，因为害怕受到人民的制裁，他们心中充满恐惧；而在六年多的改造中，他们得到了管理所全体工作人员的关怀，感到无比温暖。所以，当要离开给他们以新生的战犯管理所时，他们也产生了一种像断了线的风筝一样无依无靠的感觉。

与特赦后溥仪的交往

溥仪被特赦回京后，与侄子们或多或少、或远或近地保持着联系和交往。

或许因曾被溥仪立为"皇子"的缘故，与溥仪走得最近的是毓嵒。1960 年 1 月，在溥仪被特赦后不久，毓嵒就去和溥仪见了面。这是他第一次称溥仪为"七叔"，再也不像以前一样称呼他"皇上""上边""皇阿玛"和"981"了。

那时，毓嵒在远离市区的天堂河农场工作，每月公休四天。四天里，他至少要到溥仪那里去两次，有时他的两个儿子也去那里玩。毓嵒在农场是体力劳动，每月粮食定量，因为营养不良，身体都浮肿起来，溥仪就领他到政协餐厅改善伙食。一次，由于自己饭量太大，毓嵒感觉给溥仪丢了脸。毓嵒得了感冒，溥仪还把他带到医院，找了一个有名的老中医给他看病。由于曾立毓嵒为"皇子"，溥仪对他比别人更加信任。一次，毓嵒到溥仪那里，溥仪对他说："明贤贵妃（谭玉龄）的骨灰还是交给你，由你在家中保存吧。因为你大婶娘（李淑贤）得知在我们居住的宿舍小屋里还放着骨灰盒，非常害怕。"毓嵒听后毫不犹豫地答应了。还有一次，溥仪和李淑贤表示要毓嵒把最小的儿子过继给他们。虽

毓嵒（小瑞）、毓嶂（小秀）、毓嶦（小固）三位先生合影

然这件事因故没有办成，但也说明溥仪和毓嵒的关系非同一般。

毓嶦与特赦后的溥仪关系平平。毓嶦和毓嵒、李国雄三人被释放回北京后，一直没有找到合适的工作。后来，他们与刑满释放人员、被单位开除人员等社会闲散人员一起，由所处管段派出所组织起来成立"劳动生产大队"，毓嶦被分派到第八生产队，到小汤山苗圃参加劳动。毓嶦等认为，他们被释放后受到的种种不良待遇，是因为受溥仪牵连，都与溥仪有关系。而溥仪被特赦回来后，一切都由政府安排，工作和生活一直很顺利。溥仪不了解这种心理落差，在他看来，侄子们虽然在郊区的"劳动生产大队"劳动，但都是有工作的人，已经很不错了，所以他在给毓嶦的信中写道："任何工作岗位，任何劳动都是光荣，都是为人民服务。"毓嶦认为溥仪讲的都是空洞的大道理，他和溥仪之间根本无法相互理解，是两条道路上跑的车。

溥仪被安排到全国政协文史委后，毓嶦有时和毓嵒一起在公休时去找他，或到他办公室坐坐，或去到为委员们准备的茶室、书画室、游艺室等，有时还陪溥仪去群众出版社谈《我的前半生》写作事宜。溥仪与李淑贤结婚的时候，没有通知毓嶦。但毓嶦结婚时，溥仪夫妇特意到他家去了一趟，还送了一个印有古装美人的暖瓶。之后，毓嶦又去看过溥仪几次，但因为有大婶娘（李淑贤）在，感觉越来越不方便，有一次还被变相下了"逐客令"。"文革"开始后，毓嶦工作的天堂河农场改为军管，休息变少了，很难进城一趟，再加上政治气氛十分紧张，一直到溥仪病故，他们再也没能相见。

毓嶦是伪满洲国时期与溥仪最亲近的侄子，但在苏联期间他们因留居问题闹翻，到抚顺后，表面上溥仪向毓嶦赔礼道歉，但实际上又布置家族人员监视他。1957年初，毓嶦回到吉林，与分别了12年的慈母和妻女团聚，不久被安排到满族中学工作，开始了新生活。当年秋天，毓嶦与来吉林视察的涛七爷见了面。1959年冬，他从广播中听到溥仪得到特赦的喜讯。1962年，又听到溥仪结婚的消息。

令他十分意外的是，1960年8月18日，他接到溥仪的来信。信中溥仪讲了自己对被改造和特赦的认识，谈到共产党、毛主席治好了每一个战犯的病，使他们从魔鬼变成了人；共产党、毛主席不仅是解放六亿五千万中国人民的大救星，也是战犯的重生再造父母。他还谈到对社会主义建设以及首都发生的翻天覆地变化的欣喜之情，谈到了皇族、亲人以及其他侄子们的近况，谈到了自己的劳动和学习情况。他说自己和劳动人民一起生活、工作、劳动、学习，这是平生最光荣、最愉快的事。在信的最后，他鼓励毓嶦不断检查自己，改造自己，克服缺点，虚心学习，永远跟着共产党走，听毛主席的话，争取成为光荣的红旗手，还表示希望将来叔侄能早日见面。但令人惋惜的是，受当时政治气氛的影响，直到溥仪逝世，他们叔侄再也没有见过面。

（作者系伪满皇宫博物院研究馆员）

溥仪与泰戈尔的神奇交集

———

刘若楠

编者按：2012 年 9 月，由长春溥仪研究会主办的第四届溥仪研究国际学术讨论会在河北承德避暑山庄举办。大会汇集了来自中国、美国、日本、俄罗斯的众多专家学者，形成了一系列会议研究成果。其中，有一些溥仪生活中鲜为人知的有趣片段得以披露，本刊将撷取其中的精彩部分陆续刊发，以飨读者。

照片上的两个人，一个是末代皇帝溥仪，而另一个大胡子，就是著名的印度诗人泰戈尔，能想到这两个人也有交集吗？

1924 年 4 月，一直对中国文化心驰神往的泰戈尔，应梁启超、胡适和徐志摩之邀，来到中国。时年 18 岁的清逊帝溥仪在自己英文老师庄士敦的介绍下，于故宫御花园内会见了这位诺贝尔文学奖得主。那天，泰戈尔饶有兴致地从神武门进入紫禁城，皇宫里的一切，对这位印度诗人都是那么神秘，那么富有吸引力。泰戈尔后来在文章里回忆起进紫禁城会见溥仪时的情景说："北京的皇宫太神秘，也太美丽了！真是不虚此行！"

溥仪与泰戈尔

那天，溥仪的兴致也非常高，那堵厚厚的红墙，把 18 岁的他和外面的世界隔开得太久了，没有废掉的"皇上"封号，仍在无形地压着他。他心里十分清楚，这尊号仅仅保留了他的面子，至于他的将来怎么办，连他自己都不清楚。但泰戈尔的到来，仍使他感到兴奋。

原来，泰戈尔能进紫禁城，是好几位中国近现代史上赫赫有名的人物共同努力、共同参与的结果，但首推应是溥仪的英文老师——庄士敦先生了。他不仅向客人描述了皇宫里富丽堂皇的建筑，描述了令外国人感到神秘的宫廷生活，还介绍了他这位多少有点绅士风度的皇帝学生。泰戈尔进紫禁城，谁来担当翻译呢？经过梁启超、林长民两个人的慎重考虑，决定由美国留学归来的青年诗人徐志摩担任翻译，林长民的长女林徽因小姐作陪，溥仪的老师、泰戈尔的朋友庄士敦自然也少不了。而溥仪方面作陪的，有刚刚当上内务府大臣的郑孝胥和溥仪的内弟郭布罗·润麒。溥仪由庄士敦和郑孝胥陪同，在紫禁城御花园的养性斋与泰戈尔会面。养性斋是一座凹形的两层楼阁，明代时称为"乐志斋"，清顺治年才改名"养性斋"。楼上正室有康熙皇帝题写的匾额：飞龙在天。

泰戈尔与郑孝胥

左室楹联"心迹只今偏爱澹，诗情到此合添幽"，右室楹联是"自是林泉多蕴藉，依然书史得周旋。"楼下是乾隆的御笔匾额：居敬存诚。养性斋那时是帝师庄士敦的临时休息所，楼上楼下都布置着西式的器具。泰戈尔对这里的景致、布置十分赞赏，特别是对楼下乾隆的楹联产生了兴趣，认为联句很美："体道鸢鱼看活泼，消闲书史抱菁英。"

　　泰戈尔与溥仪、郑孝胥分别合影留念。两张照片的背景都是御花园钦安殿西南部、千秋亭东侧的四神祠。据学者王镜轮考证，这里供奉的是道家四方神即代表东西南北方的青龙、白虎、朱雀、玄武。泰戈尔和溥仪就站在这四神祠前，面向北，溥仪居右站在台阶上，泰戈尔居左站在平地上。泰戈尔与郑孝胥合影则正好倒过来，郑氏居左，两人一同站在台阶下。

　　庄士敦先生详细记述了泰戈尔这次入宫的过程：

庄士敦摄于宫中

从这天早上起，末代皇帝的内务府大臣郑孝胥一直在心里闷着一个葫芦，因为这天一大早，皇帝忽然降下一道手谕，令他今天暂不要离开内务府。郑莫名其妙，但又不好直接问为什么这样做，虽然皇帝的神威已不像以前那样使人噤若寒蝉，可余威总还是在的，所以郑只好待在府里待命。当宫里的大钟敲响十下时，泰戈尔及其随员恩厚之、鲍斯、诺格、沈教授及徐志摩等乘一辆汽车出现在神武门口。早有宫人在门口等候，一见泰戈尔到了，赶忙把他们引入宫内，转了一个弯又一个弯，一直往御花园方向走去，而溥仪此时正身着便服在御花园等着他们了。听说泰戈尔已经到了，他马上让人把郑孝胥招来，至此郑孝胥才明白溥仪为什么一大早就把自己留在宫里。不过辛苦自有辛苦的报酬，作为内务大臣，郑孝胥还从来没有到过御花园，这次因沾泰戈尔的光，终于生平第一遭到里面一游。他先接待了泰戈尔一行，随后领着他们去觐见溥仪。当泰戈尔一行出现在御花园门口时，溥仪一见大喜，先举左手给泰戈尔让座，并用右手按郑孝胥的肩膀，示意他也坐下。待泰戈尔坐下，溥仪对他说："先生为印度大诗人，郑孝胥则吾国之大诗人，今日相遇于此，实不易得之机会，吾先为两大诗人留影以为纪念。"说完溥仪站起来，让人为两位诗人照相。照完相，泰戈尔对郑孝胥说："君为中国大诗人，亦解英文否？"郑孝胥用英语回答说："吾所知者甚浅。"随后溥仪开始用英语与泰戈尔交谈起来，说得还算流畅。之后溥仪亲自做向导，领着泰戈尔游览御花园。泰戈尔一边走，一边赞不绝口，为中国园林的优美和富丽而折服。大致游览之后，泰戈尔就和溥仪告辞，随后与随从一起步行到神武门口，乘车而去。

溥仪与溥杰的患难兄弟情
——青少年时期的"皇兄"与"御弟"

王庆祥①

在中国近现代史上，有一对兄弟，他们本想充当时代的弄潮儿，大干一番事业，没想到却逆历史潮流而动，被时代的大浪冲击得面目全非。他们本出生在皇室，有着优越的生活条件，却不曾想有朝一日家国巨变，他们由王公贵族变为普通平民甚至阶下囚。唯一庆幸的是，不管时代如何变迁，周围人的眼光如何，他们之间的兄弟情却一直未变。他们就是末代皇帝溥仪和他的弟弟溥杰。

哥哥的"陪读"

爱新觉罗·溥仪，生于公元 1906 年正月十四日，他的同父同母的弟弟溥杰，生于 1907 年 5 月 27 日，只比溥仪小 15 个月。1912 年 2 月 12 日，清朝统治者隆裕太后代表当时只有 6 岁的宣统皇帝溥仪，与国民

---

① 王庆祥，吉林省社科院研究员，溥仪研究专家。

政府签订了《清室优待条件》，并同时颁布《退位诏书》，清朝灭亡。按照优待条件的规定，皇帝虽退位，但皇帝尊号仍不废，并可暂居紫禁城，侍卫人等照常留用，清帝私产也由民国政府特别保护。这样，6 岁的溥仪就和以前一样，照样在紫禁城里生活玩耍。

1913 年 10 月 8 日，6 岁的溥杰忽然接到 7 岁的溥仪以"关门皇帝"身份传来的谕旨："溥杰著加恩赏给头品顶戴。"从这时开始，紫禁城中的溥仪已经懂得"复辟大清"，而醇亲王府的溥杰也已懂得"恢复祖业"了。

据溥杰回忆："在我童年时，母亲即经常拿'恢复祖业'教育我，如痛恨革命党人、咒骂孙中山先生等。所以在我七八岁时，每当在我祖母处看到书刊上登载的孙中山和袁世凯的相片，必定要用手指把两个眼睛挖去，因此很得到祖母以次的家人的赞扬，说我'有志气'。有一年，看见父亲的月份牌上，在中华民国的'民'字旁边，加上一个'亡'字，我就问：为什么改为中华'氓'国？我父亲会心地笑了，我也悟到'氓'字的意义。在我母亲自杀之前给我写的遗书里，就有'你长大了，千万不要像你阿玛那样没有志气，要好好地念书，好好地帮助你哥哥，这才不负我生你一场'等语。"

应该说，在"帮助哥哥"这一点上，溥杰对母亲是尽了孝心的。至于那开历史倒车的事业最终不免于失败，本是时代安排好的结局，溥杰也无力回天！

溥杰对其兄的"帮助"，从清宫"伴读"就开始了。所谓伴读，就是陪伴溥仪读书，以促进他的学业。

张勋复辟失败后，溥仪的小朝廷日见不稳，开始考虑退路。奉旨"照料内廷一切事务"的溥仪的生父醇亲王载沣，接受了李经迈（清朝直隶总督兼北洋通商大臣李鸿章之子）的建议，同意让溥仪学习英文，并延聘了英文师傅庄士敦。当载沣提出让溥杰充任英文伴读时，却被庄

士敦拒绝了。理由是溥杰没学过英文，须从头教起，太麻烦了。庄士敦
希望由溥仪的堂弟溥佳伴读，其时溥佳已跟庄士敦学过数月，有了相当
基础。于是，挑选溥佳伴读英文，同时又决定增选溥杰伴读汉文。

从此，溥杰拿着溥仪赏赐的"月例银"80 两，每天在宫中伴读度
日，主要任务是代书房中的皇帝受责。在封建社会里，皇帝不好好念
书，老师不可正面批评，规劝、警诫或教训只能施于伴读。但因溥杰有
"御弟"的身份，扮演倒霉角色的常常是毓崇。毓崇是道光皇帝后裔，
1912 年 8 月就奉旨进宫给溥仪当伴读，比溥杰要早好几年。溥杰入宫伴
读，始于 1919 年初春，终于 1923 年秋末。那年 12 月 9 日，溥仪传出一
道谕旨，告诉溥杰、溥佳和毓崇"毋庸陪读，着赏在内廷行走"。

"御弟"对哥哥的"另类"帮助

有溥杰陪伴的这几年，是溥仪走向成熟的时期，其标志之一就是生
出了出国留学的念头。皇帝要摆脱紫禁城，跨海越洋读书去，这消息震
惊了皇族。唯有溥杰一人坚决支持，并忠心耿耿地协助其兄内外联络、
筹备经费，从事必要的准备工作。向宫外转移珍贵书画和善本古籍，便
是这准备工作中的一项。溥杰后来叙述这件事情的来龙去脉说："1921
年至 1922 年前后，溥仪因为他的家庭英文教师庄士敦（英国人）的缘
故，遂想到英国伦敦去留学，我也赞成，并且也想和他一同去。但溥仪
深知他所处的环境是在清廷的腐败遗物——王公、大臣、遗老、太监等
的包围之中，他们为了吃饭起见，是绝不能赞成他们的饭东——溥仪抛
下他们而到外国去的。所以，溥仪当时便和我商量，把当时紫禁城内的
宝物中值钱又轻便易运的古代书画真迹和宋版书等悄悄地运出宫外，当
作赴英的旅费及若干年的留学学费和生活费等。于是我们便利用我每
天陪他读书的机会，在正午放学后，由他交给我一个乃至两个大包袱的

东西，都是以'赏赐溥杰'为名，当时共搬运了约有半年。其中最有名的稀世之宝，有晋代王羲之及其子王献之的真迹、唐代大李将军的青绿山水真迹和宋版书等。名字及件数现在虽不记得，但以一天两大包袱的运量算，总体数字是可以推算得出来的。并且，我所运搬的东西，都是字画、书籍中最好的稀世珍品，这一点是我敢确保的。"

1924 年溥仪被逐出宫后，清室善后委员会清点宫廷物品时，在养心殿发现了"赏溥杰单"，按其标明的时间，始于"宣统十四年七月十三日"（即 1922 年 9 月 4 日），终于"宣统十四年十二月十二日"（即 1923 年 1 月 28 日），历时 5 个月，证明溥杰所述完全属实。这里仅列出几份赏单的目录，已可见这批"御赐品"的大概了。

1922 年 9 月 4 日赏：

宋版《毛诗》四册

宋版《韵语阳秋》一套

宋版《玉台新咏》一套

宋版《卢户部诗集》一套

宋版《五经》一匣四套

宋版《纂图互注南华真经》一套

宋版《和靖先生文集》一套

御题宋版《尚书详解》一套

宋版《帝学》一套

宋版《孙可之文集》一套

1922 年 9 月 6 日赏：

宋版《说文解字》一套

宋版《纂图互注南华真经》一套

宋版夏侯阳《算经》一套

宋版《画继》一套

宋版《班马字类》一套

宋版《周礼辑闻》一套

宋版《说文解字韵谱》一套

宋版《云溪友议》一套

宋版《春秋繁露》一套

影宋钞本《唐史论断》一套

仿宋版《周易王注》一套

1923 年 1 月 28 日赏：

唐寅《野航雨景》

周之冕《花卉》真迹

赵孟頫《乐志论·书画合璧》

马远《溪山秋爽图》

赵伯驹《蓬瀛仙馆》

文征明《赤壁赋图》

宋人摹顾恺之《斫琴图》

仇英《五百罗汉》

黄公望《溪山无尽图》……

溥杰每运出一批书画，就转交给七叔载涛，再由他运到天津，藏于溥仪在英租界戈登路购置的一处花园洋房之中。如此盗运了五个月，忽然停止了，这是因为当时的北洋军阀政府已有耳闻，起了疑心。加之溥仪身边的王公大臣竭力劝阻，这次中国文化史上的盗运事件才未能继续下去。

溥杰说，后来溥仪在天津居住期间的生活费，有相当一部分来源于变卖这些书画珍品。"九一八"事变后，溥仪又把这些东西运到长春，伪满垮台后又跟着逃亡的皇族到了通化大栗子沟，这以后就散失了。

弟弟欲投张门，被哥哥拿下

1925 年 2 月，溥仪潜赴天津，在日本租界内赁房蛰伏七年之久。溥杰这时虽然仍住北京醇王府，但却常来常往于北京天津之间。翻开溥仪这一时期的《召见名簿》，总是少不了溥杰的名字。到了 1928 年夏天，面临北伐军的进攻，张作霖退守关外，载沣乃携眷避居天津，溥杰溥仪从此又朝夕相处了。

1929 年 3 月，溥仪把溥杰和皇后婉容的弟弟郭布罗·润麒送到日本留学，他为什么要走这步棋呢？

原来，溥仪被逐出清宫后，并不曾放弃出洋留学的念头。而且，在遗老中间，也有一位人士站出来支持溥仪前往日本，这人就是罗振玉。不过，在溥仪身边，大多数遗老仍反对其出国留学。这些人或以"安土重迁"相劝，希望他以自身安全为要务，"伺机观变，静以俟时"，或以"复号还宫"为目标，唯愿返回清宫小天地，在"优待条件"下打发时光。他们的想法各异，但都反对溥仪越洋留学。在这样的争论中，几年过去了。

其间，溥仪注意研究国内的政治形势，并从蒋介石以及其他军阀的发迹史上得到启发：欲实现复辟大业，必须掌握兵权，先有军队，才有一切，洋人也才来帮你。溥仪遂决定把身边最亲信的人派到日本去学习军事，以培养将帅之才，他感到此事比自己东渡留学更有必要。也是在这一时期，溥杰在北京与少帅张学良结为密友。深受张的影响，溥杰产生从军带兵打天下的念头。1928年初，张学良邀请溥杰参观南口奉军工事并检阅部队，溥杰乘机提出投军从戎的请求。起初张学良颇觉为难，让御弟当部属，这关系似乎不大好摆，经溥杰一再恳请，少帅才答应让他先进奉天讲武堂学习。

不久，战事趋紧，奉军处于北伐军以及冯玉祥和阎锡山军队的围攻之中，在将要退守关外的紧急关头，张学良特意通知溥杰先到天津躲避。而载沣也正是在这个时候带领一堆未婚子女撤离北京醇王府，避入天津英租界戈登路那栋花园洋房的。溥杰这时已经结婚，遂带着妻子唐怡莹，乘坐少帅的专列赴津。他既未投奔日租界内溥仪的张园，也不与英租界内的父亲同住，而是直接住进了法租界内少帅的张公馆。

张作霖被炸后，少帅已在东北主持大计。溥杰决心实践与张学良在北京商定的从戎计划，他明知父亲载沣和大哥溥仪都不会同意，干脆不辞而别，随张学良的眷属一起乘船离津。等载沣看见溥杰的一纸留言，客轮早已驶入渤海的浪涛之中了。

载沣急得团团转，他的儿子要进奉军军校，这无异于上辱祖宗。载沣急往张园报告溥仪，结结巴巴地说，无论如何也要把溥杰追回来。溥仪当即找到日本驻津副领事白井康，并给关东厅"通译"中岛比多吉拍了电报。溥杰万没想到，当他刚刚走下船舷登上大连港，就被守候着的中岛和几名日本警察拦截，并不由分说地遣返回了天津。

在哥哥的严厉训斥下，溥杰据理力争，说他投笔从戎正是为了恢复祖业。这本来与溥仪的思想不谋而合。然而，溥仪跟载沣一样，绝不同意他加入奉军，投在张学良帐下。这里不仅有身份上的考虑，更有政治上的原因，溥仪怎么能容忍张氏父子当"满蒙王"，与他争帝位呢？溥仪安慰弟弟说："你的志向不错，不过怎能给张学良做事呢？不如直接到日本士官学校去学军事。"溥杰遂又高兴起来。

为实现复辟大业　派弟赴日学习

既然派溥杰和润麒赴日学习的大计已定，溥仪便开始做一些准备工作。他先请日本驻津总领事介绍，延聘天津日侨学校中国语教师远山猛雄充任溥杰和润麒的家庭教师，教授日本语。半年之后，又把溥杰和润麒召到面前，亲自给他俩各起了一个别号：溥杰叫金秉藩，意在秉承清朝曾国藩的遗志，成为完成本朝中兴大业的重臣；润麒叫郭继英，愿他继承明代开国元勋沐英之大业，成为恢复大清江山的名将。嗣后，给两人带上旅费和学费，让他们跟着远山猛雄，踏上了赴日的旅程。

溥杰和润麒是在 1929 年 3 月初登程的，族亲们或以金樽玉酒祝福两位王孙平安东渡，或以即兴篇章表达寄托在御弟身上的复辟大清的希望。其中有一首五言绝句《恭送溥杰游学日本》这样写道：

> 登程辞北阙，游国赴东邻。
> 桃李园林晓，梅花岛屿春。
> 兴邦逢圣主，求学有宗臣。
> 航海归来日，重看宇宙新。

溥杰、润麒和远山由天津万国桥登轮，沿海河出塘沽东渡。漂洋过海的溥杰欣喜若狂，诗兴大发，挥笔成篇，抒发自己的抱负。这里选录两首，可见溥杰当年的豪情。

赴日本道中

挥手别亲爱，扬帆直向东，
一心之异国，万里动长风。

峡激狂涛涌，松翻要塞雄，

瞳瞳朝日上，浴出海天红。

有　感

也怀仇怨也怀恩，往事宁堪迹旧痕，

聊自宽时心未死，不分明处且难论。

愦愦已惯真成痼，戚戚如斯半类愁，

忧患过当人易老，阿谁还识故王孙。

　　溥杰和润麒原拟投考日本陆军士官学校，没想到到了日本，情况却变了，该校竟以"没有地方实力者保送"为由，拒绝他们报名。远山于是四处活动，竭力奔走，终于取得日本财界著名人士大仓喜七郎的帮助，二人被允许先进入日本贵族子弟读书的学习院读书，攻读高等文科课程。然而，该学习院要求学生除日语外还要具备算术、地理和历史等学科的相应基础。而对溥杰和润麒来说，这些科目甚至有的从来都不曾接触过，这就需要补课，为此，他们还临时聘请了武田秀三和持原之妻两位教习。到1930年4月1日，溥杰和润麒才正式进入学习院。

　　与醇王府任真堂家塾和紫禁城毓庆宫帝王学校相比，溥杰感到还是日本这座学习院学习的内容更丰富。仅就课程设置而言，第一学年就开设了汉文、作文、日本古代国语、日本国史、地理、数学、自然科学、修身、武科、马术、英语、德语等课程。到第二学年又增设了东洋历史、西洋历史、伦理、法制、军事教练和体操课等，时间安排也相当紧张。

　　溥杰是位用功的学生，除数学、日本古代国语和英语等几门原无基础的学科成绩稍差，其余各科成绩都属上等或中上等水平。而第一学期的"平均评点"就达到乙等，这对留学生来说是相当不容易的。溥杰并不因此而满足，他写信告诉溥仪说："来学期当以甲为目标，非夺得不可也。"

学习院的紧张生活并不曾消磨掉溥杰的从军之志，为了有一天能够正式进入日本陆军士官学校，他时刻准备着。有一次他参加"寒稽古"活动，碰上一位军官，便问："在士官学校中，除了操练以外还有什么武术？"军官回答说："柔道不算太重要，但击剑一定要懂。"于是，溥杰决定预习剑术和柔道，"隔日习之"，以备将来入士官学校以后"实用"。溥杰还积极报名参加了学习院的"射击部"，该部每月活动三次，进行步枪、手枪、机关枪和各种炮的射击训练。他认为，"在入士官以前，能稍得此种知识，亦入学校之一助也"。每逢星期日别人休息的时候，溥杰常常还在孜孜以求地钻研军事学课程。

论及人生哲学，溥杰写道："大凡一个人不能不达观。既是一个人，就得抱着当一天和尚撞一天钟的宗旨，亦即孔子所云，为君尽君道，为臣尽臣道。子思亦言，君子无入而不自得，因由素其位而行也。"说这话，当然是劝勉别人，其中也包含了自己的谦虚。

隔海相望　书信传情

其实，溥杰的事业心是非常强的。他在东京不断听到溥仪身边的遗老一个接一个寿终正寝的消息后，曾为此致函溥仪，表达万千感慨："……载泽等之逝世，藩前未之闻。现藩所知之人陆续亡故者多矣，虽然无关紧要，然每闻一知者亡故，便凄然感人生之无常，慨己身之日就老大也。上未能雪祖宗之恨，慰君父之心；下亦未能肄业学业，徒日糜饮食，日糜岁月，诚百身莫赎之不肖者也。果如是随日月之流逝，纵老纵死亦将不能瞑目，言念及此，每不知将置身何地也。藩之竭力锻炼心身，亦为将来作铁血之预备。不过，身虽健而心则犹昔，殊不配谈铁血，遑论将来能实行之？是藩所日夜引为自咎者也。"这感慨背后，正是他渴望建功立业的心声。

溥仪对溥杰以及同时留学的润麒，都寄托了极大的希望，常亲笔给他们写信以资鼓励，他们当然也是很听话的。有一次，溥仪在信中命溥杰"努力读书"，溥杰立即回信，表示对此语"永矢不忘"。还有一次，溥仪函告溥杰"无论事务繁简，总须时常来信，俾互相砥砺"，溥杰则回信表示"拟每星期日上禀一次，定为必行之事，则远离千里亦如一廷之间，朝夕仰对矣"。

溥仪也常寄书籍、物品或食品到日本。有一次，他给溥杰和润麒每人都寄了一匣书籍，其中，诸如《史记》《左传》《列子》《文心雕龙》等类书应有尽有。溥杰也向溥仪"邮呈"过《明治大帝之事迹》和《日本之精神论》等书籍。

他们还常常以诗词表达两个人隔海相望的心情。溥仪的诗总是充满对溥杰的期待之情，有一首《寄秉藩》写道：

浩浩去千里，悠悠岁华长。

念子增寥寥，宿夜常哀伤。

目击四海沸，坐视邦家亡。

久欲奋双翼，继子游东方。

奈为俗营牵，日夜交彷徨。

勾践志报吴，薪卧兴胆尝。

……

诗中有对胞弟的思念，有对时局的评估，亦有对自身处境的哀叹，对前程的信念，这是兄弟二人心声的交流。

　　还有一次，溥仪写了一首《秋日感怀》寄到东京，溥杰极为欣赏，称之为"穆穆春风之诗"，并回信评论一番。他写道："古人云，诗能见性情。藩恭读我君之诗，实不觉欣喜无量。感慨悲愤之余而以平和冲淡之语出之，不流于激，亦不流于颓丧。藩敢不揣愚昧，断定为有读书养气之工也。藩平日之短处即浅躁二字为害，我君昔日亦未能摆脱此二字也。今读是诗，如'为公忘恩仇'及'心如秋江静'等句，深喜我君之圣学有进也。"

　　溥杰写诗比其皇兄更见功力，常把新作随信"恭呈御览"，那是很自然的。看了《秋日感怀》，溥杰欣喜之余，"恭和"一首，并当即付邮。溥仪很快就在天津静园展读了这首和诗：

> 袖手俟河清，大地沦浊流，
>
> 丈夫轻死生，含笑眄仇雠。
>
> 寸短志徒长，圣道苦探求，
>
> 求伸必先屈，表里期相侔。
>
> 启心矢日月，天意即人谋。
>
> 渺然一寸心，不贻先人羞。

　　对溥杰和润麒，溥仪有时像兄长一样对他们关爱有加，有时也采取皇帝手段，向他们颁发"手谕"，对他们的行为做出种种规定。这正好也反映了皇兄皇弟的特点。

　　1931年暑假，溥杰和润麒回国探亲，先到天津恭谒皇兄。溥仪是这样教训他们的："你们留学日本已经两年了，回忆数年经过，我们受良心的刺激与境遇的逼迫，真是不堪回首。你们毅然决然相偕留学，备受艰辛，预备为君国之报效，这是最使我觉得欣慰的。我望你们时刻以此为怀，终始履践，不以富贵贫贱生死而移其志，不为悲欢喜怒而动其心，谦虚接物，公正处事，济世为仁，克己乃勇。既能上对祖宗在天之灵，亦可慰答君父念念之意。然时局艰危，天命不易，我们自当尽人事以待天命，其共勉之。"

同样，溥杰在许多场合，也以臣子身份向皇帝呈递奏折，向溥仪提供建议或表示希望。仅举溥杰规劝皇兄的一个事例就可见一斑了。这是奏折中的一段话："夫江海不择细流，故能成其大。我君之博采众议，折中短长，实有斯气象。唯只能以之寡过少尤而已。至于决大疑，定大策，则须本心中所定大纲而行，其余细目自须以妥密周详出之。盖大人始可任巨负，小人则不过辅之助之。助荷重负之人，以期万全而已。孔子曰：再思可矣。诗曰：筑室道谋。皆可引为大戒也。"

溥仪和溥杰这一对皇兄皇弟，为了"复辟"两个字而奋斗不息，到头来不但一无所获，反而被这两个极具诱惑力而又炫目的字眼，给牵进水里去了。

"九一八"事变之前的政治密谋

溥仪和溥杰的联系，在20世纪30年代初的天津和东京之间，形成一根敏感的政治神经，说到底，这是中国封建势力与日本帝国主义相沟通的神经。日本军阀曾利用这根神经，向溥仪传递信息，试探他的反应，借以决定相关的对华政策。至于这根神经的灵敏度，可以从溥仪一生中经历的最重大的历史事件"九一八"事变前后，看出一个大致情形。

事变前约两个月，已有两位神秘的日本人士通过溥杰向溥仪发出了先兆，其中一人便是吉冈安直。几年之前，吉冈和溥杰就在天津相识了，那时吉冈任天津日本驻屯军参谋，常往张园活动，时而也陪溥仪打打球。回国后，他任鹿儿岛驻军某联队大队长。1931年6月下旬，溥杰和润麒都收到了吉冈的盛情难却的邀请信，希望他们前往鹿儿岛度假。

溥杰当时并不明白这其中的政治含义，但他也很警觉，立即把这一情况写信告诉了溥仪。他写道："藩之意，于考试完毕后即赴鹿儿岛吉冈大队长之约，在海边约住七八日，后即拟候船归国。一二日中藩拟与吉冈一信，先辞此次之约。不过，彼果然竭力邀约时，藩亦不好过拂其意，只得在其家小住数日也。藩届时拟先与之去信，请其毋庸过于招待，过于招待殊不敢往等语，与之先行约好也。"

无论溥杰怎样声明，在鹿儿岛吉冈的家中，他们还是受到了最殷勤的款待。特别重要的是一条事关重大的消息。吉冈郑重其事地告诉溥杰和润麒说："你们回到天津可以告诉令兄：现在张学良闹得很不像话，满洲在最近也许就要发生点什么事情……请宣统皇帝多多保重，他不是没有希望的！"不久，溥杰和润麒便把这条消息带到了天津。

另一位神秘的日本人是华族的水野胜邦子爵，溥杰回国前也曾与他会面。会面时，水野胜邦给溥杰讲了一个意味深长的日本故事，故事情节大致是这样的：在南北朝内乱时代，受镰仓幕府控制而身处厄运的后醍醐天皇，又因"倒幕"失败被流放。就在他仰天长叹恨无忠臣的倒霉时刻，忽然看到一株樱树树干上刻着"天莫空勾践，时非无范蠡"的诗句。经人如此点化，他才相信仍有忠于天皇的武士供其驱遣，遂重新组织力量，终于推翻了幕府，开创了"建武中兴"的政治局面。讲完故事，水野子爵接着便把他将要晋谒溥仪并赠呈书有樱树树干那联诗句的日本扇面之事告知溥杰。业已详知日本历史的溥杰当然理解其中的政治含义，遂把这预示着"宣统中兴"的讯息立即转告给了溥仪。

他在信中特别解释了那联诗的典故："昨日有一水野子爵，因将赴中国各省游历，至津时拟晋谒我君，彼将进呈折扇一柄，并拟赠陈宝琛同扇一柄。扇故无足观，其上书有诗一首，其诗乃日本后醍醐天皇被贼臣所扼，俨如幽囚，因叹曰：'何我手下之无一忠臣也？'后在院中散步，见一树上书诗句二句，即水野子爵拟进呈我君者也。后醍醐天皇读之，大为感动，因知并非无忠臣也。后卒成中兴大业焉。"此时此刻，"九一八"事变尚未到来，溥仪却已陶醉在溥杰的信息中而昏昏然了。那鹿儿岛的新闻，那扇面诗的故事，都让溥仪把早已在日本人酝酿中的残暴狠毒的侵略事件，错看成了"重登大宝"的美梦，"宣统中兴"的希望。

后来的史料记载也证实了这个事件。在溥仪天津"行在"的《召见簿》上赫然记载着：从1931年7月23日至8月1日，溥仪连续召见归自鹿儿岛的溥杰和润麒，听他们转述吉冈安直的政治问候；1931年7月29日，溥仪召见前来"游历"的水野胜邦和稻川多四郎，并接受了水野子爵赠呈的扇面。陪见者中，有溥杰、萧丙炎、郑孝胥和润麒。

溥仪的春秋大梦并没有做多久，两个月后，即1931年9月18日，日本的炮火点燃了中国的东北。事变发生后，中华民族沸腾了，远在日本的中国留学生也纷纷集会、发表演说，抗议日本侵略者的侵华罪行。目睹这一现状的溥杰和润麒，立即写信给皇兄，"谨禀"实况，陈述己见。溥杰封发于1931年9月20日的信中写道：

近日此间民气昂愤异常，素日有"左倾"思想之新闻等，近日亦俄然一变，竭力鼓励民气，宣传满蒙事件、经过等。总观日本近日虽有思想恶化之倾向，然大多数人平日固彼此斤斤不相容，一旦对外有事之秋，率有一致同仇之概，此点实出藩平日预想之外也。

藩近日除读书以外，即忙于购读各种新闻。除固定之日报、夕刊外，尚时时有号外出售，真有如火如荼之概也。

际兹秋风多厉、寒暑交替之际，恳望我君起居动静诸事，举以妥慎周详出之，实藩所切祷者也。

润麒封发于 1931 年 9 月下旬的信中写道：

近闻报载，虽属远道传闻，然亦人言凿凿，遍地风声鹤唳也。际兹重大时期，英愚以为，实千钧一发之时，敢望动静兴居格外加意：慎不流于缓，断不流于猛，集众腋取其成裘，执中枢定其大计，此英之日夜彷徨切祷无已者也。

再，近日留学各派之人士，亦各自树奇立异、分道扬镳，俨然一小中国之纷乱状况也。欲归国者有之，喧骚者有之，五花八门，煞有可观，可谓庸人自扰而已。现此间有讲演、有谈会，率皆对中国问题（日前，英等学校亦开演一次，然未准许英及秉藩及尚有一名名林失敬之中国学生入听也）。各舆论机关亦颇一致，大有举国同仇之概也。

可见，坚决反对侵略的爱国留日学生，当时就对具有特殊身份的溥杰和润麒加以戒备了，禁止他们参加有关的集会。

不久，溥仪命家庭教师远山猛雄携亲笔黄绢信赴日，找陆相南次郎和黑龙会首领头山满活动，希望日本军界和政界元老支持他的复辟大业。远山抵日后，溥杰也参与其间，并及时向溥仪汇报情况。

1931 年 10 月 31 日晚，溥杰按约定前往东京丸之内饭店会见远山，听他讲述与德富猪一郎商谈的细节。德富猪一郎，即日本大名鼎鼎的评论家德富苏峰（1863—1957），他早年创办民友社，曾任贵族院敕选议员，抱有皇室中心主义和国家主义思想，在"九一八"事变发生后日本建立战时体制过程中，与日本军部紧紧勾结，成为推动侵华的一个重要人物。溥杰当夜就给溥仪写信，转述了猪一郎所谈的内情，信中还说："据德富言，此际前途未可知，行动上务须慎之又慎，以留前途之进退自由，实最要之事也。"

两三天之后，溥杰再度秘密会见远山。处于动荡的历史关头，溥杰身份特殊，为众目所矢，动辄横生疑窦，故事不宜泄。远山深悉内幕，言行有节，慎之又慎。溥杰就此致函溥仪时借题发挥，含蓄地表达了自己的政治见解。他写道："藩愚以为远山做事，向来慎重过度，大有每事十思之概。我君于凡事谨慎思之之后，尚望加以果断。若全恃谨慎，或致如宋人之议论未定，金人便已过黄河之失也。"

弟如愿进入日本陆军士官学校

在学习院读书期间，溥杰和润麒各有自己的日本名字：溥杰叫清水次郎，润麒叫清水文雄。这无疑有利于他们参与政治色彩浓厚的活动时隐去身份。

学习院每年两度假期，寒假不足一个月，加之学习紧张，溥杰和润麒一般是并不回国度假的。但在暑期的两个月里，他俩总要回到天津"恭请圣安"。尽管当时采取了许多隐姓埋名的措施，他们来往于中日之间，还是不免被认出或干脆被跟踪，并常常受到记者的包围。于是，或就溥仪的生活起居近况，或就自己的留学生活，他们发表即兴谈话，其内容很快就被刊登在中日两国的报纸上。溥仪和溥杰这根连通天津和东京的神经在当时实在敏感，所以在那个特定时期，它如此受到社会的瞩目也是可以理解的。

1933 年 2 月，当溥杰和润麒在学习院毕业的时候，溥仪已经出任"满洲国执政"，并于上年 9 月与日本政府签订了出卖东北河山的《日满议定书》。溥杰和润麒的后台硬朗起来，终于被看作"有地方实力者保送"一流的人物了。从 1929 年 3 月赴日之初到现在，时隔四年之后，他们学习军事的愿望终于得以实现。

从1933年4月1日起，溥杰和润麒同时成为日本陆军士官学校的预科生。除他俩外，溥仪还以伪满执政的身份，另外选送了十个人。其中有溥仪的堂弟溥佳、溥仪的未婚的四妹夫赵国圻、溥仪的族侄毓峻和毓哲、皇族熙洽的外甥马骥良、溥仪寓居天津时的房东之子张挺和溥仪的随侍祁继忠，这7人都是伪执政府的侍卫官，溥仪的亲信。此外还有伪满大臣孙其昌之子孙文思以及孙经纶和庞永澄。不久，溥仪把原由中华民国派在日本的留学生、其未婚的五妹夫万嘉熙也划归了过来。

这就是以溥杰为首的第一批"满洲国陆军将校候补生"的阵容。虽然他们不再像四年以前溥杰和润麒赴日时那样碰钉子，很快就由日本陆军省批准，全部"考"入陆军士官学校。但溥仪清楚地知道，因为日本陆军省早已向他打过招呼：今年"优待"伪满留学生，"一律予以考中"。否则，除了溥杰和润麒外，其他肯定"一律落第"。祁继忠"恭呈"溥仪的信中就老实地承认了这一点，他很客观地将他们能正式进入陆军士官学校，归功于日本陆军中将小泉六一的斡旋，而这正是溥仪委托此人负责"将校候补生"的入学事项。一副俗相的祁继忠还写道："现奴才等全考中了！真不是自己的能力，全是小泉一手做成的……现奴才等已定二十四日六时，在山水楼请小泉、宫岛、大林、斋藤、冈本，表示谢意，一同吃饭。真正的谢意，还得由您或者给小泉东西，或者别的。"

到了分专业的时候，溥杰入步兵科，而润麒入了骑兵科。两人都是军曹，身着军服，佩戴肩章，各自与长春"帝宫"中的皇兄保持紧密的通信联系。寒假或暑假，他们都要返回溥仪身边，"进谒叩拜，聆听圣训"。

"皇兄" 登上了伪满皇帝的宝座

1934 年 3 月 1 日，溥仪第三次登基称帝，溥杰等立刻到位于麻布樱田町的伪满驻日公使馆参加祝贺仪式，并在那里向皇兄发出了感情热烈的贺电。1935 年 4 月，溥仪首次访日期间，在东京与溥杰和润麒夫妇手足团聚，分外高兴。润麒之妻"三格格"韫颖，还以钢琴演奏了一曲《皇帝陛下奉迎歌》，"骨肉亲情，溢于言表"。

日本帝国主义的高级猎犬——吉冈安直，当时作为教官在陆军士官学校讲授战史。他懂得利用身份特殊的溥杰。每逢学校放假，吉冈总不忘把溥杰请到自己家中，以美酒佳肴款待。随着师生"友谊"不断升华，吉冈也开始诡秘地透露起各色信息来。

吉冈对溥杰说："我不久或许能到满洲国令兄那里去工作，可那不是一件容易的事情。如果没有关东军军部作后盾，简直寸步难行。所以，倘日本陆军省一定让我去，我就要先跟他们约法三章，否则宁可不去，也不能自找罪受！我的主要要求就是要兼有关东军司令部参谋的名义。"吉冈所指的那份工作，首先是关东军提出来的，请他到满洲去，担任军方与溥仪个人之间的联络人。此前已有中岛比多吉和石丸志都磨两人先后担任此项工作，未能持久，似不成功。吉冈总结了这一教训，无论如何也要掌握"尚方宝剑"。他感慨叹气地继续说下去："像中岛比多吉、石丸志都磨等，就是因为在关东军里没扎下根子，才一个一个地失了脚……"

一番话迅速从"神经"的这一端传到那一端，吉冈安直的目的达到了：他的名字已经先入为主地在溥仪心目中起到了威慑作用。他就是要通过溥杰告诉溥仪：他不仅将担任在皇帝面前服务的"帝室御用挂"，还将以参谋身份成为关东军司令部内的有力的进言者。有这双重身份，傀儡皇帝岂敢不服服帖帖？

过了一些日子，吉冈又对溥杰说："现在日本陆军省已经决定要派我到'新京'去了，请你先给令兄写封信，就说吉冈要到他那里去工作。只要有我在那里工作的话，拿咱们的关系来说，还有什么不好办的事情！不过，得求令兄先给我准备一间办公的房子。"溥仪遵命照办，给吉冈准备了办公室。吉冈显然是要做样子给关东军看，似乎他的确是与溥仪相知的老友，人未到，房间都给预备好了，无意之中已经抬高了吉冈的身价。吉冈就这样巧妙地利用了溥杰传出的信息，一方面打出关东军的招牌威慑了溥仪，另一方面又摆出与溥仪的交情，借以提高了自己在关东军中的地位。于是，吉冈两面发光了。

1935 年 6 月 29 日，溥杰和润麒以优秀成绩毕业于陆军士官学校。在裕仁天皇亲临的毕业典礼上，溥杰又激动，又高兴，觉得自己没有辜负皇兄的一番培养。

同年 9 月 11 日，溥杰以及润麒等踏上归程，并于 14 日下午抵达当时称作"新京"的长春。像一位很重要的人物到来一样，溥杰受到伪满宫内府和伪满军政部的热烈欢迎，当地报纸也纷纷报道。两天后，溥杰和润麒前往伪满军政部报到，随即任职：溥杰为步兵中尉，润麒为骑兵中尉。一切都照严格的规定办，"御弟"也不例外。他们于 9 月 20 日双赴沈阳（当时称奉天），开始了在陆军中央训练所一个月的见习生活。见习结束，分配具体工作岗位，溥杰被安排在长春伪禁卫队步兵团任第一营第二连第二排排长，该"禁卫队"担任"帝宫"外围的警卫任务。溥杰留学数年，终于能以军人的名义和姿态，站在保卫"康德皇帝"的岗位上了。

因跨国婚姻兄弟间生出嫌隙

一年之后，溥杰和润麒再度赴日，进入千叶县陆军步兵专门学校，在教导队从事包括联队炮（山炮）和速射炮（对战车炮）在内的步兵炮、重机关枪及一般教练等的军事研究，当然这已经属于"深造"了。从 1936 年 8 月 18 日抵达东京，到 1937 年 9 月 14 日返回长春，溥杰这次在千叶进修了整整一年。对溥杰来说，这是个甜蜜的年份。因为正是在这一年中，他和嵯峨浩初识、结婚并开始了蜜月之旅。

回到长春以后，溥杰的军职按照规定顺提了一级，成为伪满陆军的步兵上尉，但仍在禁卫队步兵团任第二营第三连连长。在长春市内当时称作杏花村附近的街路上，溥杰有了自己的家，夫人嵯峨浩还在 1938 年 2 月为他生下了一位美丽、聪颖的女儿。然而这一切仍未能令他定居下来。

1938 年 9 月，溥杰被派往伪满驻日本大使馆，任武官室勤务。那次他是带着妻子嵯峨浩和出世未久的女儿慧生一起赴任所的。临行前，溥杰对送站的伪满国务院总务厅厅长官星野直树等人说，东京是他常年居住的地方，到那里去"执行勤务"，就像回乡一样，十分快乐。

作为勤务，溥杰的职责是协助武官和辅佐官，如遇有交际、宴会、视察等场合，处理相关的杂务。如武官或辅佐官因公出而不在馆内，溥杰可以以勤务身份在武官室代行一切。溥杰白天在使馆工作，晚上还常常有社交活动，他时而也偕夫人出席招待会。在东京牛若松町寓所，溥杰安设了临时的家。在那里，他度过了将近一年的愉快时光。

1939 年 9 月，溥杰返回长春，由此开始了两年的军校教官的生活。头 8 个月在陆军训练学校任教官，嗣后担任陆军军官学校预科生徒队第二连连长。从 1942 年 8 月起，他进入伪满治安部参谋司，任第二科科员。

这几年里，溥杰频繁地入宫会亲，借以面见溥仪。正如外界所知，由于溥杰与嵯峨浩的"政略婚姻"，给哥俩的关系蒙上一层阴影，连谈话都各自戒备了。尽管如此，当爱新觉罗家族方面因故遭疑或遭忌于关东军的时候，溥仪和溥杰还是能够团结一致，相互掩护。1943 年 2 月初，溥杰夫妇欲赴北京祝贺父王载沣的六十岁整寿，却遭到关东军的阻难。日本人始终怀疑溥仪，认为他从来不曾放弃复辟清朝的政治理想，所以特别关注并极力限制溥仪一系人士入关活动。这回溥仪对关东军拿出了强硬态度："溥杰是醇亲王的儿子，还作为我的代表，祝寿之行无论如何也是免不了的。"关东军只好放行。在京期间，已经下台的原冀东防共自治政府长官殷汝耕宴请了溥杰夫妇，席间还试探性地问溥杰，是否考虑在北京地区有所举动？溥杰谨慎处之，未置可否。他后来回忆说，殷汝耕就是关东军的耳朵，一语错出，他和溥仪的头都是保不住的。

伪满覆亡前的最后挣扎

1943 年 11 月，溥杰又和润麒一起被派往日本东京陆军大学。当时，由日本挑起的太平洋战争已经进入最困难的时期，实际上败局已定。作为日本陆军最高学府的陆军大学，当时的任务就是要迅速培养大批战争指挥人员和参谋人员。溥杰这次是以特别旁听生的身份进入学校，主要学习师团以上大兵团作战的战略战术的。这次学习的内容，主要是针对实际，不但学习对美作战和对苏作战的概略知识，还具体研究当美国从冲绳登陆进入日本本土时，如何实行岛屿防御和决战的战术，以及在此种情况下防御苏军进攻"满洲国"的战术。课程中还包括如何使用火箭炮等新式武器的概略知识。

战争已把日本社会推入十分艰难的境地，偕眷暂居于麻布狸穴里寓所的溥杰夫妇，同样受到生活用品匮乏的困扰。溥仪仍然关心弟弟，时而派人把许多乳酪、点心等食品和必要的用品送到溥杰和嵯峨浩的身边。1944 年 12 月，溥杰和润麒一起完成了他们的军事学习，返抵长春。

1945 年 8 月到来之前，溥杰在伪满军事部参谋司第四科任高级科员。由于在陆军大学时就已经接触了较多的军事机密，这时他对战争和"满洲国"的前途，应该说已经看得很清楚了。傀儡政权的最后时刻临近了，溥杰为自己担忧，更为兄长担忧。他进宫会亲更频繁了，哥俩常常密谈到深夜。

1945 年 8 月 3 日，溥杰调任新职：伪满陆军军官学校预科生徒队队长。上任伊始，溥杰就把全校学生集合起来训话说："我们有能力击溃苏军的进犯，让我们创建日满一心一德的奇迹，为东方和平做出贡献！"当时他和溥仪的意见一致，并不想撤离"新京"。溥仪曾公开表示，如果自己逃离，将失去国民的信赖。其实，这哥俩的真正想法是：与其跟日本人绑在一起并为之殉葬，还不如乘机摆脱关东军的控制以实现"满洲国"的独立。

这只是他们兄弟俩的一厢情愿，"满洲国"自始至终都不可能有自己的独立决策权，"向通化撤退以备决战"的最后命令，终于由关东军在 1945 年 8 月 11 日送到了溥仪面前。不过，日本人对溥仪也有小小的让步：由吉冈安直出面，代表关东军答应溥仪的要求，让溥杰、润麒和万嘉熙随他一起撤往通化。并且在当天，日军下达临时命令，把溥杰等三人一律补为侍从武官室中校武官，这已是溥杰在伪满时代坐到的最后也是最高的职位了。

兄弟二人同被押赴苏联

1945 年 8 月日本宣布投降后，溥仪和溥杰同时被俘。为什么溥杰会和其兄一同作为战犯被俘呢？这是因为，溥仪在最后逃命的时刻，抛下了妻妾、妹妹以及从小相依的乳母，抛下了无数的国宝珍玩，但却一直带着弟弟溥杰，把溥杰和另外几个实在脱不开的人，一直带入战俘营中去了。

据溥杰自述，他是 1945 年 8 月 18 日随溥仪乘坐飞机从通化飞赴沈阳的。当时说是换乘大型飞机东渡日本，结果，在沈阳机场降落不久，苏联空降部队就下来了，随即解除了机场日军的武装。接着，一位苏联空军高级指挥员，带着包括"帝室御用挂"吉冈安直和伪满祭祀府总裁桥本虎之助在内的一些人，来到溥仪休息的机场贵宾室。

见过面之后，人们围桌而坐，开始交谈。由通俄语的桥本先把苏方官员的话译成日语，再由溥杰把日语译成汉语说给溥仪。

当时，吉冈安直曾流泪哀求苏军："请保全溥仪先生的性命，并允许他前往日本。"可是，溥仪却并不领吉冈的情。溥仪躺在溥杰身后的长形沙发上，就从这个特意找的吉冈看不见的角度上，他给苏方军官打手势，表示不愿意到日本去。苏方军官意会了，遂答复吉冈说："在这里不便保护溥仪先生的安全，稍候一时，我们将把你们迁移到一个安全的地方去。"

当天下午，溥仪一行乘上了苏联飞机，说是飞往苏军司令部，结果却降落在了通辽机场上。那里有不少苏军高级干部，他们先把溥仪找去谈话，然后又把其余的十几个人也一一找去谈了话。结果，跟溥仪出来的八个中国人先后被允许回到溥仪身边，吉冈、桥本和一个日本宪兵却被剩在了飞机里。原来，这是苏方根据溥仪的要求这样做的。在通辽机场上，有位苏军少将跟溥仪谈得很投机，他们用英语对话。溥仪告诉他说，在这十几年间，自己完全被日本人把持、操纵，没有脱身之术，直到今日，他觉得很对不起中国人民。溥仪还介绍了飞机上那几个日本人的身份，表示希望跟他们分离。苏军少将态度温和地安慰溥仪说，请你和你带来的几个人先在市内找个地方好好休息一下吧，其他情况我们来处理。

当天晚上，溥仪一行被安排在一家医院里过夜。次日清晨，有位苏军干部顺口称呼溥仪为"同志"，竟把溥仪感动得热泪盈眶。因为这对溥仪来说，是太生疏又亲切的字眼了！

中午过后，一架苏制飞机从通辽起飞，于晚上 9 时把溥仪和随他同来的溥杰等八人载到赤塔郊外的莫洛阔夫卡。下机不久，有位苏方讯问员来找溥仪，特意笔录下了沈阳机场的一段场景：当吉冈向苏方请求允许溥仪赴日时，溥仪坚决反对，并主动表示愿来苏联。从政治上说，取得这一证据或许有利。

十余年的牢狱生活

从押赴苏联开始，溥仪和溥杰一起度过十多年的牢狱生活。也正是从这时开始，他们才真正拥有了平等的身份和手足的亲情。特别是引渡回国以后，他们一起学习，一起参加劳动，有时也在一起娱乐。潘际坰先生 1956 年在抚顺亲眼看到溥仪和溥杰兄弟下象棋的场面，并拍了一张照片，还传神地记下了当时的情景：

一天晚上，我看到溥仪和溥杰在下象棋。溥仪神态自若，兴致甚高，又因为他那一小撮小型山羊式胡须给剃得干干净净，更显得年轻了许多。他下棋的时候，左臂有时屈伏在桌上，低首观变；有时则用左手托腮凝思。且经常分析棋局，发言助威。

相形之下，溥杰就显得拘束沉默了。这也难怪，溥杰还是初次和我见面，不及溥仪活跃也是情理之常。

溥仪曾经指着溥杰问我："您看我们哥儿俩像不像？"我向溥杰打量了一下，脸型和他的哥哥相似，鼻子上也架着一副黑边圆形眼镜。重大的差别也许就在于溥杰小了一号，他的身材是算得矮小的了。但是，溥杰也有着饱满的精神。

我给了溥仪肯定的答复以后，又把眼光放在溥杰的脸上，并且轻声问他："你比溥仪小一岁，是吗？"

"是！"他几乎用一个士兵回答上级军官的姿态，对我说出这一个洪亮而干脆的字音来。同时，他已经非常熟练地摆出立正的姿势：双手垂直，挺胸，小腹略微收进，双腿直立，两脚呈八字形，正像"步兵操典"所规定的那样。

我当时确实愣了一下。事后才想起，23 年前他是"满洲国"留日的第一期陆军将校候补生，受过严格的军事训练，因此他往往下意识地表现出迄未消失的军人痕迹来。

当然，在抚顺战犯管理所，溥仪和溥杰的关系也并不总像下棋时那样和谐。头几年，溥仪还是抱着蒙混过关的宗旨，常与溥杰密商掩盖历史罪责的策略，订立对抗改造的攻守同盟，溥杰仍然很顺从。然而，岁月推移，溥杰的头脑渐生变化，他对其兄越来越不顺从了。

有一次，溥仪因备感孤立而向溥杰诉苦说："怎么连亲亲故故似也忘了伦理，如此不近人情？连我这个皇帝也全不放在眼里了。"

"世道变了，你也该扔掉老皇历！看看人家管理所的干部吧：所长、科长、大夫、厨师，一律平等，亲亲热热，多好啊！政府就是要把咱们改造成这样的人嘛！"溥杰的回答起初令溥仪惊愕，继而又使他思考溥杰提出的问题了。

哥俩儿在战犯管理所受到同样的教育和改造。据溥杰日记记载，他们一起观看日本战犯表演舞蹈及音乐剧，一起参加战犯运动会，一起学习文件、听取所方干部报告形势或学习心得，一起出席有关的活动，如与参加亚洲会议的日本代表或前来访问的各国记者会面，等等。

狱中创作《我的前半生》

溥仪从 1957 年开始写自传，当时就把题目定为《我的前半生》，为后来那本震惊世界的奇书奠定了基础。

写自传是所方规定的，为了让溥仪全面总结前半生，永志不忘曾给祖国和人民造成的灾难，所方给他创造了必要的条件，如协助查找资料、发动其他战犯提供线索等，特别是让最熟悉情况且文字能力较强的溥杰执笔。回忆这件事情的经过，溥杰写道："那还是我和溥仪都在抚顺管理所的时候，认罪阶段刚刚过去，我们都在总结自己的前半生，把它写出来供所方研究。所方对溥仪的特殊经历和他几年的变化尤为重视，便叫我帮助他。这样，我们俩就每天抽出一些时间，大哥口述，由我执笔，从家世、出身，到他 3 岁登基，一直写到 1957 年。其中也插进一些我的亲身经历，总共写了 45 万字。"

当 1959 年最后的月份来临之际，溥仪作为第一名获得特赦的国内战犯，就要告别抚顺了。溥杰自然替兄长高兴，可是他怎么也弄不明白：为什么自己反而不能获释？论罪恶自己比溥仪轻，论改造自己也比溥仪强啊！

金源副所长就此约溥杰谈话，非常诚恳地说明了理由。他认为，只有以溥仪之今对比溥仪之昔，才能显示出改造的神奇和成就，也才能理解为什么第一个特赦的人是溥仪。在这个问题上要有全局观念、政策观念，而不能以人头作简单的类比……溥杰总算理解了。

12月7日晚上，这是溥仪在抚顺战犯管理所的最后一夜，金源副所长把溥杰叫到溥仪的房间里，让哥俩多聚一会儿。

"过去的日子对我们都像噩梦一样，连手足之情也被扭曲了。"溥仪感慨地忆及往事。

"这几年，我们弟兄才有机会推心置腹。"溥杰激动地说。

"是呀，自从你和嵯峨浩结婚，我就有所戒备了，怕你不跟我一条心，不敢当你面说真话。"

"那时候都在陷阱中，人人自危，亲兄弟也隔心，我有事也瞒着你呀！"

"我最放心不下的，就是你至今仍与嵯峨浩联系的问题。她虽然是你的妻子，当年结婚却包含着关东军的阴谋。至今十多年过去了，关于她在日本的情况，我们所知甚少。近年为了你的释放问题，她在日本又采取了一些行动，其性质一时难以判断。对此，你必须正确对待，谨慎从事，不要在这方面犯错误。必要时，可当机立断，不必藕断丝连，更不能因此影响了自己的改造。"

"大哥放心，我能够做出正确判断，能够正确处理与妻子的关系。"

"二弟，我明天就回北京啦，等你归来。你可不要气馁，要继续努力，争取下批获得特赦。"

"大哥回京后也别放松思想改造，要正确对待社会上的人和事，尤其要珍惜来之不易的新生。"

哥俩在相互勉励的话语中依依惜别。

溥仪走后，溥杰在改造实践中更上一层楼，学习最努力，活动最积极，受表扬最频繁，终于在1960年11月28日第二批获得特赦。

特赦后兄弟二人重聚北京

爱新觉罗家族的一对亲兄弟，如今以自由人的身份在北京相逢，喜悦之情可想而知。哥哥给弟弟斟上一杯美酒，以表庆贺。此时恰有一位记者追踪来访，于是这一富有历史意义的镜头被记录了下来。从这张照片看，论身材哥哥比弟弟高出半个头，论相貌则两人酷似一人，特别有趣的是，他们全都戴着"二饼"（眼镜）。

溥仪和溥杰，在历史上他们曾经是皇兄皇弟，也曾经是难兄难弟，但从这一天起，他们才真正是亲兄亲弟了。结束了大半生与祖国近代屈辱历史休戚相关的坎坷命运之后，溥仪和溥杰终于重逢在通往光明的新生路口。回首往事，展望未来，激动之情难以言表。当溥杰深情地唤了一声"大哥"，溥仪抱住二弟，禁不住泪流满面，哭出了声音。

1960 年 12 月 18 日下午 4 时，中共中央统战部薛子正副部长接见了溥仪和溥杰兄弟，他们的叔父载涛以及第二批特赦的另外两三个人也在座。

溥杰以抑制不住的感情向党倾诉了内心的喜悦，他说："这次获得特赦，又能回到北京与家族团聚，我真是感激党！"他在讲述特赦前后心情上的变化时说，起初心里有疙瘩，因为在战犯管理所的十多年，就像在学校里当学生一样，已经习惯了，乍一离开还真觉得无依无靠，似乎不知道今后该怎么办！回到北京后，感受到了家族亲人的温暖，更得到了组织上的种种关怀和照顾，他放心了，也安心了。都在党的光辉照耀下，哪里都一样。溥杰还激动地说："我的生命是党给的，今后只有听党的话，迈开大步向前走！"

溥仪也很激动，他接过二弟的话茬儿，十分真诚地说："没有党，就没有这样的祖国，也就没有罪犯的改造，我也就不能成为中华人民共和国的公民，也就不会出现如今天这样的团聚。我真是感激极了！"

作为爱新觉罗家族中唯一健在的长辈，载涛亲眼看见了家族的新生。在他饱经风霜的眼角和嘴角上，浮现出了丝丝微笑。他以族长身份，对党的关怀和照顾表示由衷的感激："一个封建统治者，能够被改造为自食其力的劳动者，这是史无前例的奇迹，说明党的政策伟大。我们的家族今天获得团聚，全靠共产党，否则是不可能的。我要代表家族，感谢党，感谢毛主席！"

周总理给溥仪和溥杰安排工作

不久又传来令人兴奋的消息：周恩来总理将要接见溥仪和溥杰兄弟。这次接见主要是解决溥杰的工作安排问题。溥仪获特赦后，总理曾亲自找他谈话，就工作安排征询了他本人的意见。这回轮到溥杰了，总理还是要征询本人意见。接见那天，溥杰非常紧张，溥仪就告诉二弟说，总理和蔼可亲、平易近人，你会感到很轻松的。见面之后，溥杰对大哥的话就有切身体会了。

在崇内旅馆集体生活两个月之后，第二批特赦人员的工作安排定下来了：原国民党东北"剿总"副司令兼锦州指挥所中将主任范汉杰、原国民党国防部驻云南区专员兼军统局云南省站少将站长沈醉、原国民党第三军中将军长罗历戎、原国民党第五军副军长兼独立第五十师中将师长李以劻、原国民党军统局电讯处副处长、第十五绥靖区司令部第二处少将处长董益三等，都被派往北京红星人民公社旧宫大队劳动，唯独溥杰，由周恩来总理亲自安排，在市内景山公园当一名园丁。

这时，溥仪刚刚结束在北京植物园的一年园丁生活，而与他同期特赦的原国民党东北保安长官司令部中将司令、徐州"剿总"中将副司令杜聿明等人，那一年劳动生活同样是在旧宫大队度过的。如此安排的方案出现在周恩来的脑海里，当然不是偶然的。

成为全国政协文史资料研究委员会专员

之后，溥仪和杜聿明等人被分配到全国政协文史资料研究委员会任专员。一年以后，溥杰和范汉杰、沈醉、罗历戎、李以劻、董益三六人，也来到这里，同样当上了专员。

在为新中国服务的崭新的岗位上，溥仪和溥杰再度成为同事。在原清代顺承王府旧址上扩建的全国政协机关内，在专员办公室坐落的美丽的四合院里，溥仪和溥杰同被安排为文史资料研究委员会下设的北洋组成员。他们不但执笔撰写亲身经历，还要为出版《文史资料选辑》承担组稿、审稿和编稿等工作。按分工，他们负责涉及清末时期的稿件，这无疑是他们最熟悉的一段历史。

除了文字工作外，溥仪和溥杰还有许多共同的活动。他们在同一座礼堂里听报告，在同一个学习讨论会上发言，一起出席天安门前的国庆观礼或人民大会堂内的盛大国宴，到全国各地或在北京市内参观游览……他们生活得美好而充实。

溥仪临终，呼唤的亲人是"杰二弟"

作为亲兄亲弟，溥仪和溥杰情深爱笃，交往密切。溥仪患病住院期间，溥杰经常探望，或代领工资送到溥仪手上，或是把每天的报纸送到病房里去，时而还托请日本岳父家亲属从东京带来珍贵的药品以供溥仪使用。在溥仪病危的日子里，溥杰和大嫂李淑贤轮流陪床。

1967 年 10 月 17 日凌晨 2 时 30 分，中国末代皇帝溥仪停止了呼吸。此前两三分钟，处于弥留状态的溥仪，微微睁开眼睛，看见了闻讯而火速赶到的杰二弟，他放心了，虽然未能说出一句话，却安静地睡过去了。据溥仪的最后一任妻子李淑贤回忆，在溥仪去世的当晚，"丈夫睁着眼睛看我，他还有口气，嗓子里可能有痰，发出细微的呼噜呼噜的响声。我想，他也许在等人，就马上给溥杰打了电话，溥杰很快来到病房。溥仪看看二弟，终于咽下了最后一口气"。可见，溥仪在临终时刻，心中呼唤的亲人还是"杰二弟"。

当时，周恩来总理曾就溥仪的后事征求溥杰的意见，问他是否要建一座漂亮的陵墓。溥杰体谅总理的难处，不愿再添麻烦，遂回答说，大哥是个普通公民，火葬以后，就把骨灰放在群众公墓里吧，让他永远和人民在一起。

1980 年 5 月 29 日下午 3 时 30 分，全国政协为溥仪、王耀武和廖耀湘三位委员开了隆重的追悼会。在全国政协副秘书长刘宁一致的悼词中，客观评价了溥仪的前半生并高度赞扬了他的后半生。追悼会结束以后，溥杰捧着长兄的遗像，李淑贤端着丈夫的骨灰盒，根据中央指示，重新安放在了八宝山革命公墓。

此后，溥杰也经历了生活的沧桑，同时为国家做了大量工作，直到1994 年 2 月 28 日在北京病逝，终年 87 岁。

新发现的溥杰 1935 年的自书诗

毓君固

1999 年 9 月，我应邀去临江市大栗子，路经通化市，去探望我的堂侄女毓柔嘉，她是我堂兄毓峻长女，1924 年生人，比我小一岁。她是在新中国成立前夕参加革命的，一直在通化工作，现在退休在家安度晚年。我发现她家门楣上挂着一幅溥杰的手迹，似真似假，和现在的作品有差异，摘下来细看款识，"乙亥八月上旬"，查得乙亥年是 1935 年，距今有 60 多年了。作品的内容是溥杰的一首自书诗，因她的家中潮湿，绢地上有些霉点。问其来源，说是父亲留下的，对呀，溥杰和毓峻在日本士官学校是同学，应当是溥杰嘱毓峻妥为保存的。

作品不大，是写在一张日本"色纸"上（色纸是日语汉字，不是彩色纸，是单篇册页，自注）。也只有一首诗，但诗以言志，足可以看出溥杰当时的思想。同时还可以从书法角度探讨一下他的书法风格的起源。

让我们先读一下诗，这是一首七律，没有诗题，通首弥漫着非常凄凉而又悲切的情绪，虽然是在秋天，何至于"风前冷落，夜半凄凉"

呢？就在 1935 年的夏天，经过了两年的艰苦训练，他在日本陆军士官学校毕业了，"以成绩优秀，获得了日本陆军大臣赠送的一块银表，伪满洲国大使送给一把军刀"。并作为见习士官到日本的宇都宫步兵第五十九连队（团）赴任，"从那里又获得了伪陆军中尉的资格到长春去见溥仪。"（引自《溥杰自传》）这好像是四喜诗的末句"金榜题名时"，毕业回国也就在即了，何以还"两地愁"呢！

授予中尉军衔，回国以后马上就能当连长了，这也是遂了他当初去日本的初衷了。那是 1929 年，溥仪把溥杰和润麒送到日本，就打算进入士官学校学陆军，都是抱有一个理想，就是要复辟大清朝，在溥仪的《我的前半生》233 页上写道："我这两个未来的武将就和远山一起到日本去了。"可是日本士官不收个人学员，改入了日本的学习院，这也是日本的贵族学校。1933 年伪满洲国成立后，派了有毓峻在内的一行十一名学员入日本的士官，溥杰和润麒二人也随同进入了士官，"今天总算是如愿以偿当上军人了，还是当上军官了，反而没有了一点兴奋、高兴的心情，只有'残梦断惊虫语咽'了"。

如果我们仔细地把溥氏兄弟自传中的有关资料阅读一下，还是可以找到端倪的。溥杰到日本读书期间，每年的暑假要回国探亲，特别是溥仪在长春当了伪皇帝之后的 1934 年，他们的父亲醇亲王也去了长春，在接风的宴会上，溥仪授意给溥杰带头高呼："皇帝陛下万岁！万岁！万万岁！"呼是呼了，但是溥杰觉得这个皇帝陛下，只能是康德皇帝陛下，绝不是大清宣统皇帝陛下。现在虽然是士官毕业了，也获得了中尉的军衔，可是当初到日本去时，幻想的复辟美梦只能是随着"远钟敲碎月华流"了。

溥杰在日本留学六年，孤悬海外，如今回国在即，为什么还是"两地愁"呢？原来溥杰在 1924 年，他 17 岁时就结婚了，对象是端康太妃的侄女，在他的自传中写道："由于感情不和，使我的青年生活非常痛苦。"（第7页）在43页上进一步写道："是一对名不副实的夫妻。"究竟是怎么一回事，溥杰自己当然是不可外扬了，杨学琛、周远廉著有《清代八旗王公贵族兴衰史》上写有：

"1931年冬天，载沣的儿媳妇唐怡莹，凭借浙江军阀势力的支持，把王府的财物'拉走了几十车'，载沣此时在天津，眼看她抢劫府内财物，却无法制止⋯⋯"

溥杰这时在日本更是没有办法了，可是当时由于封建礼教的严格束缚，社会关系的错综复杂也不可能离婚，只能痛苦地维持着名不副实的夫妻关系，他在日本对于家庭的事可以不闻不问，现在要回国了，将如何去处理这些家务呢？这也就是他的诗的结束句讲的："心似梦丝未有头。"

至于后来影响他一生命运的，他自己称为"一桩精心策划的婚姻"，这时，他做梦也想不到那里的事情。

溥杰到晚年，到"人书俱老"的境界，是自成一体了，无论大字小字，距离多远，上眼一看就认出来是溥杰的字。但是他最初是从何入手呢？有的说是写褚字的，有的说是写瘦金的，有的说是从魏碑蜕化出来的，谁能下个结论呢？那就看看他的自传第18页：

"⋯⋯我向赵老师学习书法的情况。一开始是让我临摹欧阳询的《九成宫》，然后摹写虞世南的《庙堂碑》，但我不喜欢欧字体；我最喜欢赵老师所写的褚字，但他不让我去写，可我还是受了褚遂良的很大影响⋯⋯"

这里我们应该仔细读的地方，就是溥杰喜欢的褚字不是《雁塔圣教序》和《孟法师碑》，也不是《三希堂法帖》里的《倪宽赞》，而是他的赵老师的褚字。我们没有见过赵老师的褚字，想必一定是非常的遒劲流丽，所以使溥杰喜欢，想必还有个特点是易学。这就和黄自元写的《九成宫》一样，写的当然是欧体字，但不等于是欧阳询，赵老师写的褚字也不等于就是《雁塔圣教序》，溥杰想学又未得到老师的同意，与其说"受了褚遂良的很大影响"，不如说受了赵老师的很大的影响更切实一些。

从这张手迹中不难看出欧字体和虞字体的用笔，因为一开始就是从这两种字体入手的。溥杰的字到了晚年，笔画比较细了，更加婉转流畅，自成一体，也不难看出是从这里发展形成的。比如"虫语咽"的咽字，右边的因字的口，既向里弯又往外弯，晚年的字里这样写法是很多；再如写左边的短竖，如留字，虫字的上边，还有萝字的短竖都是写成一个长的点画，后来的字多用这种下笔的方法，这和他握笔的方法有关系。通篇来看，这篇字就像是处在初级阶段，和以后的字都有脉络可寻，而且它的来源可考，绢地上的霉点，虽说是疵点，却说明了它的年份，和现在的一些赝品是不可同日而语的。

末代皇弟溥杰临终前后

叶祖孚口述　何平整理

1993 年 1 月下旬，爱新觉罗·溥杰先生旧病复发，住进了协和医院，其间我数度探视，并记日记。兹将其病情进展情况及逝世前后情况摘记于下。

1993 年 2 月 12 日　北京市政协八届一次会议刚闭幕，我买了橘子、黄桃、菠萝、红果四个罐头特去协和医院探视溥老。我一进门，他就高兴地对我说："你那么忙，还来看我呀！"我说："早就该来了，因为市政协开会，来晚了。"我问了问他的病情，他说："老毛病，气管炎和颈椎病又发作了，还增添了前列腺发炎，一夜要起床七八次。"我看出疾病对他的折磨，老人有点忍受不了。我提出希望他给其五妹爱新觉罗·韫馨写个便条，介绍我去采访。他立刻从协和医院病房小桌的便条本上撕了张纸为我写条：

五妹：今有叶祖孚先生受全国政协文史委员会之托，写有关我的自传，希望你能予以接见，将在特赦后到北京住在你家的详细经过以及我和老万的关系等，对叶老讲明，以便能提前出书。专此拜恳。

兄　溥杰

1993. 2. 12 于协和医院 303 病房

在写这个小条时，一开始他写错了，写成"为大哥溥仪写自传"，经我指出，他重写了一张。看来确实他因病显得更加衰弱和迟钝了。

我们闲谈了一会儿。他告诉我，就是住在这儿，也有人来求他写字。他拉开抽屉，里面放着一卷卷纸。看来这些字他确实是写不成了。在我们短暂的谈话时间里，他又上了一次厕所。我起身告辞，他像往常一样，一直送我到楼梯口。

1993 年 3 月 2 日　我有好些日子没有去看溥老了，写作中有好些问题需要请教他老人家。可是一到他的病室门口，我怔住了。只见他的头上挂了好几个瓶子，身上也插了几根管子，情况是有些紧急了。还是他先开口，他说："哎哟，你那么忙还来呀！"说完话他休息了一阵，护士不让他说话。过了一阵，他又对我说："我打算病好后还是要到日本去，我的妻弟嵯峨公元的儿子要结婚，我打算送四份礼：给天皇送一份礼，给皇太子送一份礼，给公元的儿子送一份礼，我还给我的女儿送一份礼。"他说这话是和我商榷的口吻，他还惦记着病前他想到日本去祝贺他的内侄婚礼的事。我劝他不要想这些，好好养病，同时起立告辞。他含有歉意地对我说：

"现在我不能动，只能躺着了。"这是指他不能起立送我而言。老人重礼貌，以礼待人，直到他病重时还是如此。

我出来时，看见溥任先生，昨晚他在这里坐了一宵，因为病情紧张，这里需要留家属。

1993 年 3 月 6 日 下午我去协和医院，见溥老正在安睡。溥任先生告诉我昨天晚上溥老病危，连血压都量不出来了，已经向日本打了电话，今天他的女儿、女婿要来。医生告诉我检查出病源来了，是动脉血管夹层瘤，目前还是难治的病症，前列腺也是癌症，一个老人身罹如此重的病，真让人感到忧虑。我见溥任先生脚上绑了石膏，问他，他说每天骑车来协和医院，昨天和人撞了一下，小脚趾撞劈了，上了石膏，走路一跛一跛的。我劝他行路一定要小心，因为他也是七十多岁的人了。

大约在下午 3 点半的时候，日本大使来探望溥老的病，还带了药来。能否服用，需要与医院商量。

我向金子忠（溥老秘书）商量为《溥杰自传》配图借用照片的事。金子忠说他已不管这些事了，嫮生（溥老女儿）就要来了，这些事要与嫮生商量。

1993 年 3 月 8 日 上午 9 时，我和溥任、金子忠约好在护国寺溥老家里见面，选一些照片，也已经和嫮生说好，征得她的同意。在溥老的相片册中，只选用了五张可用的照片。记得溥老有一大本贴满旧照片的相册，借给了西园寺公一，没有归还，如今找不到那些珍贵的照片了。

我第一次见到嫮生，她已经是 50 开外的妇女，不再是文章中所写的那个娇憨的女孩子了。她彬彬有礼地向我鞠着躬说："谢谢，此事拜托了，希望能够早日看到这本书的出版。"我问她有没有溥老在陆军士官学校时的照片，她说没有。我问有没有慧生（嫮生的姐姐）的照片，她说没有。她主动拿下墙上挂着的溥杰和浩夫人的半身彩色照片镜框给我，先给溥老的，后给浩的，并用中文对我说："妈妈的。"我正在包装这两个镜框时，她又到北屋拿来总理接见溥杰和浩等全家的照片镜框给我，说："这里有溥仪。"当我收起照片告辞时，溥任、金子忠和嫮生一直送我到门口，嫮生微笑着对我说："谢谢，拜托了！"

1993 年 3 月 14 日　嫮生已回日本，其夫福永健治仍在中国。

这几天一直打电话给溥任，询问溥杰的病情。上午从电话中得知溥老病情又告急，血压已无，正在抢救中。我就骑车到协和医院，路上正好是马拉松赛跑进行过程，两旁警察戒严，自行车推不过去，我是从王府井地下通道把自行车推过去的。来到协和医院，溥老已经离开 303 病室，被推到抢救室进行抢救，溥任和干子夫人（浩的妹妹）、步阿姨（保姆）都在那里，溥任对我说："情况不好。"卫生部的陈敏章部长亲自带了听诊器为溥老诊治，他来到我们面前说："病人的血压经过几次抢救，上升率很差。你们要有思想准备，病人怕是不行了。"我来到抢救室看了看，溥老的头部挂了四个输液瓶子，床前摆满了一束束鲜花，都是日本友人送的。

步阿姨告诉我，日本电台已经广播：溥杰病危。

1993 年 3 月 16 日　溥任先生告诉我溥杰病情趋向稳定，已摘掉输液瓶子，能进食。

1993 年 3 月 20 日　今日探望溥老，溥老病情已稳定，医生不让见他，怕说话多了劳神。

1993 年 4 月 20 日　4 月 9 日嫮生自日本回来，带来一位日本医生，想把溥老接回日本治疗。该医生检查溥老病情后觉得满意，认为协和医院的治疗是成功的。溥老患有前列腺癌，已采取抑制措施，以不回日本治疗为宜。嫮生今日即回日本。

听说前几天溥老清醒时，打算把他已写好的字分送给亲属。

1993 年 5 月 15 日　下午去协和医院探望溥老。在我的前面有两批日本朋友探望他，溥老用流利的日语和他们交谈，日本妇人痛哭流涕。

等溥老休息一会儿后，我去看望他。他认出我了，自被窝中伸出两手握着我的手，直说："噢，噢，您也来了。"

我对溥老说："溥老，您的自传已经写完了。"护士长在旁边也提醒他："您的回忆录写完了。"

溥老用手指着自己心窝说："谢谢您，我从心里谢谢您。"他很清醒。

我说："您好好养病吧！等您回家的时候，书就出版了。"

护士长在旁说："向您道喜，您的书就要出版了。"

等我离开病房时，我不觉掉了泪。看见老人对他毕生最关心之事如此激动，我恨我不能在他健康时完成此事，着实内疚。

1993 年 6 月 2 日　上午又去协和医院看望溥老。我一直有件事想和溥老商量，即《自传》封面题签之事。出版社希望溥老能够自己题写封面，他的潇洒的笔体是大家熟悉的。但他已久病，无疑这是办不到的事。我在他的病榻旁坐了一会儿，溥老问我："你什么时候到的？"我说："我来了一阵子。您胃口还好吗？"闲聊几句之后，我忍不住还是把封面题签之事提了出来，没想到溥老竟同意了，他说："不要和他们说，写字本身是可以放大的。我只消用铅笔写几个小字就可以了。"溥老同意题签，我很高兴。但我思考再三之后还是不敢这样做，病房中医生护士出入很多，他们会阻止我这样做，我也不敢贸然从事，如果由此引起薄老疾病加重，我也负不起责任。结果我还是没有让病中的薄老写字，后来封面的"溥杰自传"四字是我从薄老写给我的信中摘录的。

1993 年 6 月 6 日　昨天是薄老 87 岁生日，病床旁放了几个祝贺他生日的花篮。我到病房时，正好他正在用早餐。护士为他端上了酸奶、草莓、甜辣白菜、小点心等食品。薄老对我说："这是家里送来的。"他只吃了一点，就问我："今天冷不冷？"我说："不冷，外面还很热。"

吃完饭，他闭上眼睛休息。护士长请他吃冰激凌，这种绿色的冰激凌是北京饭店送来的。他不愿意吃，护士长动员他以后，才勉强吃几匙。吃完后他又闭上眼睛休息。护士长和他说："饭后该打点滴了。"他有点不耐烦，但他还是习惯地服从了。

在打点滴的时候，我就起身告辞了。我一直觉得遗憾的是没有在他健康时能和他合影留念，这个愿望恐怕是无法实现了。

1993 年 7 月 6 日　有一个月没有看望薄老了，十分惦念。下午骑车去看他，路上行人拥挤，到协和已经快 4 点了。我见了他，他问我："你从哪儿来？你在哪儿？你打算什么时候回去？"很明显，他认错人了。我有点悲伤，他反过来安慰我："你放心吧！我在这儿很好，一切都没有问题。"一月不见，他的病情又严重了，他总是反反复复地挣扎在病床上，前景令人忧虑。

1993 年 10 月 25 日　知道他这些日子病情更严重，我还是去看他。他见了我，只是与我握了握手，什么话也没有说，他已经认不出我是谁了。

1993 年 11 月 3 日　今天嫮生又从日本来京，为嫮生翻译日文版的女士几次来电话催交稿子，因为中日两边的出版社没有谈妥合作的事，稿子暂时不能给她。下午 3 点多，我在协和医院的病房休息室里会见了嫮生，我说明了两国出版社之间协商的必要性，稿子只能在中国文史出版社审阅之后才付给校样。嫮生都同意了。我给了她一份目录。

临别时，嫮生送至门口，向我合十作揖，一再道谢。

1994 年 2 月 23 日　有很长时间没有去看望溥老了。因为他一直处于昏迷的状态中达三个月。我通过和溥任先生通电话了解他的病情，觉得看到这种状态，心里也难受，不忍去看望他。昨夜和溥任通电话，知道溥老病危，已没有血压，也停止呼吸，靠一个人工呼吸器在呼吸着，看来他的最后时刻快到来了。下午我去医院看望他，先到中国文史出版社取了刚出版的第一册样书，这册书在最近召开的华北各省市书籍订货会议上经很多人传阅过，已经弄脏了，但总是珍贵的第一册呀，我要趁溥老尚未停止呼吸之前，让他亲眼看到他极度盼望的《自传》的出版。我坐车赶到协和医院，跑步上楼，这时已下午 4 点多钟，溥任和金志坚（七妹）正在病房里，我举着那本书对溥老说："溥老，您的书出版了，您放心吧！"

不知道他听懂了我的话没有，昏迷中的溥老显得很安详。我却潸然泪下，心里感觉沉重。走出房门时金志坚对我说："这本书出来正是时候，太及时了。"在休息室的人有溥仕（载涛之子）、金子忠、恒斌、郭布罗·润麒、弹三弦琴的毓垣等，大家轮流传看《自传》，都觉得满意，希望这本书早日出售，能够人手一册。

嫮生将于明日自日本归来。

我于 17 点半与大家一一告别。

1994年2月28日　上午，溥任先生来电话告我，溥老于清晨7时55分逝世。一位传奇式人物的身世从此结束。3月1日起在护国寺家设灵堂祭奠。

1994年3月1日　上午9时我到达护国寺溥老家里，从前我经常出入的庭院现在挤满了吊唁的人们。花圈放满了庭院，溥老以前会客的南屋现在改成灵堂，我在灵堂里向微笑着的溥老遗像鞠躬行礼。

有几个记者在人群中采访着。

我见到了嫮生和福永，谈了几句。我说："我写给您的信收到了没有？"她说："收到了。"我说："您索要的照片等出版社用过后即寄还给您。"我还告诉她中国外文出版社也要出版《溥杰自传》的日本文，她表示同意。像往常一样，她又一次向我鞠躬致谢。老父新丧，她的脸上充满了哀愁。

1994年3月4日　上午送200本《溥杰自传》到护国寺溥老家里。庭院中花圈更多了。有几位在中国大学里任教的日本女学者前来吊唁。

又见了嫮生，她说："可惜父亲生前没有见到这本书。"我说："他见过，我曾在他在世时请他看过。"

1994年3月7日　上午10时在八宝山革命公墓举行向爱新觉罗·溥杰先生遗体告别的仪式。人群如潮，哀乐声中上千人排队缓缓流动着，有的人流下了泪。人大、政协的领导人来到这里与溥杰先生遗体告别，并亲切地慰问家属。日本天皇及皇后陛下献了花圈，不少日本朋友来到这里向溥杰先生鞠躬行礼。这一切都为溥杰先生的一生画了个圆满的句号。

嫮生流着泪向来人一一握手道谢。当她和我握手时，她更伤心地流泪说："谢谢！"望着她，我不禁想起当溥老不能分辨来探望他的人时，总是喃喃地叫着嫮生的名字，她是溥老唯一惦记的人。如今老父驾鹤而去，今后大陆上没有她直系的亲人了。可怜的女儿，今后你还能回到当初这块生你的土地上来吗？

1994 年 3 月 8 日 晚上 7 时嫮生在北海仿膳食堂设宴答谢那些曾经帮助过溥老的人，也邀请了我。当大家入座以后，嫮生走到扩音器前，用日语款款地对大家说："谢谢大家，谢谢全国人大、全国政协的领导，谢谢中央卫生部、协和医院的院长、医生、护士们，靠着大家关怀，使我父亲延长了一年多的寿命……"那声音似流水潺潺地流着，倾诉着爱女对老父的怀念。然后她又轮流到各桌来和大家敬酒。我从她那明亮的眼睛里看到了她的哀愁、她的感激、她的希望。当酒阑人散，我向嫮生夫妇告别出来，已是夜深人静，北海公园没有什么游人，寒风凛冽，空气显得格外清新。从宴会那种热烈的气氛中，我看到了中日友好的美好前景。溥杰先生遗嘱中谆谆嘱咐人们要把中日友好事业继续下去，我相信这是一定能够实现的。

末代国舅郭布罗·润麒散记

张骥良　牛艳红　李春红

郭布罗·润麒先生是位充满传奇色彩的人物。作为末代皇后婉容的弟弟，他是当之无愧的末代国舅。他娶溥仪的三妹韫颖为妻，又成了名副其实的驸马爷。

外祖母的平民教育

溥仪被赶下台的 1911 年，郭布罗·润麒降生在北京东城区一个望族之家。自从姐姐婉容被选入宫中之后，他便和皇帝姐夫结下了不解之缘。望子成龙的父母怕他荒废学业，总是千方百计地阻止他进宫伴君。可贪玩的皇帝姐夫总是想方设法召他进宫。在时断时续的几年接触中，他在潜移默化中形成了忠君思想，刚满 16 岁就和溥杰东渡日本。俩人学的都是军事，郭学的是骑兵，溥杰学的是步兵，目的是希望追随溥仪恢复帝制。后来俩人想起来都觉得太幼稚可笑了。

郭布罗·润麒的外祖母从小就希望他成为一名建筑工程师，成为一名自食其力的劳动者。在他 5 岁生日那天，外祖母送给他一件意味深长的礼物——1000 块砖。这样的礼物谁会预料到呢？特别是出生在皇亲国戚的家庭里。外祖母对他说："没事你就在咱家院子里盖房子玩吧！"搬砖必然有砸着手的时候，一个五六岁的孩子，砸破手免不了哭几声。这时外祖母总是说："男子汉再疼也不许掉泪，男子汉掉泪没出息。"在外祖母平民化的教育下，他没沾上皇族子弟的公子气，反倒成了一个特别顽皮的孩子。经常上房乱跑，外祖母见了总要夸他："你真棒，真勇敢，真像个男子汉。"却从来不说什么注意安全之类的话。平民化的教育，对他后来的性格发展有着积极的影响，他后来的勤于动手、吃苦耐劳和平易近人的性格，都是早年受了外祖母影响的结果。

中国人就是不能受欺负

逃到长春后的溥仪，在日本人的扶持下，建立了伪满洲国，可郭布罗·润麒却上了日本人暗杀的黑名单，这究竟是怎么回事呢？

溥仪在长春做了伪满洲国皇帝，作为他的追随者，郭布罗·润麒也到了长春，频频往返于长春、吉林两市。这位血气方刚的青年受不了日本人的横行霸道。一次，他见到一个日本人乘车不给钱，气得中国司机说不出话来。他当即叫住那个日本人，狠狠地甩了他两记耳光，把他数落得脸上红一阵白一阵的。还有一次，他见到日本人开车撞了中国人后企图逃跑。他一个箭步蹿上去，把司机拽出了驾驶楼，好一阵拳脚相加。他的气势把车上荷枪实弹的日本人吓怕了，没有一个人敢吭声，当地报刊报道了他的义举。这位国舅爷的侠肝义胆，大长了中国人的志气，灭了日本人的威风。在老百姓口头流传的过程中，这些故事越传越神，越传越离谱儿，最后传成了"国舅爷刀劈日本鬼子兵"，引起了日本关东军的注意，他被列入了准备暗杀的黑名单。溥仪得到密报后，为了他的安全，把他派往日本，当了伪满洲国驻日本大使馆武官才使他幸免一死。

他为数万人解除了病痛

郭布罗·润麒30多年如一日，免费给人治病。他五六岁时患的一场病使他亲身感受到医学的神奇力量，当被请进宫中的洋大夫束手无策，而宫中的一位太医仅用两副汤药就治好了他的病后，他就自然地喜欢上了中医。就连在日本留学的那几年也抓紧利用业余时间上了三年夜校，学医三年。1957年他被免予起诉，从辽宁抚顺战犯管理所回到北京，成为一位自食其力的公民，并且拜国内名医为师，又学了三年医。

十年浩劫开始了，他被单位划为反动学术权威，下放到门头沟区黄塔公社劳改，成了一位会四门外语的牧马人。农村缺医少药的情况，农民们受病痛折磨的惨状，他再也看不下去了。于是，他用几根银针，几个火罐，为乡亲们看起了病。很快，十里八村的农民们都传开了：黄塔公社来了一位老大夫，医术可高啦！看病不要钱不说，态度又好，疗效可神了！于是他白天放马，晚上看病。病人来了一拨儿又一拨儿。乡亲们并不知道他的特殊身份，也不怕受这位老牛鬼蛇神的牵连。和他一起放过马的老农梁景山回忆说："那时候他和我一起放马，我也不知道他到底是干什么的，只知道他和周总理有过交往。在村里，他的人缘可好了。那时候，我们周围几个公社的农民都找他看病。他也特好说话，病人随到随看，从来不拖。""每天都有找老郭来看病的，几年里几乎天天没断过人。"

回到北京以后，郭布罗·润麒把所有的业余时间都用在看病上了。甘肃的一位妇女，为看病跑遍了西北地区的几个城市，跑了几家颇有名气的大医院，病没治好，还欠了一屁股债，连家里的电视机都卖了。偶然从报纸上看到介绍郭氏疗法的文章，便抱着试试看的态度，和丈夫从甘肃来到了北京。郭老了解到他们家庭的困境后，不但全部免去了治疗费，连住宿的旅馆费也全部包了下来，治好了病后夫妻俩要回甘肃了，郭老给他们买好了返程车票。像这样的患者，郭老接待的何止一人两人。

在郭老的病人中，既有德高望重的领导同志，又有文艺界的明星，还有普通百姓，就连当年门头沟百花山下的农民，也重新找上门来。无论来者是谁，郭老一律同等对待。直到 1996 年，医政部门给他颁发了营业执照，他才开始行医收钱。而对于低收入者及弱势群体，他依然免费治疗。而对于那些行动不便的老年人或残疾人，他还要出诊。

2008 年，我要当个老志愿者

对于公益事业，对于奉献爱心，他总是积极参加。无论是给希望工程捐款，还是给灾区捐献衣被，他都不肯落后。连街道居委会的老大妈们都认识他了。他尽管退休在家，单位里的公益活动也不落空。一句"我是周总理关怀过的人，做这点小事算得了什么"便是他对自己行动的诠释。

. 无论是美国《时代周刊》《读者文摘》的记者采访，还是去美国、日本等国家访问讲学，他都用自己从旧人改造成新人的经历，宣传中国人的爱心义举。

2001 年 7 月 13 日，中国申办奥运成功的那一刻，他兴奋地对笔者说："我今年才 90 岁，到了 2008 年，我 97 岁。如果我还能活到那一天，我一定要申请去当奥运志愿者。用我掌握的医术，为我国的体育健儿服务，尽一名老年志愿者的职责。"

末代皇侄的大半辈子苦难

——听爱新觉罗·毓嶦谈往事

———

张骥良

20世纪80年代末期，末代皇叔爱新觉罗·溥杰先生就曾向我介绍过，他们皇族里又涌现出了一位大书法家，叫毓嶦。书法界一代宗师启功先生，也曾和我提起过这个人。这之后十几年的时间里，在多次全国大型书画展览上，我屡屡见到他的书法作品。他的字洒脱自然不失章法严谨，行云流水不失古朴端庄。刚柔相济，浑然一体。当我准备采访他时，才发现我们原来竟住在同一个小区里。

与毓老有关的一段历史

和身边这位81岁的高龄老人谈往事，才知道他家族地位之显赫，是正宗的皇亲国戚。原来，他的曾祖父和溥仪的祖父是亲兄弟，溥仪是他没出五服的叔叔，他们是叔侄关系。

他的父亲溥伟，是清光绪年间的禁烟大臣。北京赫赫有名的恭亲王府，就是他祖上的封地。鸦片战争以后，由于禁烟名将林则徐上书，向圣上力陈鸦片之危害，揭露了洋人利用鸦片摧毁我们民族的险恶用心。朝廷迫于压力，设立了专职的禁烟大臣。毓老的父亲溥伟，正是光绪年间的禁烟大臣。

光绪皇帝故去后，让什么人继承皇位，在朝廷内部议论纷纷。有大臣向慈禧太后建言，让年龄稍长者继位，也有大臣向她推荐世袭了恭亲王溥伟继承皇位，以免让一个小孩子掌政，再让另一位皇太后继续重演垂帘听政的闹剧。而慈禧对有本事的人放心不下，最后还是让正在吃奶中的3岁娃娃当了皇帝。慈禧让娃娃继承皇位，其用意是让她的侄女隆裕皇太后继承垂帘听政。无奈好景不长，三年之后，辛亥革命爆发了。溥仪也成了权力仅限于紫禁城内的关门皇帝。

在伪皇宫读书时的所见所闻

1937年毓老的父亲溥伟故去，家庭经济状况大不如从前。为了减轻家里的负担，母亲把他送到了长春溥仪的伪皇宫内。衣食住行溥仪全管了，还能得到一些零用钱，又能在宫内私塾里读书，家里减轻了负担，又能让儿子不荒废学业，这也的确不失为一种办法。

毓老回忆说："当时伪皇宫的私塾里一共有五名学生，大都是家里没了父亲，断了经济来源的。家里经济条件稍微宽裕一些的，谁舍得让孩子离开自己身边？谁又舍得把孩子送得那么远呢？当时私塾里几个孩子的情况，都和我们家的情况差不多。

"在伪皇宫里生活的那几年，经常能见到溥仪，他当时已经完全在日本人的掌握之中，甚至成了日本人手里的一个玩具，人家让他怎么着他就怎么着，一点自由也没有。他曾经怀疑过日本人在伪皇宫里安装了窃听器，实际上根本没那个必要，他已经是日本人手里的一张牌了，还用得着窃听器吗?"

说到婉容,毓老回忆说:"我刚进伪皇宫时,她身体就不好,体形特瘦,当时精神状态还算正常,还能和溥仪一起吃饭。两年以后就不行了,犯起疯病来,只能被绑在椅子上。她最后的经历也挺惨的。差一点被土匪强奸了,幸亏被解放军相救,她才脱了险。临死时身边没什么亲人,最后悲凉地死在了延边。"

当我问起李国雄这位当时的护军队长,问起在影视剧里广为流传的那段风流韵事时,毓老说:"李国雄跟婉容根本不沾边。让人感到奇怪的是,最近正在各地电视台热播的一部电视连续剧,说婉容勾结了十四格格即日本特务川岛芳子,密谋除掉淑妃文绣。哪儿有这样的事呀!纯粹是随心所欲的胡编滥造。"

说起历史题材电视连续剧的真实性问题,毓老说得轻描淡写:"影视剧本来就是供人娱乐的,那里边能有多少真事呀!从影视剧里找真事儿,那不是钻牛角尖吗?"

异国他乡收容所里的五年

1945 年日本宣布无条件投降后,伪满洲国自然也不复存在了。1945 年 8 月 17 日,是毓老离开故土、踏上异国他乡的日子。毓老回忆说:"那一天我和溥仪、溥杰、润麒等一行九人,在沈阳机场成了苏联红军的俘虏,之后便被押往苏联,先后在赤塔、伯力两个收容所关押。

"溥仪和我这一行人成了阶下囚,他总也放不下当今天子的架子,事事要我们服侍。好在苏联方面给我们安排的劳动强度不大,我和堂兄毓嵒对溥仪来说,仍然充当着奴才的角色。叠被、收拾房间、洗衣服、做饭,他一样也不干,都等着我们服侍。苏联方面对他和溥杰也比较照顾。他们俩一人住一个单间。

"在国内，我和毓嵒从来不敢叫他叔叔，而叫他皇上。其实当时他的权力也只限于屁股大的地了。到如今都成为阶下囚了，哪儿还有皇帝呀！叫皇上肯定是不行了，我们就改口叫他上边。

和那些被关押的日本人相比，我们就幸运多了。我们除了干点活儿外，还能东遛遛西逛逛，倒也没觉得怎么寂寞。

比较有意思的是当年的政治学习。劳动之余，收容所是要组织大家学习的。所长让溥杰和他的妹夫万嘉熙组织大家学习，学习的方式也比较简单，一个人郑重其事地朗读原文，大家伙一个个洗耳恭听。当时学习的内容是《苏联共产党（布）党史简明教程》《列宁主义问题》等书。听惯了之乎者也的王公大臣们，哪里听得懂这些洋玩意呢？朗读者尽管读得很卖力气，听的人却一个个如堕五里雾中。'上边'（即溥仪）也有时听得哈欠连天的。至于那书中究竟说了些什么道理，恐怕是能听懂者不多了。"

抚顺战犯管理所杂忆

"五年的异国俘虏生涯，在中华人民共和国成立之后，很快就结束了。先是听到新中国成立的消息，后又听到苏联方面要把我们移交给中国政府的消息。这一个个消息，令这一群伪满时期的王公大臣们忐忑不安，回国后共产党怎样发落自己，未来的结局是什么？大家伙谁也说不清楚。"1950 年 7 月 13 日，苏联方面真的把他们移交给了中国政府。他们这一行人在苏联漂泊了五年之后，终于被遣返回到了祖国。

毓老回忆起那时的情况，记起刚回国便发生的一件事：

"刚回到祖国，我们几个年轻人心里甭提有多高兴了，大家伙纷纷议论着，这回可好了，我们可以回家。可溥仪却显得紧张极了，他不知道回国对他意味着什么。正在这时，东北王也就是东北人民政府主席高岗要接见我们这一行人。这下子溥仪更紧张了，高岗那么大的官，究竟见我要干什么呢？难道是要枪毙我吗？溥仪这么一犯嘀咕，大家伙心里就更紧张了。

当我们分别走进接待室，见到桌上摆的点心、西瓜、香烟，见到微笑着与我们握手、寒暄的东北王，大家伙都放了心。在沈阳到抚顺的路上，大家伙都很兴奋。听了高岗接见我们时说的那些话，说明共产党并没有枪毙我们的意思。对于封建时代的最后一个皇帝溥仪来说，不枪毙已经令他喜出望外了。到抚顺后的情况会怎么样，大家就不得而知了。

到了抚顺，迎接我们的是高墙电网，大家伙一下子全傻眼了。到了这个时候，才真正明白了高岗叮嘱的话，好好学习，认真改造。我们的心又一次凉透了，看来是回不去了。既来之，则安之，接下去的日子还是没完没了的学习。学习的方式还是大家轮流着念，一个人念众人听的老模式。只是学习的内容主要有《东北日报》《中国近百年史》《新民主主义革命史》以及几本毛主席著作。讨论时只不过是抠抠名词，也不会理论联系实际、联系自己。比如学习《中国近百年史》这本书，里面就有辛亥革命推翻清王朝的内容，按说学习这部分章节时，溥仪最应该理论联系实际的。

在抚顺战犯管理所里的学习，和在苏联的学习差不多。不过是走走过场，应付应付差事。大家之所以不去学精、学透，是因为我们对自己的未来感到十分迷茫、困惑。政府将来究竟把我们怎么处理，说不定什么时候政府就会开个公判大会，我们这些人就活不成了。思想上的顾虑一天不打消，学习起来心里自然不会踏实。还不知道是死是活呢？学得那么精、那么透有什么用呢？

进抚顺战犯管理所两年以后，所领导给溥仪一家安排了每晚两个小时的劳动改造内容，劳动内容是糊纸盒。我们大家围坐在一起干，别人糊的大致上都能合格，只有溥仪笨手笨脚，糊出的纸盒不是皱皱巴巴，就是歪歪扭扭，是位生产残次品的'高手'。对于溥仪的这种劳动'成果'，管理所领导并没有苛求，主要目的是让他通过劳动加强思想改造，至于纸盒究竟糊得怎么样，也就没人注意了。

1957 年的那个春节，对于我们来说算得上是又一次新生了。政府派来的一位工作人员，当着润麒、毓嵒和我等 13 个人的面宣读了《中华人民共和国最高人民检察院免予刑事起诉书》，这回我们真的自由了，可以回家和亲人团聚了。

离开战犯管理所之前，政府还发给我们每人 22 元人民币作为路费，这是我们作为公民首次拿到并使用自己国家的货币。"

文化使者的晚年生活

从抚顺回到北京后，毓老被下放到京郊农场，从事过繁重的体力劳动。说起他的这位末代皇叔，毓老感慨万千："我就因为 14 岁那年跟了溥仪，大半辈子受他的牵连，吃了多少苦，受了多大罪呀！特别是从 1945 年至 1957 年这几年之间，我音信皆无，究竟是死了还是去了国外，我的家里人一无所知。老母亲为我担惊受怕，提心吊胆十几年呀！

"1957 年溥仪、溥杰特赦回到北京后，先后当上了文史专员、全国政协委员。溥仪的日子一天比一天好起来了。可是我还在京郊农村受苦受罪呢。后来我和溥仪见面的机会越来越少，特别是他和李淑贤结婚以后，我们见面的机会就更少了。后来我每次去他家，他总是说你婶子身体不好，喜欢安静，我又不会做饭，家里连香烟都没有了。我只好马上掏出烟来递给他。后来我们索性没了往来，直到他'文革'中去世。"

毓老的晚年生活充实、幸福而又温馨。由于他幼年时代刻苦钻研书法艺术，不管是在苏联流放，还是在抚顺关押，他一直没有中断自己的钻研，晚年成了驰名中外的大书法家。在日本、韩国、港澳及东南亚各地连续举办书法大展，每次展览都能引起不小的轰动。全国政协副主席马万祺、澳门特区行政长官何厚铧以及国内外很多大收藏家，都以收藏他的作品为自豪。他成为名副其实的中华民族传统书法艺术的友好使者。当笔者首次登门就向他提出索要墨宝时，他不但一口答应，而且当场欣然命笔，令笔者颇为感动。在当今书画界，特别是那些久负盛名的书画大家们，不付款而索要字画的时代早已过去了。

毓老的老伴爱新觉罗·丽水女士，也是一位杰出的书法家。她擅长篆书，这几年，毓老的书展办到哪里，她笔下的墨香就飘到哪里，在书画收藏家的收藏目录里，也出现了她的名字、她的书法作品。老两口举案齐眉，彼此交流，互相促进，共同提高。这对再婚夫妻晚年生活得幸福而温馨。

毓老的晚年仍笔耕不辍。在出国访问、讲学、办书展外的闲暇日子里，对自己的一生进行了重新思考，重新认识，重新总结。根据自己实实在在的特殊经历，写出了回忆录式的纪实文学《末代皇帝的20年》。毓老说，他要抓紧时间了，力争在有限的时间内，写完他下半生的回忆录。

当笔者问他，对于您因为自己和溥仪这种叔侄关系，导致您大半辈子吃苦受罪这个问题，您自己究竟怎么看，他的回答异常平静："这一切都是由历史造成的，如今这段历史已经如梦如烟地过去了，就让这一切的苦难都过去吧！我现在生活得很幸福，怨恨早已随着岁月流逝了。因此我想抓紧余下不多的时间，赶紧写完我下半生的回忆录，把这段真实的、活生生的历史告诉大家，给历史、昨天、今天一个实实在在的交代。"

毓老，就是这么一个开朗、豁达、富有社会责任感的老人。

金志坚：最后一位皇姑

谢榴怀

　　2004 年 8 月 9 日上午 10 点，在北京市八宝山人民公墓菊花厅，100 多位吊唁者向 83 岁老人爱新觉罗·韫欢的遗体告别。老人生前就瘦小，经过数月胃癌病痛的折磨，更加嶙峋。她是一位普通的老人，从事了一辈子小学教师的工作，她又是一位不平凡的人！我们知道中国封建社会有非常漫长的历史，翻开庞大而且绵延长达 200 多年的清室世系表，我们看到最后一个皇帝是溥仪，而最后出生的皇族成员则是溥仪的七妹爱新觉罗·韫欢（金志坚）。随着金志坚的去世，中国数千年皇室的最后一位皇姑也走向了天国。

　　在人们想象中，皇姑总该有点排场和气派，有着不可能从身上完全消失的皇室成员味儿，其实不然，她去世前就住在北京方庄一幢普通居民楼里，性格善良，脾气温和，新中国成立后当过教导主任、模范工作者。溥仪在《我的前半生》中，特别提到这位七妹与四弟、六妹没有去过伪"满洲国"，还说，我"几个妹夫不是伪满军官，就是伪政权的官吏，只有六妹夫和七妹夫是两个规规矩矩的读书人"。当然，那些曾经做过伪官吏的皇族成员早已回到了人民的队伍了，但是，像七妹韫欢这样一位一直依靠自己劳动谋生的"皇姑"，是怎样度过那些富贵与艰难都曾有过的日子呢？她的离去也带走了一段珍贵的历史……

作为一个平民，我与她有过 20 多年的交往，她是我母亲的好朋友，她的离去使我母亲和我都陷入了悲伤，我们都感到，七格格是个罕见的好人。

七格格的父亲母亲

七格格金志坚家族的显赫在封建王朝是无与伦比的，她的大哥是宣统皇帝溥仪，她的伯父是光绪皇帝，她的父亲载沣是晚清的摄政王。

金志坚的父亲载沣是个有争议的人物，有的电视剧至今把他视为顽固的保守势力，但是不少史学家对此有不同的评价。载沣至少有一点值得称道，就是在历史的某些紧要关头急流勇退，这样的权力人物往往更能给历史的良性发展带来机遇。

1908 年 11 月，光绪与西太后同时病危。西太后慈禧在福昌殿病榻前，召见了军机人臣载沣、张之洞和世续等人，商议立嗣。慈禧之意是立三岁的溥仪为帝，由其生父载沣为监国摄政王。西太后死后半个月，阴历十一月九日，末代皇帝溥仪在生父载沣的陪同下举行了"登基大典"。尽管"儿皇帝"只是个摆设，载沣成了实际的掌权者，但由于有慈禧的遗诏在，载沣虽大权在手，仍不免受制于隆裕太后，而载泽、溥伦等人也因此敢恃隆裕之势而横行无忌。

1911 年 10 月 10 日，武昌起义爆发。面对如火燎原、势如破竹的革命浪潮，奉命应变的清朝满族陆军屡屡失利，告急文书纷纷飞来。载沣自感大势已去，清廷已无法有效地统治这个国家了。与其继续流血生灵涂炭，还不如自己引身而退，将国家交给革命党人。在隆裕皇太后主持的御前会议上，曾多次商讨反对革命的策略，载沣表现相当冷漠。因为载沣并不是一个保守派，在清朝遗族中，载沣是一个能较快接受新事物的人。他是遗老遗少中最早剪去辫子，安装电灯电话、穿西服、买汽车的人物之一。这与他出使德国，接受过新思想有关。他的这些举动，自然引起一些守旧王公大臣们的不满，甚至有人骂他"忘本"。十二月三十日，载沣毅然下了罪己诏，解散皇族内阁，将所有罪责都揽到自己头上，只希望国家能够恢复正常秩序。次日，以隆裕太后为首的清廷任命袁世凯为内阁总理大臣，全权组阁。不久，卸任的载沣，以醇亲王的名义退归藩邸，结束了他短暂且备受煎熬的三年当国生涯，从此退出了历史舞台。

清帝逊位后，载沣比所有的清朝遗老遗少都看得开。他尽管对袁世凯很轻蔑，但对辛亥革命的领袖尤其是孙文先生十分敬佩，他觉得国家交到孙先生的手中是包括清朝皇族在内的所有中国人的幸事。出于对革命党人的信任，载沣从不参与清帝的复辟活动。在"张勋复辟"的闹剧中，载沣表现得极不热诚，从头至尾都未参与，而是冷眼观看了这一幕只有12天的复辟丑剧。

民国十三年（1924年）正月一个漫天飞雪的上午，孙中山先生突然造访北京西城的醇王府。一位革命领袖访问一位被革命推翻的皇族权势人物，这在当时多么令人不可思议。孙中山认为载沣在辛亥革命中辞去摄政王，是爱国的，有政治远见的行为；载沣能把国家和民族利益摆在前头，而把家族利益放在一边，是难能可贵的。

此后，载沣在中国政治舞台上销声匿迹，在王府颐养天年。新中国成立后，于1952年安详地病逝于北京醇王府。

七格格金志坚的母亲邓佳氏出生在一个普通满族家庭，这是因为瓜尔佳氏与端康皇太妃不和，因为一件小事吞服大量鸦片去世，于是邓佳氏 1912 年进入王府。由于是侧福晋，在家中地位无法与福晋瓜尔佳氏相比，在这样一种氛围中，凭借着她的聪慧和周旋能力巩固了自己在家中的地位。邓佳氏生育了两男四女，她文化不高，但是非常仰慕文化，通过自学已经能够写信和给自己的孩子修改。邓佳氏精明强干，还喜欢那个年代极少有人问津的摄影，她能绘画、能弹风琴，是一个接受新事物的人。当然，她的脾气急躁，说话有点严厉刻薄，不过很讲理。在母亲严格的教育与呵护下，金志坚为人性格善良、知书达理。可惜的是，作为一个能够接受不少新鲜事物的女性偏偏对现代医学不相信，这一点邓佳氏和载沣相似。他们认为一个人的生死祸福是老天安排好的，治病也无济于事，所以有病就硬撑。1942 年，邓佳氏从得轻微的肺结核开始就拒绝治疗，终于恶化而去世，年仅 45 岁。

旋涡中的显赫家庭

七格格曾经同我谈起过她的家，她的心里有怀旧——怀念父亲母亲，怀念逝去的孩提时代和青春岁月，也有对这个家庭非常复杂的感情。

七格格出生于 1921 年，那时清王朝已经垮台 10 年了，但是从家人的口中还是能够了解到这个封建王朝第一家庭中成员之间的倾轧，那常常是你死我活的，光绪就是牺牲品。载沣是新中国成立后去世的，他对金志坚讲过，光绪被软禁在瀛台时，他去看过光绪，光绪神情恍惚，面如土色，一只胳膊不能动弹。当时兄弟俩感慨万分，但光绪欲言又止，因为旁边有人监视着他们。光绪三十四年，光绪逝世。几乎在同时，慈禧在颐和园里度过她 74 岁生日。在她患痢疾卧床不起的第 10 天，她突然做出立年仅三岁的溥仪承继光绪帝为嗣的决定。金志坚的祖母听说要把大孙子送进宫里，竟昏厥过去。也难怪，慈禧心狠手毒，连她亲生儿子同治也不放过，而金志坚祖母的儿子光绪刚死，大孙子又将去送死，祖母哪能不急？幸而慈禧在金志坚伯父光绪去世两天后就一命呜呼了。

金志坚曾经断断续续对我回忆：

珍妃跳井时我尚未出生，但父亲手里有她的照片，她长得的确端庄秀丽。不过珍妃的姐姐瑾妃我倒是常在宫里见到，她又矮又胖，脖子很粗，可能是患上现在所说的甲亢一类的病。她给我的印象是比较胆小，她妹妹就死在慈禧手里，她心里肯定不满，可她却爱遵循慈禧的那一套。她时常毒打太监，还派太监监视大哥，每天向她报告大哥的举动。

斗争、倾轧就是这样残酷，就是一家人碰到权力之争，也是你死我活的，我们后来每提到这一点，都十分不解！在皇宫中当了一辈子大官的父亲，后来就看透了这个恐怖的场所。他在辛亥那年辞掉摄政王位时，如释重负地对母亲说，"从今天起我可以回家抱孩子了！"还颇有感触地对哥哥们说，"长大了万不可学阿玛（父亲）"！他后来隐居天津，假称姓王，也不愿与其他官员来往，他闭门谢绝一切遗老来访。他虽然在家里不取消大哥的尊号，但他却带头剪辫子，穿西服，在府中装电话、备汽车。这说明他已经意识到，这种家庭危在旦夕，非改不可。当然，这些办法也不能起到什么作用。

有的事情想起来是很让人伤心的。封建王朝等级森严，不仅母亲作为侧福晋是不能和福晋享受同等待遇，而且简直缺乏人性。母亲的父母、两个哥哥和一个姐姐我都非常生疏，我见到他们的时候不能向姥爷、姥姥问好，反而要他们向我这个七格格请安。因为王府不能与侧福晋家里的人平等来往，我作为小孩儿本能地向他们"回安"，但也被认为有失身份而被制止。我其实挺想和母亲家的人来往，可是他们既不能到我家来，我也不能到他们家去。我从来没有见过我的姨、舅母，更没与表兄妹见过面。后来母亲去世，就完全断绝了与母亲家里人的来往，互相之间连一点音信都没有。

我还要提到我的大姐韫媖，她比我大一轮，她的婚姻是很不幸的，但是王府格格绝对不能离婚，就是回娘家住也不行，娘家人要按照家规赶她走，在抑郁的环境中，她16岁就离开人世。谁都知道大姐是怎么死的，可是没有人敢道破，年幼无知的我才四岁，我"哇"的一声哭出来，引起了全家人的哭声，可是没有人对严酷的封建礼教说半个不字。

渴望普通人的生活

七格格的回忆常常是很生动的：

世代流传下来的皇室家规，使我们的不少事情都显得荒诞。比如大哥，当他还是个什么也不懂的小皇帝时，父亲、母亲、弟弟、妹妹都一律毕恭毕敬地称他作"皇上"。在他面前，前辈反而是奴才。我自有记忆以来，也一直很怕这位"皇上"哥哥。那时我们在天津，每当星期天父亲带着我们去张园或静园他的住处时，我们总大气不敢出地向他请安，他有时忘记招呼我们坐，我们也只能乖乖地长时间站立。他经常穿西装，有时穿袍子马褂，脸上总戴着副圆片墨镜。我们姐妹有时被他这模样吓得要哭，他却哈哈大笑地在客厅里追逐我们玩。我们在张园里还见过大哥过生日的场面：各地赶来的遗老们都给他跪下叩头，有的老态龙钟，有的弱不禁风，让人觉得好笑，可大哥显得很得意。不过溥仪还算有骨肉之情，平时常让他的司机到我们住的英租界戈登路，把我们的作业本拿出一页页检查；有时自己开着汽车拉我们在他的花园里转圈玩，或者带我们去起士林、维多利亚花园玩。后来居然让我们和他在一个桌上吃饭，不过还沿用着皇帝的旧俗——"进膳"。说起这个"进膳"，我们都哭笑不得，因为我们兄妹的胃后来都留下病根。我们皇族的家庭传统习惯有很多愚昧的成分，吃东西没有规律，零食当饭吃，撑着了就用饿肚子的方法"饿治"。大哥在家里闹过一次肚子，一个多月的时间，硬让他饥肠辘辘，他饿急了干脆把喂鱼的干馒头往嘴里塞。在天津时，婉容嫂（当时要称她皇后主子）用一桌煮好的茶鸡蛋招待我们，说谁吃得多谁就是"好样儿"的，我一下子吃了五个，过后两天不想吃饭。说到婉容，她也十分可怜，大哥总不和她在一个房间住。大哥跟另一个妻子文绣隔得更远。后来文绣主动跟大哥提出离婚，她实在是个勇敢的女子，婉容就柔弱多了。大哥当时一心想复辟，不会把爱给妻子，孤寂与忧心忡忡使婉容变得很古怪。比如我们天天"扑粉"（化妆），每扑五下，她就吐五口唾沫。她很少吃饭，有一段时间每天煮一只羊，把白煮羊肉片放在盘子里，她嚼几下肉片便吐出来。她特别爱看皮影戏，每天看到十一二点，内容经常是油锅炸人和大卸八块之类的恐怖片。我想这是极度的苦闷使她不得不追求这种刺激。她长得非常标致，个子瘦高，也有文化，但这种家境使她心理变态了，真是个可怜的女人！要是在一般人家，她会幸福的。

皇族家庭的各种清规戒律也给我们姐妹带来了无穷的苦恼。我们姐妹从小享受不到半点自由。在王府里的时候，只准在一个小院里玩，连门都不许出，能到花园里散散步就像小鸟出了笼子。我在北京和天津都生活了很长时间，硬是不知道北京有个大栅栏、天津有条海河。有时听见高墙外的一点声音，都恨不得多听一会儿，在天津小楼房的阳台上，我们姐妹看看街上往来的行人，感到有意思极了。在家里，不许我们随便和别人讲话，不许当着人笑，不许干活，长到 17 岁，衣服还要老妈子给穿，手绢脏了也不许自己洗，这种家规造成了我们与世隔绝的状态，无异于软禁。

寻找自己的爱情和幸福

七格格对我谈起过她自己的爱情，只是结局也是凄婉的：

人，毕竟要食人间烟火，26 岁时，六姐结婚了，我更感到孤独，有几次瞒着父亲到街上走了走，接触了社会，真是大开眼界。我看到街上的人吃贴饼子、窝窝头，心里纳闷："这东西还能吃呀？"后来渐渐体验到劳苦群众的艰难。我看见热闹的市场，看见说说笑笑的人群，感到他们反倒比我幸福，我的心更"野"了。自己买了辆自行车，还想到职业学校教书。父亲发觉后，便和载涛叔商量，结果是否决了。他们不许我骑车外出，最后自行车生了锈。

后来，四哥溥任用王府的一部分房屋盖了一所竞业学校，我坚决要求到学校去做点事情，好在学校没有出王府大院，父亲也就同意了。虽然只是做一些教务工作而非教员，也很少直接接触学生，但是女教员们有学问、有教养的气质深深吸引了我，我真羡慕她们那种没有家庭礼教束缚的生活。做一个普通人是那样难！

新中国成立了，我们家才真正认识到这种"规矩"的腐朽。父亲虽患半身不遂，卧病在床，可总是兴趣盎然地看报纸、听广播，他也感受到时代已大踏步地前进着。这位光绪帝的弟弟、宣统帝的父亲在家里废除了请安，改为当时时兴的鞠躬，也允许我自己出外谋生了。这对他来说，实在算是个"创举"，当时许多遗老还死死抱住那些过时的东西不放呢！

我终于到崇文区精忠街小学当上教师，能和人们在一起工作，能听到学生叫自己"老师"，那从心底里产生的自豪与幸福，实在是自己从未体验过的。那时百废待兴，对生活对国家充满着希望，对工作充满着热情。我还记得自己作为一个格格第一次没有回家过夜的"奇迹"。那一天是 1949 年 9 月 30 日，我们准备参加第二天的开国盛典游行，我们赶制旗帜、八角帽、列宁服，谁都顾不得回家睡觉，我也一样，那一年我 28 岁。

在努力工作的同时，同事们也替我着急，看到我已是二十几岁的大姑娘，也开始关心起我的生活来，可提这事，我觉得很害羞，"皇姑"自由恋爱可是从来没有过的，对恋爱我更一无所知。一位女教育家李淑芬给我当起了红娘，她告诉我，要给我介绍的男方叫乔洪志，是解放战争中参加革命的，后随华北大学入城，现任四中政治教师。我挺紧张地同他见面，他个子高高的，很魁梧，带着山东大汉的豪爽劲儿，瞧他那稳重果断的样子，我知道他有着比我丰富得多的阅历，是个可靠的人，我们双方都挺满意，不久便和四中其他老师一道举行了集体婚礼。大家在一起有说有笑，畅谈理想，憧憬未来，我真为自己有这样一天而庆幸！

我们俩都喜欢自己的工作，成天在一起不是谈教学就是谈学生，而且各自常常备课到深夜才回家。我觉得工作好还不行，还应该以党员的标准要求自己，于是我写了入党申请书。领导恳切地告诉我："你的表现很不错，可你的入党问题，我们也做不了主。"我不灰心，我有这种心愿！让我有点难过的是我牵连了爱人，使他的组织问题迟迟得不到解决。我心里明白，与我这样一个皇族成员结婚，肯定会被认为立场不稳。他反倒安慰我，说"与你没关系，还是我做得不够"。在政治上共同追求，在生活上也是共同努力，由于格格干家务在皇室里是绝对禁止的，所以我连淘米、洗菜都不会，更不要说做饭。但是我成家后极力摆脱这种陈腐的陋习，我干起活儿来很笨拙，有一次切菜竟然切掉半个指甲盖儿，老乔很心疼，开玩笑地说"皇姑露馅儿了，以后还是我来"，我说"真让你受罪，女人主不起家务来"，他和蔼地说，"心肠好比什么都好！"

可惜，这个真正给了我温暖和幸福的家庭竟是那样短暂。1960年的一天，他工作到深夜，第二天5点钟他就起床带学生去密云水库劳动，因心脏病猝然发作去世了。我在北京医院看见已经僵硬的遗体，心都碎了……

不过，领导很关心我，问有我什么困难？我说我没有什么困难，只希望三个孩子能就近寄宿，好让我好好工作。安排孩子寄宿后，我就搬到学校里住，我整天和学生们在一起，虽然我们家每人每月平均只有十几元生活费，可日子过得挺充实。我把孩子一个个拉扯大，更把不计其数的学生一批批送出学校。繁忙的工作和对孩子的爱，使我无暇顾及再婚，40多年来，我一个人支撑着家里的一切。如果老乔能够活到今天该多好啊！

皇族的团圆

我们这个家族多少年来家不像个家，真正使我们大团圆的是周总理，我们全家人都把他看成恩人。

20世纪30年代初，大哥及二姐、三姐相继到伪满，后邀请我父亲去了一趟，但父亲一个多月就回来了，还对我们说，"不回来日本人非把我扣下不可"。从此，我们兄弟姐妹之间一别20多年。

1959年，我从报上看到大哥特赦的消息，我替他高兴，还打听到他住在崇内旅馆，却又不敢去看他。

有一天，校领导突然通知我暂停上课。门口来了辆小汽车，司机急匆匆地说，周总理让我来接你，好不容易才找到你。我连衣服都没顾得换，便坐车来到政协礼堂。我见到崇敬已久的周总理，也见到了哥哥姐姐们。当我生平第一次叫溥仪"大哥"时，他激动得老泪纵横，他第一次得到大家庭的温暖。他本来就不大机敏，在这巨大兴奋的冲击下，他的模样更让人觉得好笑。临别时他竟忘了我是他的妹妹，像对待政协工作人员一样与我握手说声"谢谢"。经人提醒，他才明白。以后，他让一个侄子带着（否则会迷路），到学校看了我四次，不过，他一直没暴露身份。

二哥溥杰第二年特赦后，总理第二次接见了我们。二哥听说周总理要接见，心情既兴奋又紧张。大哥告诉他，总理无论对谁，都是平易近人，使我在不知不觉间，会产生一种家人一般的轻松幸福之感。

一年多以后的 1961 年 6 月 10 日，周总理在中南海他的住处接见了我们全家，二嫂嵯峨浩和她的母亲嵯峨尚子也在座。周总理还特别提到二哥死去的长女慧生的一件事。当二哥还在抚顺监狱时，慧生瞒着她母亲给总理写了封信，请求允许她和二哥通信。在总理的关怀下，二哥开创了伪满战犯与家属通信的先例。总理在这次接见中说："我很喜欢这样勇敢的孩子，青年人是需要勇气的！"周总理还指着三姐金蕊秀说，"三妹是东城区政协委员，我是全国政协主席，从这一点说，我们还是同事"。又指着五姐金韫馨与六姐溥韫娱说："五妹曾做过服务员，现在做会计，她完全是自我奋斗，过去我们不知道。六妹是画家，字写得很好，现在是艺术家了。"最后指着我说，"七妹是小学教导主任，模范工作者。你们走在街上，谁能认出来是过去的皇族呢？"与上次接见不同，这一次总理接见，我的丈夫刚刚去世不久，总理和邓大姐都知道了，他们很同情我，并且问我有什么困难需要帮助解决，我当时发自内心地说，没有什么困难。我仅仅 70 元的工资带三个孩子的确不易，但我一定能克服！

皇姑眼中的"皇帝热"

金志坚曾任北京市崇文区政协常委，履行政治协商、民主监督的职责，她也有一种责任感。对近年来的"皇帝热"，她有自己的看法，她曾对我说：

由于中国封建社会这么漫长，最后的皇室当然十分神秘。就拿大哥溥仪来说，写他的书一本接一本，拍他的电影、电视就一部接一部。书、电影都因版权争议而打过多起官司，可见多热门。不过，我们七个兄妹尤其是最年长的二哥溥杰都感到不少影视编造得太厉害，不像我们家中的生活，关于皇室的历史与文化真需要进一步认真地研究。还有个别作者接触了大哥的最后一位妻子，编出了许多书，其实，他们在一起生活的时间并不长，而且在"文革"即将到来的日子里不可能谈出很多秘闻，加上大哥的记性并不好，所以那些借大哥之口说出的话有很多是经不起推敲的。

自从 20 世纪 80 年代末《末代皇帝》拿了奥斯卡奖并风靡世界，溥仪在国外的知名度更高了，中国开辟的末代皇帝旅游专线使外国朋友很感兴趣。不少国外旅游团提出要与二哥溥杰见一面，哪怕几分钟也好。他们不仅是好奇，更重要的是想从活的文物中了解中国的历史和今天。90 年代初，二哥溥杰也去世了，追悼会的规格很高。二哥生前最爱的人是他的妻子嵯峨浩，最崇敬的人是周恩来总理。

当然，也有些人（为数很少）尤其是上年纪的老人还有点崇拜皇帝。有的年轻人说，英国、荷兰、瑞典、日本等国那么发达，皇室还有地位，也挺受尊重，我说，国情不同嘛。十几年前，一个 80 多岁的老人风尘仆仆地敲我家的门，他问我是不是皇上的妹妹？我说："是啊！"老人要下跪，我赶快扶起他。他说他是从 100 多里外的远郊赶来的，他从《北京晚报》上见到有报道我的文章，上面提到我在广渠门附近住，他竟到我们这一带询问了几十幢楼，花了两天时间。他还背着一袋土特产，非要送给我。我看他挺累，留他在家吃了顿饭，他好像有点受宠若惊。我分析，他这么大岁数，回忆起小时候挺留恋，也可以理解，这样的人毕竟太少了。

辛劳育花的御妹

金志坚的出身是贵族，职业是园丁。半个世纪以来，她在精忠街小学任教，还先后在二二七中、区教育局教育培训班等执教过，她勤勤恳恳，精通业务，其敬业精神更被同事们称道，为教育事业做出了出色的贡献，她20世纪60年代就出席过全国群英会，而各种"模范教师"的头衔也得了许多。

无论在她的生前还是葬礼上，她的学生无不以"金老师人太好了"来评价她。善良、体贴、关心、无微不至用在她的身上都显得太普通了。她备课的辛苦，教育学生的用心，了解她的学生常常会掉眼泪。她不到40岁就失去了丈夫，一个人拉扯三个孩子，其艰辛也可想而知。但一点也没有影响她的教学尤其是对学生的教育。那时她对教育工作的热爱近似狂热，不仅如饥似渴地读书，而且凡有教育方面的学习和讲座，有多远她都坐公共汽车去。有次一位苏联教育家讲课，她没有票被挡在门外，30多岁的她竟然急得掉下眼泪，看门的小伙子终于被感动放她进去，后来北京市教育局一位负责同志得知，还在教育界的一个会议上表扬这个好学的小学教师。还有件事情足见她对学生的用心：新中国成立初期有个学生是装卸工的儿子，这个调皮的学生偷偷剪掉一截坐在前面的女学生的辫子。金志坚感到应该找家长沟通一下。这位装卸工到学校后气坏了，劈头盖脸地暴揍儿子几下，金志坚用柔弱的身体挡住学生，装卸工还是追着儿子打，后来金志坚总算护住了调皮学生。金志坚事后感到，是自己工作做得不细，对待学生应该因人而异，如果学生家长是知识分子，可以用这种方法，如果是个文化不高的家长，应该用另一种方式。她了解到这个学生自幼丧母，艰难的家境与繁重的劳动造成了他爸爸既希望儿子好又容易因失望而暴躁。金志坚对学生进行了家访，而且是三次。她感到没有主妇的家庭太杂乱无章了，恰巧第三次家访时学生的家长工伤卧床，金志坚不顾学生家长的劝阻，给家里进行了一次大扫除，灰尘和异样的气味呛得她直咳嗽，尤其一个人搬动柜子使她满头大汗，但是几个小时终于使学生家里变了个样儿。这个学生回家看到老师，害怕又来"告状"，当他的爸爸告诉他是金老师一个人把家里打扫干净时，学生久久沉默了，这一刻让他明白了许多道理。后来这个学生进步很快，虽然这个学生现在也是老头儿了，但提起金老师仍然满怀深情。

一位50多岁的金志坚的女学生许桂琴说："金老师教了我一年多，但让我受用终身。要用一句话概括她的人品，就是出奇的善良。她从来不发脾气，从来不议论别人的短处。在她眼里没有好学生与坏学生，她对我这个班长说，把学生分类是不好的，不能让一些一时落后的学生从小就有自卑感。金老师对学生好是渗透在她的心里的……后来我知道，'文革'中一些老师和学生写大字报或者批斗校长，有人让金志坚站出来揭发，金志坚回答说，校长多次对我说，我的出身不可能入党，他从来没有让我入党的意思。在当时真是最大限度地保护了校长。后来我每年去看金老师，直到2004年初夏她重病住院，我每隔两周去一次，我知道她的病很重，她依然总是想到别人，她说都那么忙，她很不忍心，有一次她从枕头下取出一件珍贵的礼物，那是她在政协时班禅的亲属送给她的，她说，'你信佛教，我应该给真正懂得佛学的人'。看着她憔悴至极的身躯，我知道这是她给我的最后的关爱。二十几天以后，她离开了人世……"

金志坚的一生是奇特的，同时她的命运也是不幸的。她中年丧夫，为了孩子一直未再婚。晚年她与二儿子乔岱一家住在一起，减去了不少孤寂。可惜 2001 年在中学当老师的乔岱突然间身体不适，到医院检查是晚期鼻癌，几个月后便离开了人世。这个巨大的打击使老人几个月卧床不起，但为了不让孙子受到情绪上的影响，金志坚振作起来，因为她的一生都是在坚韧不拔中度过的。

金志坚除去少年时有过一段特殊的皇族的特殊生活外，她后来直到离开人世都是普通人的生活，有时甚至是清贫的。她从来没有嗟叹，她结婚时住在父亲留下的一个院子里，摄政王房子的价值当然不必述说，但是为了不给自己留下贵族气，她和丈夫搬出来租房。她结婚时父亲还在世，父亲疼爱小女儿，要送一些家中的文物给她，放在后来任何一件都价值连城，可是她一件都没有要。即使清贫陪伴了她后来几十年，她也认为这是一个中国人必然要经历的历程，没有什么可后悔的。

她退休以后，除参加政协工作外，还热衷于绘画。爱新觉罗家属书法与绘画展在恭王府有了展厅。其中就有爱新觉罗·韫欢的作品。她善于画牡丹、芙蓉、海棠、玉兰。她师承恽南田派的没骨画，继承传统而又不拘成法。作品清新明丽，典雅庄重，别具一格，博得了海内外众多人士的喜爱。她为亚运会、西藏基金会、恭王府修建等许多盛举捐了数十幅作品，从创作中充实了晚年生活。她的画风起源于幼时在皇室所受的熏陶，在创作中时时回想起 70 年前在宫中的生活，有时甚至有回到儿时的幻觉。直到重病住院，她才辍笔。

38 年前，末代皇帝溥仪在八宝山火化，被称为"火龙"。

38 年后，中国数千年皇室的最后一个皇姑火化，可以称为"火凤凰"。与末代皇帝不同的是，她没有复杂的和需要忏悔的历史，她成年后一直在人民中间，为自己挚爱的教育事业吐尽了最后一根丝……

王谢门庭：京津两座庆王府

华尔嘉

在近代史上，庆亲王奕劻是一位举足轻重的人物，他是继恭亲王奕䜣、醇亲王奕譞之后出掌枢垣的满族亲贵，身膺要职，位高权重，对近代史起到不可忽视的影响。他的府邸在今北京西城定阜街3号，是一座房屋近千间的豪华王府。他的发迹显贵与晚清政局的云谲波诡密切相关。

奕劻（1836—1918），爱新觉罗氏，字辅廷，满洲镶蓝旗人，清宗室，乾隆帝第十七子永璘之孙。乾隆晚年，诸子争宠，意在立储。永璘为乾隆帝幼子，与嘉庆帝为同母兄弟。他自揆无缘帝位，因此避免参与争位活动。一次，诸王子相聚，论及和珅弄权当朝，争着要把他置之于法，唯独永璘缄默不语。众人问他，永璘回答："我自知没有大志，只希望异日分封时，得到和珅的宅第就心愿足矣。"乾隆去世后，嘉庆帝即位，下旨查抄和珅，其府第也被没入官府，永璘如愿以偿，被赏赐到后海南岸三座桥附近的和珅府，即今恭王府，并被封惠郡王，不久改封庆郡王。嘉庆二十五年（1820年），永璘临终前被晋封庆亲王，其第三子绵愍承袭郡王爵位，成为第二代庆王。因其无子嗣，死后奉旨以仪顺郡王绵志之子奕彩为继子，成为第三代庆王。后因奕彩在国丧期间违制纳妾被革爵，由永璘第五子绵悌袭镇国公，不久因事降为镇国将军，死后由永璘第六子绵性之子奕劻继袭辅国将军。根据清代宗室封爵规定与王公府第建筑规制，咸丰元年（1851年）奕劻从庆王府中搬出，其府第被赏给恭亲王奕䜣。奕劻则搬到定府大街原道光时大学士琦善故宅，其前身为三等奉义公府。琦善曾任直隶总督，擢升文渊阁大学士，第一次鸦片战争时力主妥协，道光二十年（1840年）被任命钦差大臣赴广州与英军议和，他诬陷林则徐禁烟措施失当。在谈判中，琦善对英军献媚求和，畏敌如虎，擅自同意割让香港，与英人草签卖国的《穿鼻草约》，事被揭发，琦善革职拿问，在京家产府第被籍没，成为闲置官房，其子恭铛搬到厂桥附近居住。至此，160余间的琦善故宅成为奕劻的新府。

定府大街得名于明朝开国元勋徐达父子。明初，朱元璋派大将徐达率兵北伐，攻占元大都后改称北平。徐达常年在外征守，是开国第一功臣，与太祖朱元璋有布衣兄弟之称，被封魏国公，后追封中山王，其府邸即建于此。其子徐增寿在燕王朱棣发动的"靖难之役"中有功，朱棣夺得帝位后，封他为定国公，承袭其父府邸，此地遂有定府大街之名。奕劻入住定府大街（以后将"府"谐音为"阜"。1965年整顿地名，去掉"大"字，沿用至今）新府后，鸿运高照，二十余年间，屡有升迁，从贝子、贝勒晋封为庆郡王，任御前大臣，1884年奉命管理各国事务衙门。因为他与慈禧太后的弟弟照祥关系密切，与其另一个弟弟桂祥为姻亲，得到慈禧太后眷顾，善于奉迎的奕劻青云直上，如日方中。光绪十年（1884年），恭亲王奕䜣在与慈禧太后政争中失利被罢黜，朝政转归慈禧太后的妹夫醇亲王奕譞掌管，奕劻奉旨会同奕譞办理海军事务。为讨得慈禧太后欢心，他们二人不惜挪用海军经费为慈禧太后修建颐和园。光绪二十年（1894年），慈禧太后六旬大寿，亲下懿旨晋封奕劻为庆亲王，奉旨在紫禁城内乘坐二人肩舆，赏食亲王双俸，荣耀非凡。光绪二十六年（1900年），八国联军侵占北京，慈禧太后携光绪帝仓皇西逃，命奕劻和李鸿章为全权大臣与八国联军议和，谈判中奉行"量中华之物力，结与国之欢心"的卖国路线，签订了丧权辱国的《辛丑条约》。光绪二十九年（1903年），奕劻被授军机大臣，兼管外交、财政、练兵等事务，总揽朝政大权。光绪三十四年（1908年），命以亲王世袭，享有清宗室的最高待遇。有清一代，除开国佐命殊勋的八个铁帽子王为世袭罔替之外，只有雍正帝之弟、怡贤亲王允祥，咸丰帝之弟、恭亲王奕䜣和醇亲王奕譞得到此项封赏，奕劻以远支宗亲获此懋赏殊荣，从中可以看出清廷对他的倚重。他有何殊勋异绩而独承天眷呢？据野史记载，慈禧太后病危立遗诏时，奕劻冒命犯上，力请醇亲王载沣之子溥仪入承大统，为同治帝之后，并兼祧光绪帝，再三奏请，始得获准。如此立嗣，一举两得，即使光绪帝无后，其皇后隆裕名正言顺地成为宣统帝的母后，掌有实权。至今，奕劻受封为亲王世袭罔替的银质镀金受封册页完好地保存于天津历史博物馆内，成为历史的见证。

奕劻内恃恩宠，外结袁世凯等地方实力派，权势日隆，政以贿成，官以私进，朝政日坏。他利用先后五次出任京师崇文门税关正监督肥缺之机，贪污纳贿，卖官鬻爵，大发横财，名利之徒趋之若鹜，接踵其门，时人戏称之为"庆记公司"，更因奕劻与满族权贵大臣那桐沆瀣一气，苞苴公行，时人讥讽为"庆那公司"。民谚形容奕劻等人贪污误国："杀端方，宰铁良，贪赃枉法庆亲王，里勾外连袁世凯，挫骨扬灰徐世昌。"由于奕劻媚上固宠，深得慈禧太后欢心，其长子载振也青云得路，少年得志，14岁即被赏头品顶戴，18岁封二等镇国公。光绪二十七年（1901年），被选派英国参加英皇加冕典礼，加贝子衔。继而出访比利时、法国、美国和日本，考察各国政治。周游五国后，擢都统，简派为新设立的商部尚书，后改任农工商部尚书。载振不学无术，生活腐化，奢侈无度，以纨绔子弟的放浪恶行声名狼藉，不齿于清议，屡遭弹劾，赖有慈禧太后庇佑而保有禄位。奕劻的四女儿人称四格格，最受慈禧太后宠爱，在宫中陪伴"老佛爷"，恣情玩乐。有一次，慈禧太后饰扮观世音菩萨，四格格饰扮龙女，大太监李莲英饰扮善财童子，合照了一张相，留存至今，是后人熟悉的一张照片。

奕劻贪婪成性，朝野闻名，光绪三十年（1904 年），御史蒋式瑆上疏弹劾奕劻"细大不捐，门庭如市"，近日将私产 120 万两白银存入英商汇丰银行。清廷派人往查，被英商所拒，以查无实据上报，蒋式瑆反而因此落职。光绪三十三年（1907 年），东北地区建省，改盛京将军为东三省总督，设奉天、吉林、黑龙江三省巡抚，清廷派载振与徐世昌查勘边务。直隶总督袁世凯的心腹段芝贵为谋得要职，不惜花一万二千两重金购得梨园名伶杨翠喜献予载振，以求进身之阶。事被御史赵启霖风闻，上疏参奏段芝贵，连及奕劻、载振父子。早有人将此事通报奕劻父子，密商于袁世凯，设法加以弥缝，掩盖真相。清廷派醇亲王载沣、大学士孙家鼐查办此事，又以"事出有因，查无实据"结案，赵启霖也以妄言落职。面对群言藉藉，载振辞去农工商部尚书及各项差使，赋闲家居。1911 年，武昌起义爆发，奕劻力主被罢黜的袁世凯出山收拾残局，让内阁总理大臣之位于袁，受袁的蛊惑，合谋对隆裕太后连逼带吓，软硬兼施，最终迫使宣统帝溥仪逊位。

奕劻以历年聚敛，按王府规制改建、修葺庆王府，大兴土木，在定府大街路北（今定阜街 3 号）修建了一座占地 2.5 万平方米、坐北朝南、气势宏伟的府邸。根据《大清会典》，亲王府的建筑规制为："正门五间，启门三，缭以崇垣，基高三尺。正殿七间，基高四尺五寸。翼楼各五间。前墀护以石栏，台基高七尺二寸。后殿五间，基高二尺。后寝七间，基高二尺五寸。后楼七间，基高尺有八寸。共屋五重。"庆王府遵此规制，东西长400余步，南北长230余步，呈长方形，占地2.5万平方米。府内分左、中、右三路，自东向西有五个并排的院落，房屋楼阁近千间。朱红漆大门，主房九处，高大如宫阙，富丽堂皇，屋顶覆以泥瓦。奕劻住在西院，其所住北房匾名"宜春堂"，其书房名"约斋"，客厅名"契兰斋"。房屋装修典雅精致，屋内摆放古玩字画，锦卷牙签，缃缣成帙，以显示主人的文雅风流。西院内有一座绣楼，雕饰彩绘，精美绝伦。后园有一座二层戏楼，可容纳三四百人观赏演出。每逢奕劻父子生日或喜庆之事，府中大摆筵席，演戏三天，诸京剧名角入府唱堂会庆贺，或招在京王公大臣及其子弟组成的贵胄班串演，极尽豪华之能事。可惜的是，1971年，戏楼不慎失火被毁。西院生活区内有一条50米长的小巧精致的抄手游廊，墙体上的什锦窗形状各异，有心、瓶、石榴等多种造型，典雅别致。府内屋宇错落，回廊曲折，花木扶疏，栽种各种鲜花，赏心悦目，有近百名用人仆役供主人驱使。

辛亥革命以后，清王公贵族纷纷出京暂避，以观动向。奕劻与载振父子携巨款避居天津，住进租界，杜门不出。1918年，奕劻病死，民国大总统黎元洪根据清帝逊位时与民国政府签订的《待遇皇族四条》中"清室王公世爵，概仍其旧"的成议，以载振承袭庆亲王爵位，并颁发铸造的银制镀金册页。载振返京后，与两个弟弟分居，将庆王府用墙砌隔成三个独立院落，各开大门出入。他自住东院，两个弟弟分住中、西院。为了避免引人注目，载振把东院原来显示王公尊贵的门楣上四个呈六角形门簪的朱红漆大门改成与一般住户一样的小门，门前的"辖喝木"和仪仗等陈设也一律拆除。不久，中院失火被烧毁，载振兄弟三人先后迁居天津，府中仅留一些老佣看房。1928年，国民革命军方振武部曾设司令部于庆王府，年余后撤走。1940 年，载振以 45 万元伪币，将庆王府售予伪华北政务委员会建设总署，兄弟三人平分。抗日战争胜利后，国民党政府接收了庆王府，先后成为十一战区长官司令部、教育部编审会、北平地区空军司令部所在地。新中国成立后，这里曾为京津卫戍区司令部，现为北京卫戍区所属机关使用。此府正门、正殿已改建成楼房，后殿和西部三路宅院保存尚好。

1925 年，载振迁居天津，相中了前清太监小德张（张祥斋）的别墅。民国初年，小德张离开宫廷去天津做了寓公，在旧英租界剑桥道（今重庆道）购置了一所别墅，自行设计，建成了一座占地 4385 平方米、总建筑面积 5085 平方米的南北向楼房。楼房为木石结构，包括附属平房，共 94 间。主楼为西洋柱式回廊的中西合璧风格，平面为矩形，内部布局呈"回"字形，楼房分上下两层，带地下室。经双方商定，载振以天津的北马路十余所浮房和英租界一块十余亩的地基作交换，换取了小德张的这座别墅。

购得此房后，载振又重加扩建，在原有的二层建筑上，又加盖了一层，形成局部三层、中央为方形大厅的格局，内设一座可拆卸的小戏台。立面有类似爱奥克式围柱廊，栏杆是黄、绿、紫三色相间的六棱玻璃柱。门廊建成复合柱式，颇有宫殿气势，正面为上窄下宽的十七层台阶。进门是木雕隔扇，上嵌拱形比利时玻璃镜。一、二层房间沿大厅四周呈东、西、南、北四面开间，均为"明三暗五"对称排列。周围是列柱式回廊，中间为空到顶的欧洲古典风格的开敞天井式大厅，大罩棚厅顶，有精美雕饰，大厅顶高悬葡萄形吊顶。局部三层为八间房，专门作为祭祀、供奉先祖影像的影堂。大厅内挂有御赐匾额和康熙帝御书的唐诗人白居易的诗句大条幅。大厅及客厅陈设豪华雅致，镶嵌罗钿的紫檀雕花家具古香古色、稳重大方。楼东还辟有花园，喷泉、太湖石假山、凉亭、甬道一应俱全，还有稀见的木化石数柱，给人以世外桃源、别有洞天之感。

载振一家居住在这座天津的庆王府内，锦衣玉食，饫甘餍肥，生活起居一仍王府旧制，直至 1947 年载振去世。天津庆王府传给了他的三个儿子溥钟、溥锐、溥铨，后来，当地居民称这座末代庆王府为"钟锐铨公寓"。新中国成立以后，这座名噪津门的庆王府归到人民手中，先后成为天津市人民对外友好协会、天津市人民政府外事办公室所在地，作为天津市重点文物保护单位，每逢双休日，这里部分厅堂对外开放，参观者可一饱眼福，观看庭院深深的王府，驰想历史的荣辱兴衰，感怀世事的沧桑变迁，京津两座庆王府，折射出近代那段风云变幻的历史。

载涛冷对土肥原

李炎锟

　　1934 年春，北京小汤山大柳村一所僻静的小院前，停下一辆乌黑锃亮的小轿车，车里走出一位身穿西服的中年男子，身后跟着两名随从。

　　小院是溥仪的七叔载涛的隐居之处。载涛正在院内剪花，见来了客人忙搁下剪子迎了上去。

　　"啊！是您哪！"载涛认得来者是鼎鼎大名的日本关东军特务机关长土肥原贤二，流露出警惕的神情。

　　土肥原满脸堆笑："载七爷，久违了！我是专程来拜访阁下的呀！"

　　"屋里请！"载涛手一抬，让土肥原进屋，却没理会两个随从。土肥原也还识相，回头招呼那两人在屋外待着。

　　两人在屋里坐定，几句寒暄后土肥原道："我们帮助你们成立了满洲国，溥仪做了康德皇帝，你是溥仪的七叔，应该为满洲国出力，辅助朝政呀！"

　　载涛虽是清室贵胄，却有爱国之心，极力反对溥仪去做傀儡皇帝。他正色言道："成立满洲国？我们'五族'（汉、满、蒙、回、藏）是一家。溥仪投靠你们，卖国求荣，是我们家族的败类，民族的败类。他不是我的侄子！我绝不出卖民族的利益，丧失民族气节！"

土肥原被载涛抢白了一顿，又气又恼，立即露出了凶相，拔出手枪对准载涛的胸脯威逼道："你要是不去长春，那好，我成全你！"不想载涛颇为平静地说："你开枪吧！我愿为民族殉节！"说完闭上了双目。

这下倒使土肥原尴尬了，他不过是想吓吓载涛，哪里敢把个赫赫有名的"载七爷"打死。双方僵持了片刻，土肥原转而把枪收起，干笑道："嘿嘿，七爷真是条好汉！不过，我也是为你载贝勒着想，你看你现在生活苦到了何等地步！只要你到东北，就能恢复在宣统时期的职务，你又能过王公生活了。"

清朝垮台后，载涛的生活确实很困难，曾在德胜门外收卖过破烂；后来又搬到了小汤山大柳村先人的墓地上住，靠着耕耘为生。但他绝不愿为了享受而失节。他断然地回答土肥原："高官厚禄我不爱，我只想默默地度过此生而已！"说完双目下垂，不再说话。

土肥原见载涛软硬不吃，无可奈何，只得灰溜溜地走了。

1935 年春，溥仪从长春专程到遵化马兰峪扫墓。土肥原又派特务动员载涛去迎接溥仪，并一起到沈阳北陵扫墓。载涛义正词严地回答日本特务说："我是民国人，不留恋过去的清朝，也不欢迎溥仪回来扫墓！"他不仅自己坚决不去，还说服那些在北平的遗老遗少们也不要去迎接溥仪。

载涛冷对土肥原的爱国行动，一时成为美谈。

时代洪流中的"贝勒爷"

—— 忆父亲载涛

———

溥　仕

我的父亲爱新觉罗·载涛（1887—1970），字叔源，号野云，满洲正黄旗人。作为其幼子，我在父亲膝下生活 30 年，耳闻目睹故人旧事至今不敢忘却。为寄托怀念与感恩之情，谨将民国以来的往事记述如次。

蒋介石设宴款待伪满皇帝的叔叔

清朝灭亡后，父亲赋闲在家，以"平淡天真"为座右铭，多次婉拒当权者请其"出山"之邀。

1924 年，奉系军阀张作霖知其所好，便以赛马交友，进而提出，利用涛贝勒的声望，特别是关外满族人对老汗王（努尔哈赤）后代的崇敬心理，请他协助奉系主持东北政局。

1944 年前后，一队日本兵突然来到贝勒府，父亲把一个军官模样的

涛贝勒府大门

日本人让进大书房。没过多久，这群日本人悻悻离去。事后父亲告诉家人，关东军伪满洲国要他去东北当什么"满蒙骑兵总司令"，以助溥仪一臂之力。

几乎在同一时间，伪华北政务委员会委员长、大汉奸王揖唐来贝勒府。因他与父亲是旧交，言辞之间没什么客套。王请父亲出任北平市长，结果这位旧交也碰了个"软钉子"。

但是父亲对"名利"并不一概排斥。如他曾接受了中华民国总统授予的"巩威将军"荣誉称号。虽是虚职，每月也发600元津贴。对此，他认为自己是中华民国的国民，理应接受政府的授予，太祖高皇帝努尔哈赤不是还接受了大明王朝赐予的"龙虎将军"封号吗？他曾嘱托后人：我们中国是个多民族国家，政权更迭改变不了中华民族的属性，不管到什么时候都别忘记自己是中国人，别当汉奸。

抗日战争胜利后，国民党政府在北平东城北兵马司胡同某宅院内以宴请的方式把华北地区大汉奸们"请"来赴宴，宴后立即收监，汉奸们得到了罪有应得的下场。

此后不久，父亲忽然收到请柬，由抗日将领孙连仲作陪，蒋介石单独在萃华楼设宴款待慰问这位伪满洲国皇帝的叔叔，称赞他的民族气节，不与敌为友，独善其身。

从"贝勒爷"到"老载"

1948 年冬季，平津战役展开。中国人民解放军把傅作义的几十万国民党军逼得龟缩在北平城内，大街小巷所有民居院落全被傅部征用，涛贝勒府内也进驻了一个连的国民党军。为了促成和平解放北平，解放军不断地向傅作义施压，不仅完成了对城市的包围，还经常切断石景山发电厂输往城里的电源。夜晚的北平漆黑一片。

父亲平生最喜交友，政界、军界、文艺界、商界中不乏莫逆之交。一天夜晚，驻府的王姓连长应其相邀，小茶几上放着一瓶衡水老白干，一盘花生米，二人在昏暗的烛光下对酌。

王说："七爷，您是军界前辈，又是我们总司令的老朋友。实不相瞒，我看这仗是打到头了，不是死就是当俘虏。"

面对这位灰心丧气的连长，父亲说："我看未必，你们的傅总司令是个聪明人，不会把自己的部队往死胡同里带……"

连长忙打断父亲的话，继续喝他的闷酒。

1949 年初，北平和平解放。解放军与傅作义部队接换城防时，在贝勒府内发生了同样的接换，王连长的队伍出城接受改编。几乎是前后脚，进驻了一班解放军。父亲第一次见到新型的人民军队：官兵平等，态度和蔼，搞卫生、不扰民，与房东拉家常……清末统率过禁卫军的父亲对这支部队产生了好感。

某日上午，一位英姿飒爽的女战士兴冲冲地直奔父亲房间问："载涛先生在吗?"

父亲莫名其妙地打量着她。交谈中才得知，原来她是跟随父亲几十

马政局成立，父亲手捧国徽，母亲金笑兰手抚局牌

年的管事白德福的孙女，叫白玉珍。随大部队进城后就想探望爷爷的老东家，因为爷爷曾告诉她，"这小七爷虽是王爷，可没有王爷的架子"。她向父亲嘘寒问暖，并叮嘱爷爷的老东家要尽快适应新中国成立后的新生活，说完后便匆匆离去。

不久，人民政权建立后，首任街道派出所所长登门拜访。他告诉父亲："你虽然是皇族，却不是顽固守旧的遗老。从辛亥革命到国民党政权垮台，在政治上你做到了一尘不染，很不容易。在群众中有威望，现在请你出来参加街道工作。"

从此，协助民警查户口、与邻居搞卫生、支援抗美援朝活动……都会出现父亲的身影。其中令父亲津津乐道的一件小事是，人们不再称呼他为"七爷""贝勒爷"，而改称"老载"他觉得很新鲜，好像这个新称谓缩短了自己和人们的距离。

1950 年春，父亲挚友、民革中央主席李济深来访，二人深谈良久。

后来得知，他已向周恩来总理介绍了父亲情况，鼓励父亲要为新中国做出贡献。不久，父亲应邀列席了全国政协一届二次会议。会上周总理的一席话令他激动不已："一届一次会议没请您参加，怪我有大汉族主义。要不是李济深提醒，我把您这位满族人民的代表给忘记了。"总理不但表示了诚挚的歉意，还送给他一本政协一届一次会议的纪念册，进而请他发挥自己的才干，向大会写提案。

当好人民的"弼马温"

同年夏天，父亲提出的《改良军马以利军用》的议案经毛主席、朱总司令批准，并交炮兵司令部落实。父亲捧着毛主席签署的委任状高兴地说："我演猴戏，孙悟空只当上了天庭上的弼马温。这回毛主席让我当上了炮司马政局顾问，那我就得当好人民的'弼马温'。"

1950年冬，中央军委为了满足抗美援朝志愿军的需要，朱总司令直接下达命令，让父亲和他的战友们选购两万五千匹军马转运朝鲜。父亲不辱使命，圆满地完成了任务。紧接着，父亲又赴东北、西北各军马场，视察调研并开展改良马种的工作。

年过六旬的"载顾问"奔波在甘肃、宁夏、青海，不畏严寒风沙，不辞辛苦劳累，甚至身上长了虱子，棉被缝里残留着耗子屎，仍然干劲十足地工作着。马政局干部郑新潮（郑新潮，黄埔军校七期学员，1939年赴延安，抗战后创办我军第一个军马场，后调往河北省邢台市工作。——作者注）曾问他："过去您老没吃过这苦吧，您哪儿来的这劲头，一点都不比年轻战士差。"

他爽朗地笑笑，拍拍腰间的手枪说："当兵的不能怕吃苦，我现在为新中国服务，为人民军队服务。周总理礼贤下士，朱老总把全军的军马担子交给我，我心甘情愿吃苦。当年土肥原拿手枪逼着我去伪满当骑

载涛（中）、溥仪（左）、溥杰（右）

兵总司令被我拒绝，那是我不甘心忍受外侮，宁死也不做民族的败类。
我这劲头就是这么来的。"

　　父亲西北之行有两件事值得一提。一是在塔尔寺会见了十世班禅额
尔德尼·确吉坚赞。在历史上，清朝三百余年统治者的民族融合政策，
使历代达赖和班禅与清政府的关系很融洽。此次皇族后裔以人民解放军
干部身份来青海工作，十世班禅很感兴趣，特约相见畅谈并互赠哈达。
二是在宁夏工作期间见到了久别的女儿、女婿和一群可爱的小外孙，尽
享天伦之乐。他的女婿达理札雅，蒙古族，是阿拉善旗亲王。在解放战
争中，他深明大义，率领全旗和平起义，后任内蒙古自治区政府副主
席。女儿金允诚（满名爱新觉罗·韫慧）承袭满蒙通婚传统，在草原上
数十年夫妻相敬如宾，并在文教卫生妇幼方面做出很大贡献，后任宁夏
妇联副主任。父亲看到亲人的巨变，深感欣慰。

　　1954 年，父亲参加了北京市人民代表大会会议，并在会上被选为全

1951 年春节，中央军委、总后勤部祝贺节日快乐，送一辆进口自行车和一果篮。父亲视此车为"宝马"，十分珍爱

国人民代表大会代表。会议期间，彭真市长、刘仁书记与他亲切交谈。刘仁知道父亲是"老北京"，在不经意间问道："您久居北京，跟您打听个人，不知道认不认识。"

"他叫什么?"

"金溥安。"

这一问一答道出了一个秘密。刘仁告诉父亲，这个金溥安在敌伪时期任西陵守备队队长，保护皇室墓地。他的部队虽无重武器，可也是一支武装力量。经过我地下党工作，已就起义大事商量妥当，但是事后此人消失了。

父亲听后既惊喜又不无遗憾地告诉市委书记："金溥安是我的第三子，1944 年突患脑溢血病故。"令父亲感到欣慰的是，自己的孩子谢世前投向了人民革命阵营，虽然壮志未酬，但是金溥安的三个女儿先后穿

1954 年，父亲在北京市人民代表大会上与毛主席握手

上了军装，走进了人民解放军的行列。金霭月，毕业于长春白求恩医学院，是一位出色的部队军医；金霭珧，参加湘西剿匪战斗，后入朝作战；金霭秀，一位多才多艺的姑娘，成长为广州军区战士文工团演员，常年为部队服务。直到晚年，父亲总以这三个孙女为傲，对别人津津乐道。

贝勒、亲王、土司，成了人民代表

同年 9 月，全国人大一届一次会议召开。昔日郡王衔多罗贝勒（贝勒全称为"多罗贝勒"。清代宗室封爵有十二等，前三等为和硕亲王、多罗郡王和多罗贝勒。加"郡王衔"表地位高出一般"多罗贝勒"。——作者注）与全国各族人民代表一起共商国是。会场内外，大家特别关注父亲和另两位代表。一位是父亲的女婿、蒙古族代表达理札雅，一位是达理札雅的女婿、藏族代表班麻旺秀（又名杨复兴）。三位代表，三个民族，两代女婿一起与会。这不就是中国各民族大团结的写照吗？达理札雅的女婿杨复兴，共产党员，甘南军分区副司令员，积极参加剿匪平叛战斗。他出身于世袭土司之家，但是他追求进步，主动废除沿袭三个朝代、历时 530 多年的土司制度，为解放事业做出重要贡献。

这两位女婿进京赴会时，父亲不让他们住大会接待部门已安排好的高档饭店，非要他们挤住在家里。那低矮的平房、简陋的设施实在不能接待"高官"。可是这两位旧时的王爷和土司十分乐意这种安排。父亲更是得意地说："这才是一家人嘛！咱爷儿仨现在是人民代表，住在平房大杂院里会更好地接近人民。"

1955 年 7 月 5 日，父亲出席了全国人大一届二次会议。在大会休息的时候，周恩来把父亲介绍给毛主席，毛主席握着他的手高兴地聊了起来。事后，父亲告诉我，在谈话中毛主席特别肯定了清朝的两位皇帝康熙和乾隆，指出他们在反对侵略、反对分裂、维护国家领土完整、促进民族大团结方面对祖国做出的贡献。平时父亲饮酒由我控制，每次只给他斟两小盅。为了身体健康，父亲乐于接受这种限制。可是那一天，他说："今天我可要喝酒三杯！"

在新时代，松赞干布、成吉思汗、努尔哈赤的后人与党和国家领导人一起共谋建设新中国的宏图伟业，特别是亲耳聆听到毛主席对历史人物的公正评价，父亲心中久久不能平静。一段时间，每遇到亲友故交，父亲就把人代会上的见闻如数家珍般地说个不停。

不久，父亲被选为全国政协委员，积极参加政协组织的活动，并被推举为民族组副组长。为了更好地工作，他认真学习党和国家的民族工作方针政策，听报告、讨论发言、下基层搞调研，什么活动都少不了他。无奈岁月不饶人，人们发现已近七旬的父亲总爱把手掌拢在耳廓外，听力减退了。一次，政协领导在民族组会议后把他请到休息室送给他一副助听器。从此，父亲的学习热情和参加社会活动的积极性更加高涨。他说："领导这么关心我、体贴我，何以为报呀！"

1956年春节，按往年惯例，我陪同父亲到李济深家拜年。老友相见格外亲切，交谈中，李伯伯提出了一个令父亲深思的问题："你原本是晚清重臣，皇室成员，现在是人民代表，为新中国服务。你愿意加入国民党革命委员会吗？"父亲听后点头表示应允。

不久，民革中央主席李济深作为介绍人，引领父亲正式参加了民革。曾经的清王朝代表人物加入了推翻末代王朝的革命组织，对于父亲来说这就是革命。

1957年，父亲又出任北京市民族宗教事务委员会副主任，作为满族中德高望重的前辈，遍访郊区县少数民族聚居地区，宣讲民族政策，检查有关民族工作情况。所到之处，均受到群众欢迎。听到大家都尊称他为"载老"时，他感慨万千。"七爷""贝勒爷""老载""载老"，这四个称谓，反映了时代的巨大变化，更令父亲感到，只有在新中国，人民的关系才是平等的，互相尊重的。他庆幸自己赶上了新时代，看到了中国的新生、民族的新生、家庭的新生和自己的新生。他有幸经常聆听周总理教诲，常挂在嘴边的一句话就是："听周总理的，活到老，学到老，改造到老。"

父亲60余年生活，经历了数次改朝换代的社会大变动。他审时度势，能够随着时代的前进而不断调整自己的人生定位，心态始终处在"平淡"之中，没被时代列车甩下来，令后人敬重不已。

1970年9月2日，父亲在北京逝世，终年83岁，骨灰安放在北京八宝山革命公墓。

父亲载涛钟情京剧的往事

薄 仕

进了店，父亲一眼就认准了李少春预订的两根把子，他告诉店主："少春来你就说我抢他的货了。"没过两天，父亲接到一个电话，是李少春先生打来的。我在旁边听到双方都哈哈大笑起来，李少春先生说："要是知道您老排《安天会》，这把子我就该给您送到家里去。"

慈禧下旨令学艺

先父载涛酷爱京剧，究其原委，有深厚的历史渊源。后金肇兴之初，先祖努尔哈赤对待战争中被俘获的"优伶"施以优待政策令其重操旧业；康熙朝恰逢孝惠皇太后 70 寿辰，康熙帝在太后面前跳起满族的"蟒式舞"；乾隆帝在腊月二十三坤宁宫祭灶时总要亲自敲打鼓板与皇后同唱《访贤曲》；父亲的祖父道光帝曾经耳挂白须、身穿斑连衣、手持拨浪鼓，像娃娃一样在其母后生日时手舞足蹈，以仿老莱子戏彩娱亲；父亲的二兄光绪帝自幼入宫，深受戏迷慈禧太后的影响，也非常喜爱京

毛泽东与载涛（左一）握手

剧。20 世纪 60 年代，一位曾在瀛台陪侍过光绪帝的老太监数次造访我家，他告诉我："被囚禁的先帝爷忧郁烦闷时就爱敲打铜锣，还能打出京剧的锣鼓点儿来。"

　　父亲作为辛酉政变功臣之一醇贤亲王的阿哥，自然被慈禧太后另眼看待。他经常和一些王公子弟被召进宫"赏看戏"。在畅音阁和德和园的舞台上，京剧前辈陈德霖、侯俊山、谭鑫培、王瑶卿等人的精彩表演深深地吸引了父亲。特别是看到大武生杨小楼出演的《阳平关》，完全被他扮相、身段和武功所迷住了。慈禧太后发现了这一点，并见到我父亲身体健壮灵活，又听说王府老管家祥恒早就给这位小贝勒打下了武术功底，还特别痴迷武戏，于是发下懿旨，命令以演武生见长的"内廷供奉"张淇林收我父亲为徒。从此，父亲开始了正规的学艺之路。

　　再者，醇贤亲王的嫡福晋为慈禧太后的胞妹，光绪帝是慈禧的亲侄子，所以她对醇王府特别加以"照顾"。光绪二十三年（1897 年）奉慈禧太后懿旨，将醇贤亲王第七子（即我父亲）过继给嘉庆帝的皇五子和硕惠端亲王绵愉的第六子固山贝子奕谟为后。贝子夫妇老来得子，喜从天降，对我父亲宠爱有加。不料乐中生悲，奕谟贝子为祝贺后继有人，在东四九条贝子府内宴请亲友，还请来戏班演出京剧来助兴。慈禧太后知道了此事，非常生气。因为她早就知道奕谟对自己为所欲为而心怀不满，本想给他过继个儿子拉拢一下，可他如此得意忘形。不久，又一道懿旨下来，把我父亲像棋子般地从谟贝子府"拿"出来，转而过继给道光帝的皇八子多罗钟端郡王奕詥为嗣。可怜的奕谟老两口受到如此重大打击后，相继抑郁而亡。

两次奉旨"过继"一事，使我父亲受到极大的精神刺激。饭后茶余聊天时，他曾对我说过："悲剧从演戏引出，我要学好戏、演好戏，来安慰无比疼爱我的继父继母在天之灵。"

溥仪的英籍教师庄士敦曾评价我父亲"聪明活跃而博雅"，他在名师指点下学戏进步很快，从此与京剧结下了不解之缘，直至晚年。

名角传授"真玩意儿"

张淇林发现我父亲特别欣赏杨小楼的扮相和唱念做打，尤其佩服杨小楼不仅擅长武生戏，还能反串青衣。张淇林便和好友杨月楼谈及此事，不久，一代武生宗师杨小楼走进了涛贝勒府。师傅教得认真，徒弟学得努力，父亲完完全全继承了杨派武戏的真髓。最有代表性的是演出《安天会》时，观众竟然分辨不出美猴王是杨老板还是涛贝勒扮演的。

后来，父亲还师从著名架子花钱金福，打下了靠背武生戏的基础。又向名噪一时的余玉琴学习了《贵妃醉酒》，后经梅兰芳先生指点，更是锦上添花。父亲虽贵为贝勒，却一生待人以诚，绝无贝勒爷的架子，所以京剧界前辈们都喜欢与他交往，传授一些"真玩意儿"。许多名角儿不但是他的恩师，还是他的挚友，如谭鑫培、王凤卿、金秀山、王瑶卿等，以及后来的高庆奎、马连良、尚小云、张君秋、厉慧良、郝寿臣、侯喜瑞、孙玉堃等。

1922 年，珍妃同父异母的姐姐瑾太妃过生日，内务府打算在漱芳斋演戏祝寿。瑾太妃提出不愿看别人的戏，只想看梅兰芳的演出。时值梅先生正在为救灾捐款义演，日程安排非常紧张，身体非常劳累，有意推辞。

正在为难之时，内务府"搬出"了我父亲去通融，恳请梅先生勉为其难。既然是好友出面相邀，重情讲义的梅先生爽快应允，在宫内连演《游园惊梦》和《霸王别姬》。事后，瑾太妃感慨地对身边人说："随先太后看了几十年戏，从未看过这样的好戏，以前看的戏都算是白看了。"

1940 年，我和三哥溥佺之女金霭瑛相继出生。当时日本侵华，家境亦每况愈下，但是父亲仍然决定为我们小叔侄二人合办一个满月庆典。虽然父亲自己没有登台，却邀请了尚小云和张君秋先生为"满月"增光添彩。从此以后，涛贝勒府的戏台就闲置起来，戏楼内成了堆积杂物的仓库，戏台成了我们小孩子摸爬滚打的场地。

给李万春说猴戏

父亲有一位得意门徒——李万春。一年，以演净脸戏见长的李永利携子进京演出，听说有个小孩儿演《闹天宫》有模有样，父亲于是带着好奇与猜疑前往戏园观看。剧终散场后，父亲直奔后台找到李永利说："李老板，您这小子演得不错，有出息，我给他说说猴戏吧。"

李永利先生知道我父亲从一代宗师杨小楼那里得到了真传，对猴戏研究有独到之处，连忙叫 11 岁的李万春给我父亲跪下叩头拜师。从此，为了一出猴戏，父亲给李万春"说"了三年。他按照自己练功习惯，要求徒弟一样做到"冬练三九，夏练三伏"，把武术的基本功都放到教授的内容中。从"手、眼、身、法、步"到道白、唱腔、"把子功"等杨派艺术特点和诀窍无一遗漏地传授给了这位小徒弟。其间，我父亲不止一遍地叮嘱徒弟："舞台上的孙悟空是个艺术形象，我们人演猴，不能完全模仿山林中和动物园里的真猴。要从'美猴王'的'美'和'王'二字里体会孙悟空的舞台形象该有什么特点。你看天桥耍猴的，那猴只是个逗乐的小丑。要从服装、动作、勾脸等方面表现出'美'来才是。孙悟空既然是敢与玉皇大帝天兵天将挑战的猴王，就要有舍我其谁的王者霸气，当然还不能完全丢掉猴的动物属性和特征。"经过艺术实践和磨炼，李万春果然从我父亲手里继承了杨派猴戏特点，并有所发挥和创新，得到行家认可，取得成功，观众送给他一美名——活猴王。

20世纪五六十年代，李万春剧团经常在前门外珠市口路南的民主剧场演出。父亲看到《北京日报》登载该剧团上演《十八罗汉斗悟空》，心想准是徒弟排练的新戏，没准儿还创造出新"玩意儿"呢，让我赶忙去买票陪同观看。记得参与演出的还有其弟李庆春、其子李小春以及鸣春社的众多演员。开场没有多久，没料到台上的孙悟空还真是火眼金睛，他竟然发现了师傅在观众席里。一会儿的工夫，我感觉到有人来到身边，原来是李永利先生。他悄悄蹲在我父亲身旁低声说："您的徒弟不忘师恩！"还送上一袋水果。

后来，京剧前辈钱荣顺先生为戏校学生排演《闹天宫》时，效果非常好，钱先生谦逊地指出："孙悟空的'扎靠起霸'，源自旧本《安天会》，杨小楼、载涛先生均按此法演……不是自己的创造，更非独辟蹊径……应归功于前辈艺人，要继承旧本《安天会》的精华。"

给尚小云提意见

父亲非常关心京剧的发展。但是，对于京剧界中出现的某些偏向和问题，凭借自己评判是非准则的尺度，勇于提出个人鲜明的态度与看法。

我的姐姐金允诚按照满蒙通婚的古老传统，远嫁内蒙古阿拉善旗，成为王爷的福晋。数十年间夫妻恩爱、相敬如宾，且经历抗日战争和马鸿逵匪帮的磨难，爱国之志不改初衷。记得在1947年间，姐姐回北平探亲，十几年没见面的父女、母女悲喜交加，全家也为姑奶奶省亲而欣喜若狂。作为最小的弟弟，我更在她身边跑来跑去，大人们说我是姑奶奶的小尾巴。谁承想家中喜事被父亲的好友尚小云知道了，特别邀请姐姐观看尚剧团演出，好像是在大栅栏庆乐戏园，我们全家都去观看。先演《昭君出塞》，掌声雷动；次演《请清兵》。散戏后，父亲立即找到尚先生开诚布公地指出："今天的戏码您是特意为我们安排的，我谢您了。可是吴三桂先降大顺，后叛李自成，继而引八旗兵入关，最后在云南作乱分裂国家。这个人物我劝您算了吧！"尚先生何许人也？心有灵犀一点通。后来在尚剧团的剧目中，该剧消失了。

20世纪50年代，活跃在首都舞台上的吴素秋、姜铁麟剧团排演了新编历史剧《伊帕尔汗》。本来父亲对后起之秀吴素秋很是欣赏，尤其喜欢姜铁麟，称赞他的武生戏很有水平。可在鲜鱼口大众剧场看完该剧后，回家的路上，父亲就气呼呼的，不高兴，后立刻向有关部门反映了自己对该剧的认识和意见。父亲虽然不是历史专家，却谙熟清史。他指出，"伊帕尔汗"是维吾尔语"香妃"之意。传说中的香妃只是野史演义中文人墨客的离奇虚构。而事实是乾隆二十年（1755年），清军平定准噶尔达瓦齐叛乱后，大小和卓兄弟再掀波澜，妄图分裂祖国。所谓"香妃"的一家人都反对叛乱，并且积极配合朝廷平叛有功，维护了祖国的统一。这位维吾尔族姑娘的叔叔额色尹、哥哥图尔都、堂兄玛木特都立下战功受到朝廷封赏，他们的家属随之奉旨迁京以示褒奖。乾隆皇帝确实有一位维吾尔族妃子，就是身后葬于清东陵的容妃和卓氏。她生

载涛（左）在《八大锤》中饰陆文龙

前很受乾隆皇帝的恩宠，而死后她的遗物奉旨作为念想分赠给众多的亲属，其中有额色尹夫妇、图尔都夫人和容妃的姐妹等多人。

这么一位为维护多民族的国家统一，反对分裂的维吾尔族有功家族的成员，竟然在《伊帕尔罕》中不分是非、不明事理，无限忠贞于一个分裂国家、破坏民族团结的叛匪。父亲说："百花齐放、艺术创新是正确的，但是要尊重历史，不能玩弄历史。"当时负责文化宣传工作的周扬、齐燕铭等领导同志充分肯定了我父亲的意见，还鼓励他以后要多为京剧艺术的发展做贡献。

还是在 20 世纪 50 年代中期，父亲的忘年好友张君秋率剧团排演同样是反映清宫历史内容的新戏《珍妃》。得到消息后，二人在电话中进行了长时间的交谈。几天以后，慈禧太后喜爱的御前女官裕容龄（我父亲尊称她"老姐姐"）造访我家，与我父亲一起接待了张君秋。父亲仔细向张先生介绍了自己的兄长光绪皇帝如何胸怀维新壮志，却遭西太后的无情扼杀，如何保护不了自己心爱的女人而无比苦闷悲痛。特别详细介绍了随同五哥载沣、六哥载洵同谒光绪帝时，见他望着三个年幼的弟弟而伏案垂泪的情形。容龄姑姑当年与其姐德龄随侍西太后左右很长一段时间，了解很多外人不知的内情，便向张先生讲述宫中旧事、帝后们的日常起居以及宫廷礼仪等。谈兴正浓时，父亲还把存之无用、弃之可惜的满族两把头头饰、花盆底鞋（大概还有一个文官佩戴的补子，记不清了）送给张先生，说是置办戏装时做个参考。后来张先生出演《珍妃》，获得了成功。

不久，父亲高兴地接受了老友张伯驹的邀请，出任"北京京剧艺术研究所"顾问。许多志同道合的票友和年老体弱的京剧界人士经常在张宅聚会，伴着什刹海湖水的涟漪探讨京剧如何长盛不衰，如何推陈出新等课题。大家还在一起排练京剧，曾为清华、北大师生和厂矿工人演出。

周大文先生是我父亲又一位无话不谈的好友。一天，周先生来家，提出请我父亲抽空看看自己女儿的演出。恰逢应郝寿臣之邀，父亲到戏校给学生上几节课，没想到校方选派的学生就是周先生的爱女刘长瑜。父亲愉快地以《贵妃醉酒》为主对她进行了指点，后来又为一些学生说了说《安天会》。

不计角色为登台

1956 年，经民革中央主席李济深介绍，父亲加入了中国国民党革命委员会，旋即当选为中央委员。他积极参加民革的一切活动，公务之余又成了以楚溪春为队长的民革京剧队的活跃分子。有一次队里排练现代京剧《白毛女》，楚伯伯为难地告诉我父亲，主要演员角色都已经定下来了，剧中实在没有适合他的角色。父亲哀求说："我从来没有演过现代京剧，让我打旗儿，扮个群众演员都行！"经过协调，父亲出演剧中宣布恶霸地主黄世仁死刑的那位村长。尽管只有一句台词，父亲还是极为兴奋地练开了，最终得以登台演出，满足了自己首演现代京剧的愿望。

春节将至，民革京剧队准备排练一些大戏来慰问北京市军烈属，初步定的压轴戏是父亲的保留拿手戏旧本《安天会》。多年不演猴戏的父亲听说后激动不已。为了排练，他和我一起到前门鲜鱼口内路南一家专做戏装道具的商店去。刚进店门，他一眼就认准了立在柜台内的两根把子，一根藤子、一根缠裹着蓝白相间的布带的白蜡杆子。"这两根我要了。""对不起，这货有主儿了。""谁定的？""李少春李老板。""那我更要了，少春来你就说我抢他的货了。"不等店主再言语，父亲付了款，还在一张纸条上留下了自己的姓名。我们走出商店时，店主还在柜台里发愣呢。没过两天，父亲接到一个电话，是李少春先生打来的。我在旁边听到双方都哈哈大笑起来，李少春先生说："要是知道您老排《安天会》，这把子我就该给您送到家里去。"

为了排练、找回几十年前演出的感觉，父亲叫来几个当年曾陪他演出过的旧人，有恭亲王奕䜣的外孙曾谦安、庆亲王奕劻之孙溥钟，还有一位我们称之为魁公爷的。他们经常在家里一起回忆，一起提醒，一起排练。

正在紧张排练时，民革中央领导发下话来，意思是载老年岁大了，扮演武打戏中的孙悟空不合适，会影响身体健康。时间紧迫，京剧队立即开会决定改排《龙凤呈祥》。楚伯伯知道我父亲早年练过架子花靠背武生戏，便请他饰演戏中活不多不太累的张飞。父亲得知后只说一句话："让我演什么都行，就是得让我上台。"

春节慰问演出在全国政协礼堂举行，偌大的礼堂里，楼上楼下坐满了受邀的军烈属和他们的亲友。人们早就听说这台戏的演员阵容非同一般，个个都有来头。特别令人注意的是在观众中和后台里出现好多闻讯而来的京剧界行家里手。

我在化妆间里陪着父亲，忽然进来两位中国京剧院的青年演员，他们见到我父亲就高声叫道："师爷爷好！"正在闭目养神的父亲吓了一跳："您二位是……""我们哥俩的祖上给您老说过戏，姓余，今儿个由我们伺候您。"父亲想了想说："莫不是早年教我《贵妃醉酒》余玉琴师傅的后代？""正是，听说您老最近血压偏高，我们哥俩小心着点儿。"可是，麻烦就偏偏出在了这"小心"上了。扮装时，余氏兄弟怕我父亲头部难受，没敢用力勒紧盔头。演到张飞上场时，一个"嘣噔仓"，盔头竟被抖动了下来，一场未结束的张飞亮相赶紧落下帷幕。令人惊奇的是这个意外的发生竟使全场鸦雀无声。当下一场再次出现张飞时，全场响起热烈掌声。余氏兄弟一再向我父亲表示歉意，父亲却笑着说："你们是关心我，心疼我，怎能怪你们呢？"接着告诉他们："这要是在过去就会响起倒好，你们看现在的观众多好啊！"

这次慰问演出虽然有美中不足之处，但是父亲深深感受到台前幕后有许许多多的人在尊敬他、爱戴他。至今我仍然保存着那两根从李少春先生那里"抢"来的把子，有时和孙子耍弄耍弄，算作对父亲载涛钟情京剧的怀念吧。

皇族画家溥松窗

———
邹士方

　　他没有非凡的经历，也不是才华横溢、声名显赫的人物。他是一位普普通通的画家。

　　他出身于清朝皇族，本名为佺，是惇亲王的孙子，算起来道光皇帝是他的曾祖父。他的父兄、姐姐都喜欢绘画，在他五六岁的时候就受到家庭的熏陶。十五六岁他正式开始学画，潜心砥砺，吐露芳华，没有师承，完全是家传。

　　在他 20 岁左右的时候，他的长兄书画家溥雪斋（伒）在北京组织了"松风画会"，这是一种别开生面的"美术沙龙"。他的哥哥溥毅斋、弟弟溥佐，以及满族书画家和季笙、恩稚云（关松房）、祁井西、启功、溥心（儒）、叶仰曦、惠孝同（均）和他都成为这个"沙龙"的成员。为了体现"沙龙"高洁的格调，他们都起了个带"松"字的别号，如：溥雪斋叫"松风"（自称"松风主人"），溥佐叫"松龛"，和季笙叫"松云"，恩稚云叫"松房"，启功叫"松壑"，溥心叫"松巢"，惠孝同叫"松溪"，叶仰曦叫"松荫"……而他自己就叫了"松窗"。

那时他们每星期在雪斋家中聚会一次，研讨画理，挥笔作画，书生豪气，风流潇洒。有几次他们还开办了画展，而且出售作品。但是展出地点不是在什么公园或其他公共场所，而是在"松风主人"家中。参观者，购买者大都是他们的亲朋故旧。

在"美术沙龙"里，成员彼此沾亲带故，总是笼罩着一种温馨的气氛。这时的松窗完全成为一位沉浸在艺术世界里的骄子。"沙龙"中的大多数人都比松窗年长十余岁（只有启功长他一岁，溥佐比他年幼），兄长们的画技在当时来说已属上乘。转益多师，旁投博采，松窗得到他们的指点，进步很快。就是在兄长们的海阔天空、谈古论今中他也得益匪浅。他潜修苦练，终登佳境。

1936 年他 22 岁就担任了辅仁大学美术系讲师，教授国画山水。他自己的特长本是山水、马、竹三者，花卉偶画一些（他第一次学画时画的就是工笔牡丹）。"松风画会"的诸位都以山水为主（只有和季笙画一点花卉），由于这种影响，他对山水画也颇有造诣。现在他在大学讲授山水画课程，研究的注意力自然转向了山水画。

这一时期他在京津两地多次举办画展，第一次画展设在中山公园，与启功合办。抗战时他在北平国立艺专担任教授，继续讲授山水画。胜利后又在辅仁美术系教书，同汪慎生、陆鸿年等同系共事。其时启功也在辅仁教授国文。

新中国成立后他离开了美术教育岗位，专业从事创作，先后任北京中国画研究会执行委员和秘书处主任，北京中国画院画士。粉碎"四人帮"以后，北京中国画院改为北京画院，他继续任画士。

他生在北京，执教于北京，几十年来没离开故土一步。新中国成立前由于个人条件所限，他深入实际生活，考察名山大川的机会很少，基本上是个"学院派"的画家。"以前虽然认识上也知道'读万卷书，行万里路'的重要，但没有做到。新中国成立后党和国家为我们提供了许多便利条件，组织我们到各地写生，使我大开眼界，对我的创作起了极大的推动作用。"他不无感慨地说。

应解放军总政文化部的邀请，他同一些画家沿着红军长征的路线写生，历尽艰辛，三个月，完成了山水长卷，又由人物画家刘继卤、徐燕荪等补画了人物，气势宏伟，波澜壮阔。他画巍峨的二郎山，画"大渡桥横铁索寒"，得到了老舍和叶浅予的赞赏，他们分别在《美术》杂志上撰文加以介绍。他探山访水，观云霞吐纳，晴雨晦明，极山水之变蕴于毫末。他到韶山，登井冈，上黄山，游桂林……中华大地上留下了他辛勤的汗水和坚实的足迹。他的作品《韶山》《井冈山》等得到了社会上的好评。

20 世纪 50 年代他与另外两位"松风画会"的画友溥雪斋、溥毅斋在北京荣宝斋举办过一次颇有纪念意义的联合画展。展出的百十幅作品幅幅都是三弟兄合作。雪斋画石、树、水，毅斋画花鸟，松窗画竹子、花卉。真可谓各显神通，珠联璧合，"松风画会"的遗风犹存。展览过后，作品几乎全部被订购。

为表达自己对新生活的喜悦，溥松窗向毛泽东主席赠献作品多幅（其中有的与其他画家合作），这在《毛泽东故居藏书画家赠品集》中可以看到。画家还为人民大会堂创作了许多雄浑浓郁的大型作品。北过厅有他的八尺《风竹》，北大厅有他的一丈二尺的《苍松劲挺万壑争流》，北京厅有他与颜地合作的《长城》，台湾厅有他的《台湾风光》，宁夏厅有他的《六盘山》。钓鱼台国宾馆中还有他的另一幅《二郎山》。这些作品同伟大的建筑一起被永久地保存下来，受到千百万人的观赏。

他的作品还被当作国际礼品，被外国首脑收藏。他的山水画淡泊清远，格调豪迈，深得五代、宋元画家的笔意；他笔下的马，线条遒劲，生动浑成，继承了唐代韩干、宋朝李公麟、元朝赵子昂的传统，并受到清代郎世宁的影响；他画的竹俊逸挺秀，丰满潇洒，从中可以寻到元朝顾安的韵味。这些作品完全是地道的中国传统风格，出自一位皇族后裔的手下，自有它们的特殊价值和意义。

溥松窗是桃李满天下的教授。几十年前的学生还惦念着这位老师。当年辅仁大学的学生曾昭和女士现在已是美国知名的画家，并担任着夏威夷一所大学的美术系教授。她来看望老师，说不尽的别后思情，道不完的教诲之恩。

教授过去在校外教过的学生白里生曾担任联邦德国驻日公使，知道老师还健在，就托当时西德驻华的大使带给老师自己论艺术的著作，表达对老师的思念，并通过政府邀请老师访德。

溥松窗——这位满族的老画家，新社会给了他政治上的地位和荣誉。他被选为北京市人大代表、市文联理事。粉碎"四人帮"后，古稀之年的溥松窗好像获得了第二个青春，他重吐芬菲，尽情挥洒。他除了应邀到各大专院校讲课和参加社会活动外，总是伏案作画不停。各种展览会上都有他的新作，许多宾馆中留有他的墨迹。他与溥佐为中南海瀛台合作的《松鹤图》，抒发了兄弟二人对祖国的一片深情，给人们留下深刻的印象。

1979 年他与著名花鸟画大师王雪涛共同主持四省市国画展（北京、南京、上海、广东），到了香港，他参展的作品受到当地美术界、新闻界的赞誉。他应邀分别在香港大学和香港中文大学座谈、讲学，并当场挥毫表演，老画家精湛的技法使师生们大开眼界。

他还担任着北京中山书画社顾问和创作委员会的副主任（主任是董寿平）、中国老年书画研究会理事、中国老年文物研究学会顾问、京华书画会理事长。他热心社会公益，两次为抢救大熊猫捐画，两次为"修我长城，爱我中华"活动挥笔。

新中国成立前他画过一幅《万马图》，虽没有最后完成，但四千匹神态各异、风骨不凡的骏马已跃然纸上。在这百花齐放、万马奔腾的新时代里，他要继续完成这幅气势磅礴的巨作，抒发自己对祖国的赤子之情。让我们以欣喜的心情期待着他的杰作的完成！

图书在版编目（CIP）数据

皇族沧桑／刘未鸣主编 . — 北京：中国文史出版
社，2018.9
　（纵横精华 . 第二辑：历史的侧影）
ISBN 978 - 7 - 5205 - 0846 - 9

Ⅰ . ①皇… Ⅱ . ①刘… Ⅲ . ①皇室—家族—史料—中
国—清代 Ⅳ . ①K820.9

中国版本图书馆 CIP 数据核字（2018）第 265107 号

责任编辑：金硕　胡福星　李军政

出版发行：**中国文史出版社**
社　　址：北京市海淀区西八里庄 69 号院　　邮编：100142
电　　话：010 - 81136606　81136602　81136603（发行部）
传　　真：010 - 81136655
印　　装：廊坊市海涛印刷有限公司
经　　销：全国新华书店
开　　本：787×1092　1/16
印　　张：18.5
字　　数：230 千字
版　　次：2019 年 2 月北京第 1 版
印　　次：2019 年 2 月第 2 次印刷
定　　价：56.00 元